编委会名单

编委会主任	申卫华　池　洪
编委会副主任	吴根宝　卢　正
主　　　编	吴根宝
编委会成员	陆启星　冯志伦　薛　峰　周婷晶
执 行 编 辑	冯志伦
组 稿 人 员	周婷晶　李　涛　姜刚升　吴　敏
	杨　玲　赵中辉　丁　烨

前　言

习近平总书记在党的十九大报告中指出，"中国特色社会主义进入新时代，我国社会主要矛盾已经转化为人民日益增长的美好生活需要和不平衡不充分的发展之间的矛盾。"我国社会主要矛盾的变化，是我国经过改革开放近 40 年快速发展的伟大成果，也对今后我国的社会发展和社会进步提出了更高要求。在顺应人民新期待，更好地满足人民各方面日益增长的需要，服务业、服务贸易领域肩负着重要的使命，也存在无限的发展机会。

服务贸易的发展，从一个方面见证了我国社会主要矛盾的转化。1983 年，我国服务贸易进出口总金额为 44 亿美元，到 2015 年，增长至 7 510 亿美元，增长 170 倍。一些服务贸易行业从无到有，从小到大，由弱变强，为满足人民的需要，推动社会全面进步做出了较大的贡献。

上海市服务贸易行业协会从 2013 年编辑出版《服务贸易百问》开始，连续编辑出版一系列反映上海及部分省市服务贸易发展的书籍，其中有反映企业发展的《上海服务贸易案例选编》、有反映各行业领军人物的《服务贸易风云人物选编》、有研究上海自贸区发展的《论文选编》、也有反映兄弟省市服务贸易发展的《长三角服务贸易巡礼》和《京津沪渝服务贸易巡礼》。在这以后，协会试图以服务贸易细分行业的发展为视角，来反映上海服务贸易的新发展。先期问世的是《上海文化贸易巡礼》，本书反映教育、旅游、浦东新区等方面的情况。这些反映上海及部分省市服务贸易发展状况的文章，大多数是由服务贸易企业撰写，具有具体、生动、鲜活的特点；窥一斑而见全豹，我们通过这些书籍，可以感受到上海服务贸易企业的脉搏跳动，感受到服务贸易的从业人员为社会的发展、为我国经济发展水平的提高所做的努力。通过这些文章，我们看到文化服务从小到大，法律服务由弱变强，科学技术服务从以进口为主到进出口平衡、旅游服务从重要的外汇收入行业成为主要的逆差来源，信息、动漫行业由以进口为主到成为重要的出口国等，从各个方面反映了人民生活质量的提高。

协会的服务贸易系列书籍的编辑加工和出版将会告一段落，但是我们相信，上海的服务贸易将会以更快的速度发展，会以更高的质量呈现；服务贸易行业的从业人员，会积极贯彻习近平新时代中国特色社会主义思想，深化供给侧结构性改革，为社会发展和进步、人民美好生活书写新时代中国发展的新答卷；为把我国建成富强、民主、文明、和谐、美丽的社会主义现代化强国做出新的贡献！

申卫华

2018 年 3 月

目　录

教　育　篇

旅 游 篇

浦东新区篇

教育篇

中国教育服务贸易的发展现状分析及对策

一、引言

在《服务贸易总协定》(General Agreement on Trade in Services,GATS)服务部门清单给出的 12 个服务部门中,教育服务位列第五,其中教育服务子类包括:初等教育服务、中等教育服务、高等教育服务、成人教育服务以及其他教育服务[①]。根据《服务贸易总协定》定义并区分的服务贸易的四种供应方式:①跨境交付是指从一成员境内向任何其他成员境内提供服务(例如通过电信或邮件传输的银行或建筑业务);②境外消费是指服务消费者(如旅客或患者)移动到另一个成员境内以获得服务的情况;③商业存在意味着一个成员的服务提供者通过所有权或租赁房屋在另一个成员境内建立领土地位,以提供服务(如外国保险公司或连锁酒店的国内子公司);④自然人流动是由进入另一成员境内来提供服务(如会计师、医生或教师)的人员组成;其中跨境交付是传统的服务贸易提供方式,境外消费是其最主要的表现形式[②],我国学者栾信杰(2002)认为服务贸易的四种

[①] SERVICES SECTORAL CLASSIFICATION LIST. https://www.wto.org/english/tratop_e/serv_e/serv_e.htm.

[②] The General Agreement on Trade in Services (GATS): objectives, coverage and disciplines. https://www.wto.org/english/tratop_e/serv_e/gatsqa_e.htm.

服务提供方式,也均为教育服务贸易的提供方式[①];庞守兴,李淑俊(2002)认为 GATS 规定的服务贸易的四种方式,皆可自然延伸至教育领域[②]。

目前,教育服务贸易的四种提供方式以"境外消费"为主,国际教育服务贸易经历了重要增长,特别是境外消费的高等教育,是国际教育服务贸易的主要内容,其增长速度也是最快的。所谓境外消费的高等教育,就是出国留学。

二、中国教育服务贸易的现状

(一) 来华留学和出国留学人员规模

自 1978 年中国改革开放开始,我国就在教育方面进行了积极的改革,留学工作也开启了探索之路,中国的国际教育服务贸易也由此开始发展。1978 年我国共派出以进修生和研究生为主的各类留学人员 860 人,而当时在华学习的外国留学生人数为 1 200 余名。虽然我国加大了招收外国留学生的力度,但这种交流主要是政府间的援助和教育交流,从严格意义上说算不上教育服务出口[③]。《2015 年教育统计年鉴》显示,1980 年我国出国留学生共计 2 124 人,但在 1984 年国家颁布《关于自费出国留学的暂行规定》之后,自费出国留学开始升温,仅 1985 年出国留学生就达到 4 888 人,人数比 1980 年翻了一倍之多。除了出国留学人员的迅速增长,2000 年以后,来华留学生也呈现了明显上升趋势(见表 1)。

---

① 栾信杰.我国"入世"后教育服务市场开放规则研究[J].教育与经济,2002(08).
② 庞守兴,李淑俊.现代国际教育贸易的形成与理论探源[J].教育发展研究,2002.
③ 杨肖敏.改革开放 30 年来我国教育服务贸易的发展状况及政策探讨[J].中北大学学报(社会科学版),2009.

表 1 2000 年—2016 年来华留学生人数和出国人数(人)

年份	2000	2001	2002	2003	2004	2005	2006	2007	2008
来华留学生	52 150	61 869	85 829	77 715	110 844	141 087	162 695	195 503	223 499
出国留学生	38 989	83 973	125 179	117 307	114 682	118 515	134 000	144 000	179 800

年份	2009	2010	2011	2012	2013	2014	2015	2016	
来华留学生	238 184	265 090	292 611	328 330	356 499	377 054	397 635	442 773	
出国留学生	229 300	284 700	339 600	399 600	413 900	459 800	523 700	544 500	

数据来源:根据中国教育部、《中国统计年鉴》整理。

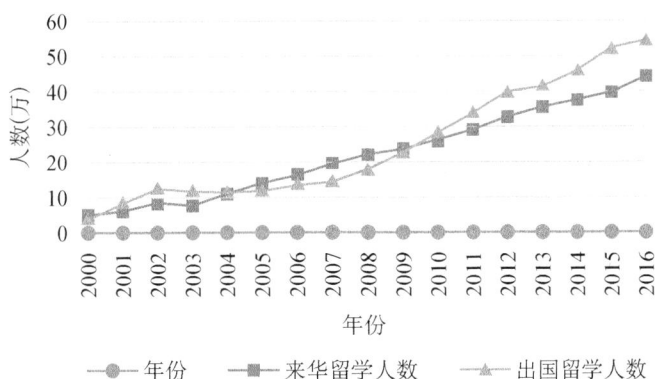

图 1 2000 年—2016 年来华留学生人数和出国留学人数曲线图

由上述图表可知,除了 2003 年来华留学生人数明显下降外,总体来华留学生人数逐年增加。从 2001 年至 2004 年,出国留学人数多于来华留学人数,这可能得益于中国加入世界贸易组织,扩大教育服务贸易市场,加快与其他国家的教育服务贸易的交流。但随着时间的推移,教育服务贸易逆差有扩大的态势,主要表现为出国留学人数多于来华留学人数。

(二)来华留学和出国留学人员分布

1. 来华留学人员分布

截至 2016 年,教育部最新数据显示,自改革开放以来大约派出去

458 万名留学生,中国已成为世界最大留学输出国,同时也成为亚洲最大留学目的国。在地域分布方面,自 2000 年以来,来华留学生的生源国基本集中在韩国、日本、美国、越南、泰国、俄罗斯、印度尼西亚等国家;在华留学生前 10 位生源国依次为韩国、美国、泰国、巴基斯坦、印度、俄罗斯、印度尼西亚、哈萨克斯坦、日本和越南。

2. 出国留学人员分布

我国出国留学人员留学目的国相对集中,美国、英国、澳大利亚等为传统的留学国,热度一直居高不下。美国仍然是中国学生留学目的地的第一选择,澳大利亚一直是中国学生留学最热门的国家之一,近年来中国赴英留学人数持续升温,中国已经成为英国第一海外生源国。2016 年,我国逾九成留学人员赴美国、英国、澳大利亚等十国,其中赴英语国家留学的人员近八成(77.91%)。

(三)与教育服务贸易发达国家比较

美国的教育服务贸易一直在国际上占有重要地位,美国的教育服务竞争力居于国际榜首。据国际教育交流开放门户报告显示,2013 年—2014 年,共有 886 052 名外国留学生在美国高校学习,其中中国大陆留学生人数最多,占美国大学国际学生人数的 31%。2014 年—2015 年,美国院校招收的国际学生人数达到 974 926 人,其中中国留学生总人数突破 30.4 万,占美国大学国际学生人数的 31.2%,中国再次成为赴美留学生来源国之首。据国际教育协会(Institute of International Education)数据统计,2015 年美国总的国际留学生人数突破 100 万,达到 1 043 839 人,自 2008 年后的每年,中国一直都是美国的最大生源地。

据澳大利亚贸易和投资委员会(Australian Trade and Investment Commission)《国际学生入学资料年度总结》显示,作为国际教育服务贸易输出大国的澳大利亚,其接收的国际留学生人数远远超出我国,2002 年,澳大利亚共接收国际留学生 273 885 人,远远高于我国同年的 85 829 人。2016 年,澳大利亚国际留学生人数突破 70 万,比我国同年接收的留学生多出约 30 万人。澳大利亚教育与培训部门统计,2002 年—2016 年,中国一直是澳大利亚最大的教育服务进口国家,在众多国家中名列前茅。

英国服务业发达,特别是教育服务贸易领域在国际上拥有绝对优势,一直是亚洲留学生最热衷的集聚地之一。英国自 2006 年以来,最大生源国前三位分别是中国、美国和印度,中国留学生人数一直位居第一位。2015 年有超过 45 万的海外留学生赴英国求学,其中中国留学生人数达到 13 万。目前,赴英留学生人数每年依然呈稳步上升趋势,中国留学生仍然是英国最大的国际学生群体。

综上所述,中国虽然是发展中国家,但在国际教育服务贸易中扮演着重要角色。中国是教育服务贸易进口大国,为重要的发达国家输送大量留学生,成为这些国家最大、最主要的留学生生源国。然而,与教育服务贸易发达国家相比,我国教育服务贸易竞争力还较弱,主要表现在对国际留学生吸引力不够,从而导致出国留学人数高于赴我国留学人数,服务贸易逆差不断扩大。因而分析我国服务贸易的优劣势,有助于理解如何提升我国服务贸易的竞争力。

三、中国教育服务贸易优劣势分析

(一)中国教育服务贸易优势分析

1. 稳定的社会政治环境

留学国家或地区的政治环境是否和谐稳定,已然成为国际留学生考虑的重要因素。据英国文化教育协会研究发现,学术声誉和安全环境都是对中国学生和他们的家长到英国学习最有吸引力的地方。同样,我国稳定、安全的学习环境,也会成为国际留学生的考虑因素之一。我国坚持独立自主,坚决维护世界和平,国内稳定发展。我国稳定的社会政治环境是不断吸引国际留学生来华留学的重要因素之一。

2. 良好的经济发展前景

2010 年中国超越日本成为世界第二大经济体。近年来,虽然中国的经济增速放缓,但世界普遍看好中国经济预期。著名经济学家林毅夫在2017年亚洲博鳌论坛年会上表示,到2030年,中国将成为世界第一大经济体。良好的经济发展前景,提高了人们对中国发展的预期,从而吸引更多留学生到中国来"淘金"。

3. 留学成本相对较低

杨世铜认为教育产品作为特殊的商品,其价格不完全由市场供求来决定,而是受两个关键因素的影响:一是各国劳动力价格及消费水平的高低;二是国家的教育政策[①]。不同国家的留学费用各异,由于留学要求年限不同,所需成本也不同。与位居留学目的地国前三位的美国、英国、澳大利亚相比,我国无论在留学的学费成本还是生活成本上都具有一定的优势。

4. 相对优越的地理位置

我国通过与周边国家的经济和文化交流,进一步打开了教育服务贸易市场,形成具有区位因素的市场优势。中国也是美国留学亚洲的首选国家,是美国人出国留学的第五大目的地之一。十几年来,我国的留学生主要来自韩国、日本、越南、泰国、马来西亚等国家,中国成为亚洲留学生的主要集聚地。

5. 教育资源优势

中国的教育资源优势主要体现在学科优势。中国国际影响力的逐步扩大、传统文化底蕴深厚,使得汉语、中国哲学、中国历史、中国戏曲等越来越为世界了解和青睐。其他学科如建筑、中医等有着国际竞争力,吸引了大量的外国留学生来我国学习这些中国特有的文化。

(二)中国教育服务贸易劣势分析

1. 教育水平有待提高

从教育服务贸易的进出口来看,我国的教育发展迅速,但是,我国距离国际高等教育水平还有很长的路要走。体现教育水平最直观的表现是

---

① 杨世铜. 中国教育服务贸易发展现状分析[J]. 西部皮革,2016.

国际高等院校排名。2015 年《泰晤士报高等教育增刊》世界大学排名显示,中国仅有五所大学入围 200 强,仅三所大学入围 50 强,其中排名最靠前的是香港大学,位列 43 位,但并不计算入大陆地区。英美院校仍是霸主,澳大利亚院校表现强劲,其八大高校全部入围 200 强排行榜。此外,我国高等教育学历学位国际认同度较低,是制约我国国际教育服务出口贸易发展的瓶颈之一。

2. 教育服务贸易配套政策不足

《服务贸易总协定》允许各国根据其具体情况,适当地采用市场准入原则。那些对市场准入原则持完全开放态度的国家,如澳大利亚、英国等国的教育服务贸易在国际上极具竞争力。我国对商业存在和自然人流动做出了限制,对开放程度较高的教育服务进行了不完全限制。根据联合国统计处发布的全球教育服务贸易数据,教育服务出口占本国服务贸易比重最高的是澳大利亚。然而,对于商业存在和自然人流动这两种教育服务贸易提供方式,我国依然持非常谨慎的态度。我国还没有针对教育服务贸易发展的具体政策和规划。对于教育事业的支持政策仍需发展,减少我国高校发展国际教育服务贸易的壁垒。作为贸易大国,必须及早制定相关发展对策,积极发展我国国际教育服务贸易,争取更大的国际市场份额。

四、我国教育服务贸易发展的对策建议

(一)进一步强化我国教育服务贸易优势

虽然我国的教育服务贸易在较长的一段时间里会存在逆差现象,但是我国的教育服务贸易发展的优势较明显。中国应该继续把握好经济走向,促进经济发展,营造良好的社会政治环境,积极发挥地理位置优势,在继续成为周边国家留学生集聚地的同时,争取吸引更多远程国际留学生。向教育服务输出大国学习,提高我国教育水平,拓展我国教育服务输出的

更大市场。

（二）全方位拓展教育服务贸易领域

除传统的教育服务贸易方式以外，跨境交付已然成为教育服务贸易的新领域。美国已通过网络大学、虚拟大学、开放大学等远程教育极大地促进了教育服务贸易的发展，这都是属于跨境交付的范畴。此外，针对商业存在，例如在我国通过走出去，在异国办学也将不断升温。如英国目前已经开始引入中国的数学教材，相信不远的将来，将中国优势的教育特色在各国之间传播，吸引大量的外国学生，在目的地国办学，将成为我国教育服务贸易发展的一个新增长点。

（三）加强对国内教育事业的支持

教育发达国家之所以每年能够吸引大量国际留学生，离不开完善的教育体系。美国教育市场开放自由度较高，因而以自然人流动为主的教育服务贸易一直居于世界之首。我国应该进一步加强对教育事业发展的支持力度，增加教育经费的投入，提供对来华留学生政策优惠，扩大对外来教育机构存在、国外教育者流入的允许程度。积极开拓国际教育市场，吸引优秀师资，促进学术交流，提高我国整体师资水平，从而在国际上树立起我国高水平教育形象，从而吸引更多的学生来华求学。

（四）建立和完善教育服务贸易相关支持政策

建立我国教育服务贸易发展的针对性整体规划和发展政策是促进我国服务贸易发展的必要条件之一。此外，随着经济发展，遵循产业和市场运行规律，一些滞后的有关政策要进行及时调整，从而形成具有竞争力的国际教育服务贸易市场。打破我国教育服务贸易的壁垒，制定相关的教育服务贸易促进政策，是发展我国教育服务贸易的先决条件。

五、结语

我国在教育领域的贸易正逐步扩大开放，通过自贸试验区、服务业扩大开放综合试点等进行试点试验。例如,在上海自贸试验区最初开放的18个行业中就包含教育行业,其中有两项开放措施,分别是"允许举办中外合作经营性教育培训机构"和"允许举办中外合作经营性职业技能培训机构",这是在教育领域外资准入环节的扩大开放。随着国际教育服务贸易的发展,各国聚焦教育服务贸易发展的同时,我国要在国际教育服务贸易竞争市场上积极发挥优势,采取相关措施,提高国际教育服务贸易竞争力,促进我国的教育服务贸易发展。

上海对外经贸大学会展与旅游学院　宋金金　丁烨

中国教育贸易加速融入经济全球化进程研究

——以上海大学为例

近年来,随着服务贸易的快速发展,各国间服务贸易往来越发频繁。中国作为世界最大的发展中国家,在服务业占比超过制造业逐步进入服务经济时代的当下,服务贸易发展的步伐也在日益加快。教育贸易作为消费者服务业的重要组成部分,在中国服务贸易中的重要性日益凸显。上海是中国改革开放的东大门,扮演着我国经济改革排头兵、转型发展先行者的角色。

上海大学是上海市人民政府直属的一所市属重点大学,是国家 21 世纪重点建设的 100 所高等院校之一。学校初建于 1922 年,现有专任教师 2 500 余人,共 23 个学院,1 个校管系,68 个本科专业,148 个硕士学位授予点和 59 个博士学位授予点,已经形成理、工、文、史、法、美、商、经济和管理在内的多学科综合性大学。现有普通高校学生 43 000 余人,包括本科生 28 000 余人,研究生 8 000 余人,高职生 7 000 余人,同时包括成人教育学生 10 000 余人。

上海大学一直秉持创办国际知名、国内一流、特色鲜明的综合性研究型大学的发展愿景,瞄准"建设世界一流大学和一流学科"的奋斗目标,深入推进国际交流与合作体制机制综合改革,优化国际合作,与世界高水平高校和科研机构开展紧密型实质性合作,积极落实"走出去"战略,国际影响力有了较大幅度的提升。目前,与美国西北大学、德国马普学会固体化学物理研究所、西班牙巴塞罗那自治大学、芬兰坦佩雷大学、纽约州立大学布法罗分校等世界一流高校和研究机构建立了合作关系。同时积极开拓,与以色列海法大学、意大利那不勒斯东方大学、意大利摩德纳·雷焦·艾米利亚大学、阿塞拜疆巴库国立大学、乌兹别克斯坦国家艺术与设计研究院等一批国际知名高校和研究机构建立了校际合作关系。与中国港澳台地区的香港城市大学、澳门大学、台湾大学、台湾成功大学、台湾清华大学(院级协议)、台湾铭传大学(交换生协议、校际合作协议)、台湾师范大学(交换生协议)等建立了长期合作关系,每年有近 20 名学生赴中国港澳台地区知名高校参加交换学习,同时每年接纳 10 余名来自中国台湾地区的交换生来上海大学学习。目前,随着经济全球化趋势进一步深入发展,已经有越来越多的教师和学生参与到师生国际交流项目中来[①]。

一、海外教学项目日益活跃

2015 年,上海大学共完成全校 149 名长期外教及 121 名短期外籍专家的引入工作,其中获批 12 项国家外专局高端外专项目,获得经费资助总额共计 53 万元人民币。首次申报国家教科文卫重点引智项目,其中"航空航天高温耐磨复合材料联合开发"项目被批准列入国家外专局教科文卫重点引智项目计划,另有 6 个项目列入上海市教科文卫重点引智项目。目前,组织的"国际大师讲坛项目""校内高端外专项目"和"小语种项目"是加强国际教育教学交流,吸引国际一流教学资源的重要举措。2015年,借助国际大师讲坛项目,邀请了多位化学、影视、心理学、材料学、通信、物理等不同领域的国际知名教授来校交流访问,举办全校性演讲和专业讲座十余场。借助校内高端外专项目和小语种项目引进了化学、材料、管理、信息、生物、社会学、音乐、影视、数码、历史等门类教师,不断地向高层次学术型外专扩展。这些国外师资力量的引进,特别是高层次外专的

---

① 部分资料来源于: www.shu.edu.cn.

引进,为上海大学师生提供了国际化的学术交流平台。这些海外高端学者新颖的授课模式和出色的科研工作,对上海大学深化教育教学改革、推动学科发展建设起到了重要的引领和推动作用。

上海大学在加强师资力量与国际合作的同时,不断地推进学生群体间的相互交流。2015 年出国(境)交流学生 1 612 人次,其中包括本科生海外学习项目 26 个,研究生海外学习项目 3 个,海外实习项目 7 个,年度重点合作项目 1 个,获得资助学生共计 509 人次。积极推进海外学习实习项目,2015 年度派出校际交换生 93 人,联合培养学生 119 人,海外实习项目 215 人,暑期项目 556 人,各种形式的学术交流 215 人。借助服务贸易走出去、请进来的思路,上海大学不断加强教师力量的组建,吸引更多优秀的教学资源进入学校,极大增强了优质教育资源的组建。与此同时,上海大学利用各种机会为同学们提供"走出去"学习的机会。通过各种特色教育和实习项目的开展,让学生有更多机会走出去学习,了解海外教育的特色,不仅开拓了学生的眼界,更促进不同国家学生间的交流,提高学生的学习和实践能力。

目前,上海大学已成功地探索出一条与国内外一流大学合作办学的道路,实现了教学、科研资源共享,并逐步形成新的办学思路和人才培养模式。目前,在本科生层面,已经与美国密苏里大学、爱尔兰科克大学、美国肯塔基大学、英国拉夫堡大学在计算机、通信、影视、机自、数学等学科开展联合培养项目;在研究生层面,已经与日本早稻田大学、瑞典查尔姆斯理工大学、悉尼科技大学等开展双学位项目。

表 1　上海大学合作办学表

类别	合作大学	合作方式	颁发文凭
本科生联合培养项目(9 个)	拉夫堡大学	3+1+1	上大本科,拉夫堡硕士
	肯塔基大学	2+2	上大本科,肯塔基本科
	密苏里大学	2+2	密苏里本科
		3+2	上大本科,密苏里硕士

（续表）

类别	合作大学	合作方式	颁发文凭
本科生联合培养项目(9个)	爱尔兰科克大学	2+2,3+1+1	上大本科,科克硕士
	英国女王大学	3+1+1	上大本科,女王大学硕士
	多伦多大学	3+2	上大本科,多伦多硕士
	曼彻斯特大学	3+1+1	上大本科,曼大硕士
研究生联合培养项目(7个)	瑞典查尔姆斯理工大学	联合培养博士	双博士
	早稻田大学	双硕士联合培养	双硕士
	悉尼科技大学	博士联合培养	双博士
		硕士联合培养	双硕士
	爱尔兰科克大学	双硕士联合培养	双硕士
		博士联合培养	双博士
	法国索邦大学	博士联合培养	双博士

数据来源：WWW. SHU. EDU. CN。

这些中外合作办学的成功模式极大地促进了教育贸易的发展,是促进中外优质教学资源融合的良好模式,不仅有利于校方加快教育教学改革,促进师资力量的国际融合,提高办学质量,同时也有利于学生素质的提高,接受中外教育的多方指导,获得中外认可的学历证书,对于学生成长有很好的促进作用。

二、国际学术交流频繁

上海大学不仅在教学方面加强国外交流与合作,致力于促进教育贸易发展。同时,作为建设中的国内排名靠前的高校需要特别重视科研发展。在这一方面,上海大学通过支持教师、研究生参加国际会议、国际研讨会等促进教师、学生科研与国际接轨,培养有国际视野的高层次师资和学生队伍。

为促进教师国际交流,上海大学科学制订出访计划,切实提高出访成效,强化因公出国(境)审批管理。2015 年至今,学校因公出国(境)团组已达 490 个,出访人员 1 461 名,其中参加会议团组占总团组数比为 47%,访问交流团组占比为 28%,合作研究团组占比为 13%。出访目的地主要集中在美国(30%)、欧盟国家(25%)、日本(7%)、英国(6%)、韩国(6%)、澳大利亚(5%)、加拿大(3%)等发达国家以及中国港澳特别行政区(9%)。国际会议是中外学者和专家交流科学前沿专题的平台,是科研国际化的重要指标。申请参加国际学术会议人员连年增加,仅 2015 年已申报的国际会议就达 31 个,参加人员近 3 000 人次,其中理工类国际会议 12 个,人文社科类国际会议 19 个,会议数量比去年增长 31%。同时,研究生参与学术研究的兴趣也越来越浓,表现为参加学术会议的人员也呈不断上升趋势①。

三、以"孔子学院"为代表的教育贸易蓬勃发展

孔子学院是我国推广和传播汉语教学的国际交流项目,对世界了解中国有很好的促进和推动作用。截至目前,中国已在 134 个国家和地区建立了 500 所孔子学院和 1 000 个孔子课堂,学员总数达 190 万人。上海大学作为积极推进我国教育发展的重点院校之一,先后分别与泰国、爱尔兰、土耳其、美国、巴林分别合作成立泰国宋卡王子大学普吉孔子学院、爱尔兰科克大学孔子学院、土耳其海峡大学孔子学院、美国肯塔基大学孔子学院以及巴林大学孔子学院。这些孔子学院的创办不仅有利于上海大学更好地向国际推广中文教育,更有利于与世界各国交流和合作,更好地促进中国教育贸易"走出去"发展进程。

---

① 部分资料来源于:www.shu.edu.cn。

（一）泰国宋卡王子大学普吉孔子学院"走出去"办学成效显著

2006年泰国宋卡王子大学普吉孔子学院由泰国宋卡王子大学普吉分校和中国上海大学签署合作意向，同年12月正式揭牌成立，总部位于普吉。学院拥有独立的办公楼、文化中心、图书室、办公室及专用教室，共计约590平方米。学院位于世界旅游胜地普吉岛，结合合作大学的学科特点，形成学分课程，兼顾公共汉语培训。结合普吉岛优越的旅游资源和地理位置，打造旅游商贸特色孔院，相继建成普吉校区、董里校区、素叻他尼校区3个校区，向1500名本科生推广20余门基础中文、商务汉语、旅游汉语、中国文化类特色课程。多次组织泰南地区本土教师和志愿者教师培训，累计培训数百人次。学校特别突出汉语教学和中国文化的特色与优势，形成以考促学、以考促教、考教结合的汉语水平考试。2005年举办汉语考试以来，历年考生人数名列全泰17个考点的前三位。2013年，普吉孔子学院的汉考考生人数高达2 822人，比去年增长了339人，是泰南地区最大的汉考考点，下设普吉、素叻他尼、董里、童颂、甲米、春蓬6个考点，可同时举办HSK、HSKK、YCT、BCT所有等级的考试。2007年至今，普吉孔子学院累计为15 629名大、中、小学学生、社会人士开设42 361课时的学分或公共汉语培训课程。

泰国宋卡王子大学普吉孔子学院在加强汉语教学的同时，坚持积极传播和推广中国文化理念，致力于满足泰国人民日益增长的汉语学习需求，增进泰国人民对中国语言文化的了解，加强中泰教育文化的交流合作，促进世界多元文化发展。学校通过"送文化、送教学"的活动促进当地汉语教学发展，其中参加"新汉学计划"赴华攻读博士项目2人。近五年来，普吉孔子学院组织泰国教育官员及大、中、小、学校长、本土教师、中学生等约150人赴华参观访问，推动了普吉府和周边地区汉语教学的发展①，是我国教育贸易蓬勃发展的表征之一。

———————————

① 部分资料来源于 http://www.shu.edu.cn.

（二）爱尔兰科克大学孔子学院助推中国文化"走出去"

爱尔兰科克大学孔子学院成立于 2007 年 11 月，由上海大学与爱尔兰科克大学共建而成，形成科克大学孔子学院独具特色的运作模式，举办"汉语桥"世界大学生中文比赛爱尔兰地区选拔赛等。同时为推动中国文化传播，举办了科克市春节文艺联欢会等活动，支持中小学举办汉语课程。2009 年 9 月，爱尔兰科克大学孔子学院在当地 24 所中小学开设了中国语言文化选修课程，其中有 850 名学生选修了汉语课，这是爱尔兰首次在中小学大规模开设汉语课程，在社会上形成了强烈反响，为推广汉语教学起到了很好的示范作用。2009 年，爱尔兰科克大学孔子学院在基于对社会需求大量实践调研的基础上推出面向成人的汉语证书课程，除进行汉语教学和中国文化普及之外，还积极推动和开展高水平学术交流和学者互访活动，包括召开各类学术研讨会、邀请著名专家学者访问等，从教学和科研多方面促进了中国与爱尔兰的友好合作[①]，是我国教育贸易蓬勃发展的表征之一。

（三）土耳其海峡大学孔子学院国际交流特色鲜明

土耳其海峡大学孔子学院成立于 2008 年，于 2009 年正式开始授课，与泰国宋卡王子大学普吉孔子学院、爱尔兰科克大学孔子学院类似，在汉语教学领域取得了很好的业绩，分别开设了初级、中级和高级的学分课程，举办 HSK 考试、汉语桥比赛等多项活动，促进学生对汉语的学习兴趣。在此基础上，组织孔子新汉学计划、留学中国及奖学金项目、教育工作者访华团、学生夏令营等多项活动。学院还为员工免费开设了从低级到高级的语言周末课。在文化交流方面，土耳其海峡大学孔子学院向员工们免费推出太极、书法、厨艺、歌唱等兴趣课。组织的春节大联欢、中国-土耳其作家论坛、宁夏岩画展、中国书法展、中国电影节、中国音乐演奏会等多项活动在当地的反应非常好，加深了土耳其人民对中国文化的了解。在学术研究方面，土耳其海峡大学亚洲研究中心与上海大学土耳

---

① 部分资料来源于 http://www.hanban.edu.cn。

其研究中心联合举办中国-土耳其高端论坛,并与伊斯坦布尔大学、Koç大学、Sabancı 大学、Fatih 大学、Doğuş 大学、Erciyes 大学、Heybaliada Anadolu 中学等建立了良好的合作关系,推动了中国与土耳其历史、经济、文化等领域全方位合作研究①。2012 年,海峡大学孔子学院被评为全球先进孔子学院,是我国教育贸易蓬勃发展的表征之一。

（四）美国肯塔基大学孔子学院发展迅速

美国肯塔基大学孔子学院作为一所年轻的学院,发展非常迅猛。该学院积极推广中国语言与文化教学活动,全年开设课程 31 门,累计课时 6 046 学时,各类学员达到 4 273 人,组织各类中国文化活动 42 场,累计参与活动达 16 058 人次。美国肯塔基大学孔子学院组织多项本土汉语教师培训,联合孔子学院总部志愿者共同努力,成功举办"美国中南部地区汉语志愿者教师岗中培训"活动。肯塔基大学孔子学院成为传播和推广语言与文化的重要窗口,已经成立美国中南部汉语教学与研究中心,本土汉语师资培训中心,汉语考试中心,中美教育、文化与艺术交流中心,当代中国研究中心等,实现了汉语教学和中外文化的相融与交流②。

（五）巴林大学孔子学院增进两国文化交融

巴林大学孔子学院创建于 2014 年,由上海大学与巴林大学合作开办。该学院的建立体现了巴林与中国教育、文化领域的深层次合作与交流。借助中文教学以及中国文化的推广,加强两国人民相互了解和认知,传播文化并加深友谊③。

因此,上海大学作为加快我国教育贸易蓬勃发展的地方重点院校,已经成功地实施了教育产业的国际交流与合作。在经济全球化的背景下,在广泛范围内实现与合作各国在教学、科研等多个领域内的有机融合。伴随着我国自贸试验区的进一步发展,在以金融、保险、运输、专业服务等

---

① 部分资料来源于：http://www.confucius.boun.edu.tr.

② 部分资料来源于：http://us.liuxue360.com.

③ 部分资料来源于 http://baike.baidu.com.

生产性服务业开放的基础上,下一步将会进一步放开教育、医疗、公共服务等生活性服务业,以上海大学为代表的教育贸易发展将面临更多机遇和挑战,必将迎来一个美好前景的发展机遇期。

上海大学经济学院　上海大学中国服务贸易研究中心　杨玲

中国教育服务贸易发展现状及趋势

在经济全球化的推动下,世界各国对服务的需求越来越大,在教育方面的交流越来越频繁,教育服务贸易作为一个全新的教育理念发展空间巨大。作为国际教育服务贸易的主要出口国,美国凭借其竞争优势成为世界上教育事业最发达的国家之一,吸引了最多的国际学生。澳大利亚是国际教育服务贸易增长最为迅速的国家。英国因为拥有英语这一独特优势,一直是世界上高等教育国际化程度较高的国家。中国作为最大的发展中国家、第二大服务贸易国,理应积极探索教育服务贸易的特色发展之路,为中国教育服务贸易进一步发展获得一个更为广阔的空间和积极的市场环境。

一、中国教育服务贸易发展现状

(一)留学教育服务发展情况分析

1. 规模庞大,增长迅速

自 1978 年—2016 年年底,中国已有 458.66 万人出国留学,攻读的专业几乎涵盖了全部现有的学科门类。在教育服务贸易出口方面,我国从 20 世纪 50 年代就已经开始接收国际学生。改革开放后,我国加大招收外国留学生的力度,2001 年我国入世后,教育服务贸易出口有了较快的发展(见表1)。

表 1　2009 年—2016 年我国留学教育服务人数统计表

年度	出国留学人数	来华留学人数	年度	出国留学人数	来华留学人数
2009 年	229 300	238 184	2013 年	413 900	356 499
2010 年	284 700	265 000	2014 年	459 800	377 054
2011 年	339 700	292 611	2015 年	523 700	397 635
2012 年	399 600	328 330	2016 年	544 500	442 773

数据来源：中国教育部网站。

2. 个人消费成为进口的主体

20 世纪 80 年代以前，几乎所有出国留学人员均由国家派出。进入 20 世纪 80 年代中期，政府开始鼓励个人自费出国留学。但由于居民收入有限，很少有人能承担自费出国留学的费用。进入 20 世纪 90 年代以来，国内开始涌现出一批高收入家庭，对自费出国的费用基本可以承担。这使得我国教育服务进口的购买者构成发生了巨大的变化，近几年，自费留学生已构成中国大陆海外留学人员的主体，其比例已超过 90%（见表 2）。

表 2　2009 年—2016 年我国出国留学人员的构成

年度	总人数	人员构成					
		国家公派		单位公派		自费留学	
		人数	比例	人数	比例	人数	比例
2009 年	229 300	12 000	5.2%	7 200	3.2%	210 100	91.6%
2010 年	284 700	—	—	—	—	259 988	91.3%
2011 年	339 700	12 800	3.7%	12 100	3.6%	314 800	92.7%
2012 年	399 600	13 500	3.4%	11 600	2.9%	374 500	93.7%
2013 年	413 900	16 300	3.9%	13 300	3.2%	384 300	92.8%
2014 年	459 800	21 300	4.6%	15 500	3.4%	423 000	92%
2015 年	523 700	25 900	4.9%	16 000	3.1%	481 800	92%
2016 年	544 500	30 000	5.5%	16 300	3%	498 200	91.5%

数据来源：中国教育部网站。

3. 出国留学学历层次明显提高,来华留学生学历层次偏低

改革开放初期,我国教育服务进口的80%都是公派进修和访问学者,研究生教育不足10%。20世纪80年代后期,由于政策放宽,出国接受正规学历教育的人数逐渐增多。截至2016年年底,以留学身份出国、目前在外的留学人员有136.25万人。其中101万人正在国外进行本科、硕士、博士阶段的学习以及从事博士后研究或学术访问等。

对比我国招收的外国留学生来说,尽管总数在上升,但高学历留学生较少,普通进修生占所有在华留学生的一半以上(见表3)。根据中国教育部统计数字:2016年,我国接受外国留学生总计442 773人,其中研究生45 816人,博士研究生18 051人。

表3　2011年—2016年来华留学生学历层次表

	留学生总数	学历生合计	占留学生总数比/%	非学历生合计	占留学生总数比/%
2011年	292 611	118 837	40.61	173 774	59.39
2012年	328 330	133 509	40.66	194 821	59.34
2013年	356 499	147 890	41.48	208 609	58.52
2014年	377 054	164 394	43.60	212 660	56.40
2015年	397 635	184 799	46.47	212 836	53.53
2016年	442 773	209 966	47.42	232 807	52.58

数据来源:中国教育经济信息网。

4. 留学教育专业、地区分布不均

根据中国教育部统计,我国的留学生教育服务出口产业主要集中在文科类教学上,每年有70%以上的留学生在进行汉语言文学的学习,其次就是医学类专业,学习的学生人数占留学人数的7%~10%,在其他学科领域就读的学生人数非常少。

我国出国留学去向主要集中在西方少数教育发达国家。2016年,我国海外留学生分布在全世界100多个国家,其中主要集中在美、澳、日、英、加等发达国家。其中,美国是我国学生出国留学的首选国。对来华留

学生来源,分别按洲和国家两种口径进行了统计。按洲统计,五大洲都有在华留学生,其中亚洲在华留学生在数量上具有绝对优势(见表4)。按国家统计,2011年—2016年,韩、美、泰、印度和巴基斯坦一直位于在华留学生来源国的前五位(见图1)。

表4　2011年—2016年我国留学教育服务出口地区分布

		2011年	2012年	2013年	2014年	2015年	2016年
亚洲	人数	187 871	207 555	219 808	225 490	240 154	264 976
	比例/%	64.21	63.22	61.66	59.80	60.40	59.84
欧洲	人数	47 271	54 453	61 542	67 475	66 746	71 319
	比例/%	16.15	16.58	17.26	17.90	16.79	16.11
美洲	人数	32 333	34 882	37 047	36 140	34 934	38 077
	比例/%	11.05	10.62	10.39	11.05	8.79	8.60
非洲	人数	20 744	27 052	33 359	41 677	49 792	61 594
	比例/%	7.09	8.24	9.36	9.58	12.52	13.91
大洋洲	人数	4 392	4 388	4 743	6 272	6 009	6 807
	比例/%	1.50	1.34	1.33	1.33	1.50	1.54

数据来源:中国教育年鉴2011年—2016年。

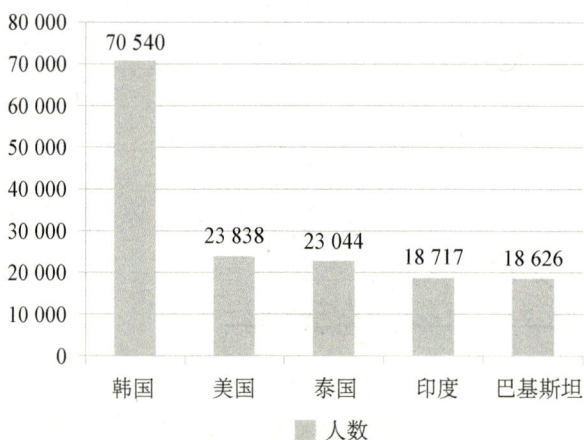

图1　2016年留学生来源地(按国别统计)

数据来源:中华人民共和国教育部网站。

（二）中外合作办学发展情况分析

1. 中外合作办学已形成规模

1986年9月,南京大学约翰·霍普金斯中美文化研究中心作为第一个中外合作办学机构经国务院批准成立,标志着我国教育服务商业存在进口方式的开始。根据中外合作办学教育网统计,截至2016年底,中外合作办学项目2 411个,覆盖全国31个省、市、自治区。办学层次涉及学前教育、普通高中、中等职业教育、非学历成人教育及高等学历教育,各级各类中外合作办学在校生约56万人。北京语言大学作为我国内地最早在海外办学的高校,从1997年开始,分别在韩国、泰国和新加坡建立了办学点,后又在美国、欧洲、日本等地建立了办学机构。此外,上海中医药大学、上海交通大学、成都中医药大学、厦门大学、云南财经大学、苏州大学等先后在国外开办培训班,成立海外研究生院、第一所分校和独立校园。可见我国教育机构到国外的办学活动具有广阔的发展空间。以汉语培训市场为例,根据国家汉办官网统计,截至2016年年底,中国在140个国家和地区设立512所孔子学院和1 073个孔子课堂。

2. 中外合作办学机构地域分布相对集中

中外合作办学机构和项目相对集中在较发达的北京、上海、江苏、浙江等东部沿海城市或省份,西藏、青海、宁夏3个省份没有中外合作办学项目。

3. 合作办学对象以经济及教育发达国家为主

外方合作者主要来自经济发达、科技及教育先进的国家和地区。根据中外合作办学教育网统计数据表明,排名前5位的是：美国、澳大利亚、加拿大、日本和中国香港。

（三）跨境交付形式教育服务发展情况分析

21世纪以来,信息技术改变了教育的方式,网上虚拟教育促进了教学形式的根本性变革。由美、英、加、澳等国10所大学组成的全球大学联盟（Global University Alliance，GUA）在8个国家的15所大学招生,他们从印度等国家引进低成本的课件,为世界网络教育提供服务。由英国诺丁汉大学、澳大利亚墨尔本大学、中国复旦大学、新加坡国立大学等16所大学联合创办的 U21 联合国际在线大学宣布,在线工商管理硕士(Master of Business Administration, MBA)课程面向中国学生开放。全球最大国际文教机构——EF 英孚集团,从 1997 年开始在全球举办 Englishtown 网上英语教学,针对中国英语教育的巨大市场,全线开通面向中国的英语学习网,学生可以跨越时空,全天候地与外籍教师直接对话,练习口语和听力。

而我国通过纯粹的跨境交付形式进行的出口教育服务几乎是空白。为了应对国外网络教育的兴起和冲击,教育部 2003 年下半年投入 10 亿元支持国内 35 所大学建立示范性软件学院,并启动"精品课程建设",将国内高校的优秀课程通过网站向外开放,截至 2006 年,建设了 1 000 多门国家精品课程。2011 年,由北大、清华牵头的 18 所全国知名高校设立了首批"中国大学视频公开课",免费向公众开放。

(四) 自然人流入形式教育服务发展情况分析

多年来中国已将聘请外国文教专家在高等学校教学列为重要工作之一。截至 2016 年,全国已获得聘请外国文教专家单位资格的有 6 500 多家。目前,每年有 50 万人次的外国专家来到中国。教育部在 2009 年还启动了部直属高校外国文教专家计划编制和执行方式的改革,设立了"海外名师项目""学校特色项目""学校常规项目"等不同层次和类别的项目。2016 年,全国高校聘用 11 872 名外国专家和外籍教师来校任教和讲学。

我国派出的文教专家数量相对较少,1995 年以前,我国派往国外任教的教师、专家约 1 800 人。截至 2016 年年底,我国已累计向亚、欧、美、非、大洋五大洲的 101 个国家派出汉语教师志愿者 19 000 多人次,他们在 3 000 多所大中小学及孔子学院(课堂)从事汉语教学工作。2017 年,国家留学基金委将加大派出工作力度,派出规模为 32 500 人。其中国家公派高级研究学者及访问学者、博士后项目增至 3 500 人;国家建设高水平大学公派研究生项目增至 10 000 人;青年骨干教师出国研修项目增至 3 900 人。

二、中国教育服务贸易国际竞争力比较

判断一个国家服务业的国际竞争力,可以通过以进出口总额为基础的指标来分析,本文选取三项代表性的指标(包括出口市场占有率、贸易竞争力指数、显示性比较优势指数)对我国和发达国家教育服务贸易国际竞争力进行定量比较分析。

(一)中国教育服务贸易出口市场占有率分析

出口市场占有率是指一国出口总额占世界出口总额的比例,表明该国该产业在世界市场上所占的比例。比例越高,表明一国该产业出口竞争力越强。计算式为

$$教育服务贸易出口市场占有率 = \frac{教育服务贸易出口额}{全球教育服务贸易出口额} \quad (1)$$

由表 5 可见,美国是全球最大的教育服务贸易出口国,从增长趋势来看,发达国家教育服务贸易呈稳步增长态势,而我国则刚达到 3% 以上。

表 5　中国与部分发达国家高等教育服务贸易出口市场占有率

	2009 年	2010 年	2011 年	2012 年	2013 年	2014 年	2015 年
中国/%	2.53	2.58	2.86	2.92	2.92	3.00	3.33
美国/%	57.84	55.91	53.29	52.07	52.63	53.12	52.66
英国/%	17.29	20.38	21.97	22.69	22.78	23.52	22.98
意大利/%	4.58	4.14	4.33	4.20	—	4.16	—
加拿大/%	8.18	8.95	9.21	9.54	9.34	9.65	9.61

数据来源:根据 WTO 官网、联合国统计司服务贸易数据库(UN Service Trade Database)数据计算得出。

(二)中国教育服务贸易竞争力指数分析

贸易竞争力指数(Trade Competitive Index,简称"TC 指数"),也称

为贸易专业化系数(Trade sPecial Coefficient),是指一国某类产品的出口与进口的差额与该类产品进出口总额的比例。计算式为

$$TC_{ij} = \frac{X_{ij} - M_{ij}}{X_{ij} + M_{ij}} \tag{2}$$

(2) 式中,X_{ij}代表 i 国在 j 时期的教育服务贸易出口额;M_{ij}代表 i 国在 j 时期的教育服务贸易进口额。贸易竞争力指数的取值范围为$(-1,1)$,通常 $0.8 \leqslant TC_{ij} < 1$ 说明该国国际教育服务贸易具有很强的竞争力;$0.5 \leqslant TC_{ij} < 0.8$ 表明具有较强竞争力;$0 < TC_{ij} < 0.5$,表明具有强竞争力;$TC_{ij} = 0$,表明具有一般竞争力;$-0.5 \leqslant TC_{ij} < 0$,表明具有低竞争力;$-0.8 < TC_{ij} < -0.5$,表明具有较低竞争力;$-1 < TC_{ij} \leqslant -0.8$,表明具有很低竞争力。

表6　中国与部分发达国家教育服务贸易竞争力指数

	2009 年	2010 年	2011 年	2012 年	2013 年	2014 年	2015 年
中国	−0.78	−0.77	−0.73	−0.68	−0.71	−0.70	−0.67
美国	0.56	0.58	0.60	0.61	0.62	0.62	0.63
英国	0.55	0.56	0.58	0.58	0.59	0.58	0.58
澳大利亚	0.91	0.89	0.88	0.91	1.01	1.00	1.05
意大利	0.16	0.18	0.18	0.20	—	0.19	—
加拿大	0.39	0.46	0.47	0.49	0.47	0.48	0.47

数据来源:根据 WTO 官网数据计算得出。

从表6可见,英美澳三国在教育服务贸易竞争力方面具有明显的优势,而我国教育服务贸易的 TC 指数长期处于负值状态,劣势也较为明显。

(三) 中国教育服务贸易显示性比较优势指数分析

显示性比较优势指数(Revealed Comparative Advantages,Index,简称"RCA 指数")是指一国某种产品出口值在该国出口总值中所占份额与该种产品的世界出口总值在世界全部出口产品总值中所占份额的比率。

计算式为

$$RCA_{ij} = \frac{X_{ij}/X_{it}}{X_{wj}/X_{wt}} \qquad (3)$$

(3) 式中,X_{ij} 为 i 国教育服务贸易出口额,X_{it} 表示 i 国 t 时期服务贸易出口额;X_{wj} 为世界教育服务贸易出口额,X_{wt} 为 t 时期全世界服务贸易出口额。如果 RCA 指数>2.5,则表明该国教育服务贸易具有极强的国际竞争力;介于 1.25～2.5 之间,表明具有较强的国际竞争力;介于 0.8～1.25 之间,表明具有中度国际竞争力;RCA 指数<0.8,则表明国际竞争力比较弱。

由表 7 可见,美国的教育服务贸易 RCA 指数最高,英国紧随其后,都远大于 2.5,因此可以认为美国在教育服务贸易领域具有极强的竞争优势。意大利的 RCA 指数大多在 1.25～2.5 之间,具有很强的竞争优势。而我国的 RCA 指数始终处于 0.8 以下,教育服务贸易的显性比较优势微弱。

表 7　中国与部分发达国家教育服务贸易显示性比较优势指数

	2009 年	2010 年	2011 年	2012 年	2013 年	2014 年	2015 年
中国	0.30	0.27	0.32	0.34	0.31	0.32	0.32
美国	5.89	6.10	6.14	6.19	6.18	6.20	6.21
英国	4.55	5.72	5.92	6.12	6.10	6.00	6.05
意大利	1.45	1.40	1.41	1.39	—	1.40	—
加拿大	3.47	3.65	3.80	3.87	3.89	3.89	3.93

数据来源:根据 UNCTAD 数据库数据计算得出。

三、中国教育服务贸易的发展对策

(一)正确把握教育服务贸易发展方向

在发展我国教育时,要正确把握发展方向,在借鉴国外教育发展先进教学理念、教学模式、教学内容和教学方法、管理模式和评估体系,引进国外优质的教育资源的同时,还要坚决维护国家利益,坚持党和国家的教育方针,保持和弘扬中华民族优秀文化传统,把握教育开放和国际合作的政策界限和尺度。

（二）借助"一带一路"倡议,为中国教育服务贸易发展提高新的契机

中国提出的"一带一路"倡议,使得"和平合作、开放包容、互学互鉴、互利共赢"的丝绸之路精神在沿线国家传播,这将吸引更多沿线国家学生来华留学,促进中国与沿线国家和地区的人文交流和教育国际化。一带一路,人才先行。我们应抓住这一契机,提高中国教育服务市场的开放度,激励更多的学生来华留学。加强全英文课程建设,创建国际化教学环境,降低语言门槛。同时为沿线国家的学生提供资金等方面支持,如专门设立"丝路"出国留学名额,设置"丝路"访问学者项目,设置高校"丝路"政府奖学金解决经济问题,完善外国人长期居留、医疗政策解决生活问题。

（三）研究和制定产业定制化的教育开放模式

教育作为一个特殊行业,具有自身的行业特点,培养的人才需要适应社会的发展和企业的需求。我国在开放教育服务市场时,除把握重点领域和关键环节外,还可以采用"定制化教育"模式,即国内高校和国外企业签订代培合同,国外企业提出明确的用工标准、岗位需求和职业能力,校企联合进行订单式培养,学生毕业后即可就业。这种做法一举两得,既可以解决学生的就业问题,吸引更多的学生来华学习,同时也解决了企业的用人需求问题。

（四）创建有中国特色的教育服务贸易开放路径

在教育服务贸易市场的开放路径上,可以依托自由贸易试验区、服务业扩大开放综合试点、双边国际合作产业园等进行试点试验,从而评估抗压能力、风险点和开放效果,在充分试验和评估论证的基础上,逐步在全国进行复制推广,形成有中国特色的开放路径。事实上中国已经开始尝

试这一做法,在上海自贸试验区最初开放的 18 个行业中就包含教育行业,其中有两项开放措施,分别是"允许举办中外合作经营性教育培训机构"和"允许举办中外合作经营性职业技能培训机构",这是在教育领域外资准入环节的扩大开放。除外资准入环节,我国在国内审批等环节也在进行制度性开放。

四、中国教育服务贸易的发展趋势

(一)促进文化传播和政治互信将是中国教育服务贸易的发展目标

纵观世界教育服务贸易市场,市场化和自由化趋势不断增强。美、英等发达国家的教育服务目标以经济利益为主,通过收取高额学费为本国吸金;日本和部分欧洲国家的教育服务目标以吸引优秀人才为主,通过海外办学等措施,充实本国科研人才队伍;对于中国等发展中国家来说,在教育服务方面竞争力较弱,与发达国家存在一定差距,所以在未来的一段时间内发展教育服务贸易应以向世界推广和传播本国文化为目的,扩大本国学校在世界的知名度,建立政治互信,促进本国与世界的不断融合。

(二)对风险的预判和防范将是开放教育服务贸易市场的最大难点

教育属于敏感行业,在扩大开放过程中,如何在事前审批和事中事后监管两者之间保持平衡,是迫切需要解决的问题。比如中外合作办学项目中有很多未经过教育部批准,很多操作也不是很规范,存在监管不到位的现象。事实上,教育服务发达的国家都非常重视教育服务的审查监督,很多国家都有一套非常严格的法律程序和监管办法。但中国的教育服务贸易起步较晚,法律制度方面还不够完善,未来在开放过程中,如何约束国外教育服务机构、保证留学生利益、强化风险防范是很大的难题。

（三）学历互认问题进一步凸显

学历和学位互认问题是教育服务贸易拓展过程中的一个重要问题，建立与贸易对象国的学历互认制度实际上也是对学生的权益保障。中国的教育服务贸易起步较晚，造成世界认可度低。根据教育部公布的信息，目前与我国签订的国家间相互承认学位、学历和文凭的双边协议的国家不包括美国、加拿大、日本等发达国家。近年来我国教育服务贸易发展迅速，但侧重通过排名对教育进行评估，相关学位授予标准和国外院校存在差异，这些问题如不解决，就无法发展教育服务，真正提高中国教育服务质量，从而影响国内院校在世界市场的认可度，使得学历和学位互认问题进一步凸显。

（四）教育"开道"，带动科技同发展

随着中国教育服务贸易的发展，中国与其他国家和地区的教育合作领域越来越广阔。未来我国在接收各国留学生的同时，对与中国国情、气候相似的国家还可以向他们输出大量工业和农业技术，增强科技合作的深度和广度，为这些国家增产致富提供技术支持。

总之，作为一个拥有五千年历史的文明古国，其灿烂、博大精深的文化正日益吸引着世人的关注和向往。随着我国经济的发展、国力的强盛和国际贸易的开展，相信我国的教育服务贸易市场定会繁荣发展。

天津科技大学　唐卫红

中国教育贸易与发达国家及发展中国家比较研究

　　教育贸易作为服务贸易中消费性贸易的重要组成部分,随着各国贸易开放以及经济全球化的快速发展,在一国经济发展过程中的作用日益显现。发达国家的教育服务贸易发展较早,已经成为重要的营利性产业之一,在国民经济发展中的作用显而易见。《服务贸易总协定》中规定了国际教育服务提供贸易的四种方式,包括境外消费、跨境交付、商业存在和自然人流动,也就是我们常常提到的留学生教育、跨国办学、远程教育和聘请外国专家。2014 年美国门户开放报告显示,美国已经成为世界上教育服务市场份额最大的国家,2013 年到 2014 年间,美国海外学生人数达到了 886 052 人,年增长率为 8%。美国教育服务贸易的发展主要分为 3 个阶段(余娜,2014):二战后至 20 世纪 70 年代、20 世纪 70 年代至 20 世纪末、21 世纪至今。美国教育服务贸易政策主要包括:美国对教育服务贸易市场承诺;制定相关的法规和措施;成立专门的产业相关机构;政府向教育机构提供各种资助(胡罡,2015)。欧洲地区的发展阶段与欧洲地区的合作交流联系紧密(OECD,2004)。欧洲在二战后的学生流动较少,直到欧洲国家之间建立了教育服务的合作计划。格兰特·哈马(Grant Harma)(2004)曾介绍了澳大利亚高等教育国际化的发展历程及新的国际化方向,大力发展专业和不同级别的高等教育。格雷戈里·乔(Gregory C. Chow),Yan Shen(2006)分析了中国教育的需求状况,指出中国教育需求巨大,而教育供给则相对不足,造成巨大的教育服务逆差。多伦·沙蒂(Doren Chadee),维卡什·奈柱(Vikash Naidoo)(2009)回顾了亚洲国家学生留学美国和英国、接受高等教育的趋势和发展,并利用面板数据分析不同国家学生选择留学目的地的影响因素,同时认为传统教育服务贸易发达国家如英国、美国、加拿大、澳大利亚和新西兰的优势受到其他国家的挑战,如新加坡和印度。教育服务进口国家大多分布在亚洲,其中发展中国家中国和印度是世界主要的教育服务进口国(OECD,2014)。

面对中国相对迟缓发展的教育服务贸易,究竟我国与发达国家以及发展中国家相比,状况如何? 如何可以更好地找出差距并进一步提出发展方案是本文重点要研究的核心问题之一。

本文将在第二部分着重研究我国与发达国家和发展中国家进行比较,分析我国与国际教育服务贸易的差距。在第三部分总结经验的基础上,进一步提出提升方案,为加快我国教育服务贸易发展提供有价值的政策建议。

一、发达国家、发展中国家与我国教育服务贸易比较研究

以美、英、澳、加为代表的发达国家教育服务贸易发展较早。中国作为最大的发展中国家,与发达国家相比,状况如何? 与发展中国家比较,情形又如何? 本文欲做进一步比较来研究其差异性。本文选取 WIOD 投入产出表数据中教育服务贸易进口和出口数据进行比较研究。

从表1中可以看出,发达国家主要表现出韩国、澳大利亚、美国、英国以及加拿大等国相对较高的进口均值。其中亚洲四小龙之一的韩国,迅速从发展中国家成长为发达的亚洲国家,表现出教育进口最大值,说明教育进口对于本国培养人力资本具有至关重要的作用。与之相仿的是,中国作为发展中国家,自 2001 年 12 月入世以来,2002 年开始教育进口量迅猛增长,成为各国进口教育最快的国家。1995 年—2011 年间增速达到39 740%,远高于同期韩国 164% 的增长率。说明中国经济在快速发展过程中,我们凭借进口教育弥补国内优质教育资源不足,有利于培养高尖端人才。

表1 中国与部分发达国家和发展中国家教育贸易进口额比较

年份	澳大利亚	德国	法国	韩国	加拿大	美国	日本	瑞典	台湾地区	意大利	英国	中国	俄罗斯	墨西哥	印度	印度尼西亚
1995	446	58	40	1 257	228	263	23	7	6	43	334	5	177	14	13	14
1996	486	86	50	1 226	253	312	34	10	9	48	399	6	186	16	15	19
1997	567	59	49	1 082	259	283	30	9	6	34	333	7	181	16	16	24
1998	505	68	52	644	258	297	23	11	8	43	317	5	158	16	18	15
1999	584	65	46	656	271	368	24	13	8	78	380	5	119	19	19	15
2000	569	82	49	754	262	368	26	14	14	66	323	7	154	24	19	235
2001	505	103	62	714	276	485	16	14	11	86	323	7	156	23	24	210
2002	563	117	85	830	299	703	15	17	124	93	544	90	194	24	33	184
2003	738	125	70	1 064	394	810	22	20	136	83	822	490	237	26	25	161
2004	911	126	85	1 375	404	963	24	122	150	61	871	722	271	24	58	156
2005	998	10	63	1 888	406	830	17	95	151	62	931	626	323	26	85	143
2006	1 010	137	41	2 199	498	923	25	71	165	61	1 021	991	373	25	74	170
2007	1 377	174	69	2 509	575	1 176	28	70	178	74	1 131	789	446	28	155	189
2008	1 367	136	50	2 971	617	1 227	41	90	190	71	1 120	1 425	608	27	115	195
2009	1 219	151	63	2 214	635	1 243	37	91	137	59	1 005	1 270	422	33	135	156
2010	1 580	82	35	2 851	749	1 456	38	63	191	54	722	1 715	501	34	64	214
2011	2 010	93	37	3 318	843	1 510	45	71	210	56	745	2 070	640	40	56	282
均值	908	104	56	1 621	425	778	27	46	100	63	666	602	303	24	54	140
增长率(%)	351	59	－8	164	270	474	95	871	3 259	30	123	39 740	261	181	340	1 872

数据来源：WIOD。

这一现象同样适用于韩国。相比较而言,澳大利亚作为进出口教育服务贸易量最大的国家之一,也仅表现出351%的增长率。一方面,快速增长的教育进口额说明我国国内教育优质资源缺乏;另一方面也说明我国在入世后,通过开放教育行业,使我们可以通过使用大量进口教育贸易来弥补国内现有教育资源的不足,我国教育与国际高端水平仍有一定差距。作为发达国家,澳大利亚、美国、英国仍然维持相对较高的教育贸易进口额。在相当长的时期内,我国教育与国际高端水平的差距仍将维持,进口教育仍然有利于补充我国国内教育的比较劣势,对于积累丰富的人力资本有重要的作用。在这方面我们可以向韩国学习,韩国国内在全球知名的高等院校相对较少,但基于韩国著名的"教育热",许多家长选择将孩子送到海外接受更加良好的高等教育。因此,表现为韩国相对较高的教育贸易进口量。

与此同时,我们发现发达国家主要表现为韩国、澳大利亚、美国、英国、加拿大相对较高的教育服务贸易进口,但同为发达国家的德国、法国、瑞典、意大利等欧洲国家教育的国际化水平也有待进一步提高,其均值低于中国,增速也相对较小。说明各国对于教育服务贸易的重视程度不同,也是导致各国进口教育服务贸易差值产生的原因之一。依据中国的传统文化,以家庭为单位,父母非常重视对子女的教育。这里着重突出一点,在我国教育发展水平与发达国家存在一定差距的情形下,通过进口贸易大幅弥补这一不足,对于我国人力资本的培养具有至关重要的作用。

与此同时,我们与同时期的发展中国家印度、印度尼西亚、俄罗斯以及墨西哥相比,印度尼西亚也表现出1 872%的增长率。说明印度尼西亚也对进口教育有较大的需求。中国台湾地区也表现出3 259%的增长率。如果我们仔细分析这些进口教育增长率较高的国家和地区,将不难发现,这些国家及地区以经济增速较快为特征,尤其发展创新型产业更是如此。在相对较高的经济增速下,各国表现出经济驱动下对人才的大量需求。在开放环境下,通过进口贸易弥补国内教育资源的不足。

如果我们进一步从教育服务贸易出口额的变化状况来看,可以发现表2列出的发达国家和发展中国家,优势最明显的国家依次是澳大利亚、

表 2 中国与部分发达国家、发展中国家教育贸易出口额比较

年份	澳大利亚	德国	法国	韩国	加拿大	美国	日本	瑞典	台湾地区	意大利	英国	中国	俄罗斯	墨西哥	印度	印度尼西亚
1995	2 629	2	8	16	324	242	9	43	4	224	1 245	148	51	3	0	27
1996	2 987	2	14	20	367	266	49	48	4	269	1 403	179	62	4	0	34
1997	2 876	2	5	26	387	289	19	39	4	240	1 438	231	59	6	0	39
1998	2 401	3	30	27	395	287	22	38	5	210	1 527	185	65	5	0	34
1999	2 892	2	50	35	532	282	26	48	6	184	1 607	156	53	5	0	37
2000	2 823	3	63	49	564	315	44	44	8	165	1 521	165	67	6	0	50
2001	2 229	3	58	38	585	360	22	53	8	35	1 488	149	67	7	0	66
2002	2 293	5	57	36	610	433	23	46	17	168	2 543	153	73	10	0	87
2003	2 861	34	71	39	770	403	46	70	28	103	2 867	189	90	11	0	132
2004	2 992	40	80	45	921	612	58	159	43	98	2 946	233	118	13	0	190
2005	3 349	44	83	46	1 104	573	48	170	71	119	3 185	269	151	15	0	278
2006	3 361	53	85	51	1 186	906	53	195	120	129	3 433	308	229	17	0	330
2007	4 249	72	118	62	1 286	847	59	191	133	332	3 935	352	219	16	0	366
2008	4 647	82	130	70	1 145	967	63	222	139	362	3 892	417	290	19	0	442
2009	4 124	78	88	55	1 144	1 051	46	187	107	381	3 101	349	195	16	0	375
2010	4 793	82	87	70	1 297	1 213	56	195	147	338	3 161	461	257	17	0	490
2011	5 700	80	103	81	1 524	1 266	51	214	159	346	3 465	559	395	19	0	634
均值	3 365	35	66	45	832	607	41	115	59	218	2 515	265	144	11	0	212
增长率(%)	117	5 102	1 192	408	371	424	472	395	3 730	54	178	277	674	470	−264	2 219

数据来源：WIOD。

英国、加拿大和美国,2011 年均达到 10 亿美元以上的水平。其中澳大利亚均值达到 33.65 亿美元,英国均值达到 25.15 亿美元,加拿大达到 8.32 亿美元,美国为 6.07 亿美元。与之相比,1995 年—2011 年间中国教育贸易出口均值为 2.65 亿美元。虽然低于澳大利亚、英国、加拿大、美国等教育贸易强国,但高于同期的德国、法国、意大利、日本、瑞典等国以及中国台湾地区,也高于同期的俄罗斯、印度、印度尼西亚以及墨西哥等发展中国家。其中印度自 1995 年—2011 年间教育贸易的出口额始终为零,说明其劣势相对明显。

整体而言,就中国出口教育贸易的情形来看,与发达国家和发展中国家相比,中国居于中等发展水平,主要次于澳、英、加、美等教育贸易发达的国家,但高于部分发达国家及发展中国家。这一现状同时也说明,我国教育贸易在中国入世后呈现快速发展趋势。虽然主要仍表现为进口大于出口的贸易逆差情形,但总体流量均呈现出大幅增长态势。下一步我们要更好地向教育贸易发达的澳、英、加、美学习,争取让以中国传统文化为特色的中国教育更好、更快地走向世界。在这一过程中,一方面我们要学习发达国家的成功经验,另一方面,我们要着重突出中国文化的特色,让中国式教育绽放光彩。

从各国教育贸易差额来看,表 3 中列出的国家中仅有澳大利亚、英国、加拿大表现出贸易顺差,美国也表现出进口大于出口的贸易逆差情形。2011 年,澳大利亚顺差额达到 36.9 亿美元。澳大利亚具有全球一流的教育资源,其国内共有 38 所大学和 230 多所专科技术学院。这些大学和专科技术学院几乎都是政府公立学校,其教育质量基本均由澳大利亚联邦政府控制管理,所以各校均能保持相对统一但质量较高的教育水平。特别值得一提的是,澳大利亚各个学校间的学历文凭被各州相互认可,且全国通行,而且澳大利亚的学历资格在国际上被各国广为认可。同期英国达到 27.2 亿美元,加拿大达到 6.81 亿美元。英国是一个有着悠久教育传统的国家,其教育体系经过几百年发展,是相当完善和复杂的,在国际上具有较高的声誉。与英国相仿,加拿大拥有世界上最完善的教

表 3 中国与部分发达国家、发展中国家教育贸易逆差差额比较

年份	澳大利亚	德国	法国	韩国	加拿大	美国	日本	瑞典
1995	2 183	-57	-32	-1 241	96	-21	-14	36
1996	2 502	-84	-36	-1 206	114	-46	16	38
1997	2 309	-57	-45	-1 056	128	6	-10	30
1998	1 896	-65	-22	-617	137	-10	-1	27
1999	2 308	-64	3	-621	261	-86	2	35
2000	2 254	-79	14	-705	301	-53	17	31
2001	1 724	-100	-3	-675	309	-125	6	39
2002	1 730	-112	-27	-794	311	-270	9	28
2003	2 123	-91	1	-1 025	376	-407	24	50
2004	2 081	-85	-5	-1 330	517	-351	34	38
2005	2 351	-66	19	-1 842	698	-257	31	75
2006	2 351	-84	44	-2 148	689	-17	28	124
2007	2 872	-102	50	-2 447	711	-329	31	.121
2008	3 279	-54	79	-2 901	528	-260	22	132
2009	2 905	-73	25	-2 159	509	-192	10	95
2010	3 214	-1	52	-2 781	549	-243	19	132
2011	3 690	-12	66	-3 237	681	-244	6	143
均值	2 457.107 1	-69.714 2	10.729 7	-1 575.543 3	406.627 4	-170.846 3	13.451 9	69.017 9
增长率(%)	69.056 0	-78.580 8	-304.079 0	160.862 9	611.419 7	1 051.934 0	-141.784 4	297.978 7

（续表）

年份	台湾地区	意大利	英国	中国	俄罗斯	墨西哥	印度	印度尼西亚
1995	-2	182	911	143	-126	-11	-13	13
1996	-6	221	1 004	173	-123	-12	-15	15
1997	-2	205	1 104	224	-121	-10	-16	15
1998	-3	167	1 211	180	-94	-11	-18	19
1999	-2	105	1 227	151	-67	-13	-19	21
2000	-6	99	1 198	158	-87	-18	-19	-185
2001	-3	-51	1 165	142	-90	-16	-24	-144
2002	-108	75	1 999	63	-121	-14	-33	-97
2003	-109	20	2 045	-301	-147	-15	-25	-29
2004	-107	37	2 075	-489	-153	-11	-58	34
2005	-80	57	2 254	-357	-171	-11	-85	135
2006	-45	68	2 412	-683	-144	-8	-74	160
2007	-45	258	2 804	-437	-227	-12	-155	177
2008	-51	291	2 772	-1 008	-318	-8	-115	247
2009	-30	321	2 096	-921	-227	-17	-135	218
2010	-44	284	2 439	-1 254	-245	-17	-64	276
2011	-51	291	2 720	-1 512	-245	-21	-56	352
均值	-40.844 0	154.704 6	1 849.111 2	-337.023 0	-159.217 8	-13.254 0	-54.288 6	72.207 3
增长率（%）	2 336.134 3	59.982 0	198.708 1	-365.252 5	-161.167 0	-13.386 9	-56.732 1	75.687 3

数据来源：WIOD。

育体系,也拥有世界上一流的大学、中学、小学教育,其学习条件堪称世界
一流。加拿大政府非常重视教育,是世界上教育经费最高的国家之一,每
年国家在教育方面的投入占 GDP 的 7% 左右,政府对高等教育有很高津
贴。目前,加拿大的高等教育普及率已经达到 45%,居世界前列①。与此
同时,发展中国家印度尼西亚也达到 3.52 亿美元的贸易顺差。这一系列
结果表明,目前我国教育服务贸易与澳、英、加等国相比,主要表现为贸易
逆差。其中印度尼西亚作为发展中国家,是一个相对特殊的例子。我们
发现印度尼西亚除 2000 年至 2003 年表现为贸易逆差之外,其他年份均
显示贸易顺差。这在发展中国家相对少见。出现这一现象的原因有很多
方面,一方面印尼政府对教育经费的投入逐年在增加,而且占国家总投资
的比率也较高。由此促进了印尼教育事业的不断发展,各类学校学生数
量不断增加。印度尼西亚的高等院校也获得了不断发展。目前,印尼国
立高等院校已发展到 49 所,私立高等院校共有 950 所。主要的国立大学
包括雅加达的印度尼西亚大学、万隆的班查查兰大学、日惹的加查马达大
学、泗水的艾尔朗卡大学、登巴萨的勿达雅纳大学以及乌戎潘当的哈沙努
丁大学等。这些大学都是综合性的文理科大学。此外,较为闻名的学院
有万隆的万隆工学院、雅加达附近的印尼工学院以及茂物的农学院等。
主要的私立大学有雅加达的印尼基督教大学、万隆的天主教大学、伊斯兰
大学等,这些大学也是综合性的文理科大学②。与印度尼西亚的情形不
同的是,中国与韩国非常相似。韩国自 1995 年开始就表现出非常明显的
教育服务贸易逆差,说明有大量学子赴海外求学。这对于正处于快速发
展阶段的韩国来说,是优化劳动力供给的一条重要途径。相比较而言,中
国在 2002 年及其之前还主要表现为贸易顺差,主要基于我国尚未大幅开
放的教育市场。但自 2001 年年底加入世贸组织以来,我国贸易逆差快速
上升。截至 2011 年达到 15.12 亿美元的贸易逆差。说明我国经济的快

---

① 部分资料来源于 http://www.galaxy-immi.com/html/_page_421.html。
② 部分资源来源于 http://www.asean168.com/a/20140728/15956.html。

表 4　中国与部分发达国家、发展中国家教育贸易竞争力比较

年份	澳大利亚	德国	法国	韩国	加拿大	美国	日本	瑞典	台湾地区	意大利	英国	中国	俄罗斯	墨西哥	印度	印度尼西亚
1995	0.7099	-0.9484	-0.6700	-0.9750	0.1733	-0.0420	-0.4422	0.7094	-0.2029	0.6804	0.5769	0.9322	-0.5524	-0.6241	-0.9999	0.3136
1996	0.7204	-0.9533	-0.5617	-0.9681	0.1847	-0.0792	0.1907	0.6472	-0.4262	0.6977	0.5572	0.9332	-0.4972	-0.5917	-1.0000	0.2745
1997	0.6708	-0.9191	-0.8319	-0.9532	0.1979	0.0108	-0.2126	0.6289	-0.2003	0.7501	0.6235	0.9412	-0.5054	-0.4669	-1.0001	0.2355
1998	0.6527	-0.9060	-0.2713	-0.9182	0.2094	-0.0172	-0.0145	0.5468	-0.2158	0.6574	0.6565	0.9515	-0.420	-0.5051	-1.0001	0.3981
1999	0.6640	-0.9476	0.0351	-0.8993	0.3247	-0.1326	0.0403	0.5711	-0.1610	0.4024	0.6175	0.9323	-0.3876	-0.5628	-1.0000	0.4082
2000	0.6643	-0.9360	0.1259	-0.8777	0.3651	-0.0780	0.2489	0.5307	-0.2537	0.4289	0.6494	0.9151	-0.3942	-0.5992	-0.9999	-0.6490
2001	0.6308	-0.9480	-0.0262	-0.8984	0.3594	-0.1476	0.1601	0.5916	-0.1503	-0.4215	0.6433	0.9065	-0.4021	-0.5145	-1.0000	-0.5237
2002	0.6057	-0.9198	-0.1918	-0.9164	0.3420	-0.2374	0.2228	0.4464	-0.7655	0.2894	0.6476	0.2597	-0.453	-0.4137	-1.0001	-0.3568
2003	0.5898	-0.5715	0.0060	-0.9293	0.3233	-0.3351	0.3482	0.557	-0.6635	0.1046	0.5544	-0.4436	-0.4488	-0.390	-1.0001	-0.0990
2004	0.5331	-0.5133	-0.0314	-0.9368	0.3908	-0.2230	0.4115	0.1334	-0.5522	0.2302	0.5437	-0.5119	-0.3928	-0.302	-1.0000	0.0983
2005	0.5409	-0.4291	0.1317	-0.9529	0.4621	-0.1829	0.484	0.2828	-0.3596	0.315	0.5476	-0.3988	-0.361	-0.2585	-1.0001	0.3204
2006	0.5379	-0.4423	0.3453	-0.9544	0.4087	-0.0090	0.352	0.4684	-0.1586	0.3565	0.5414	-0.5258	-0.2397	-0.1962	-1.0001	0.3205
2007	0.5105	-0.4126	0.2651	-0.9517	0.3821	-0.1626	0.3623	0.4642	-0.146	0.6352	0.5533	-0.3833	-0.3418	-0.2604	-1.0000	0.3193
2008	0.5453	-0.2492	0.4405	-0.9542	0.2995	-0.1184	0.2143	0.421	-0.1562	0.6731	0.5531	-0.5473	-0.3543	-0.1783	-1.0001	0.3873
2009	0.5437	-0.3177	0.167	-0.9514	0.2859	-0.0837	0.1149	0.3434	-0.1216	0.7306	0.5104	-0.5691	-0.3681	-0.3483	-1.0000	0.4114
2010	0.5043	-0.0035	0.4249	-0.9520	0.2681	-0.0912	0.2007	0.5116	-0.1313	0.7257	0.628	-0.5766	-0.3227	-0.3419	-1.0000	0.3920
2011	0.4786	-0.0704	0.4721	-0.9525	0.2876	-0.0879	0.0651	0.5000	-0.1394	0.7237	0.6462	-0.5751	-0.2362	-0.3617	-1.0000	0.3847
均值	0.5943	-0.6169	-0.010 0	-0.9377	0.3096	-0.1187	0.1617	0.4914	-0.2826	0.4694	0.5912	0.1318	-0.3928	-0.4068	-1.0000	0.1550
增长率(%)	-32.5743	-92.5805	-170.4634	-2.3121	65.9067	109.4196	-113.9098	-29.5076	-31.3152	6.3526	12.0147	-161.6887	-57.2409	-42.0347	0.0166	22.6589

数据来源：WIOD 数据库。

速腾飞过程中,也发生了类似韩国的情形。通过学子海外求学来弥补国内教育资源的不足。一方面基于我国国内教育与澳、英、加、美等国还有较大差距,另一方面也说明我国千百年来重视教育的思想促使更多人选择去海外高水平学府求学,这对于快速发展中的中国弥补人才不足是一条可行的路径。

贸易竞争力指数作为有效衡量竞争力的指标被广泛采用。本文从贸易竞争力指数来看,发达国家中表现为贸易竞争优势的国家主要是以澳大利亚、英国和加拿大为主。美国虽然有强劲的教育贸易进出口量,但总体表现出进口大于出口的比较劣势。在发展中国家,以印度尼西亚为主,主要表现出教育贸易竞争力较强的正向效应。如果我们单一地只是从贸易竞争力指数来看,日本也表现出相对较好的贸易竞争优势。但截至2011年,日本总的教育贸易出口量也仅为0.51亿美元,进口量为0.45亿美元,保持0.0615的贸易竞争力。值得一提的是德国,从教育贸易进、出口量来看,德国的总量保持在一个相对较小的区间。截至2011年,德国进口教育贸易仅为0.93亿美元,出口教育贸易为0.8亿美元,表现出贸易逆差特征。但总量维持在一个相对较小的范围之内,说明德国教育也以吸收国际优质教育资源为主,但这种程度与韩国、中国相比较小。德国针对小学一、二年级的学生,最大的特色是学生没有各科成绩单,而是以老师评论来考量。对于需要学习能力或学习成效较差的学生则采取加强措施而不是留级制度。德国以职业教育为主,强调现实操作性。通常,乡村职业预校学生的比例高于城市。在德国,实科中学是德国教育体系中的典范,具有良好的教育成效。一方面实科中学的教学内容重视德国转型成第三级产业的社会背景;另一方面由此毕业的学生可获得中级文凭,学生既可以选择较高等的职业发展,也可以继续升学。德国的高等教育机构中大部分是公立学府,大约有160所大学、神学院、教育学院以及艺术学院,每年约有3/4的大学生都集中在这里学习;其余的学生则分属于应用技术大学Fachhochschule、职业技术学校Berufsakademien等相关领域。因此,总体来看,德国突出职业教育的重要性,与澳、加、英以研究型教育为主有较大的区别。卢卡斯·格拉夫(Lukas Grao)认为,德国与英国大学的国际化采取不同的模式,主要与高等教育国际化影响因素的作用力有关。

英国的大学国际化主要是受经济利益的驱动,其高等教育国际化是建立在经济利益的基础之上。而德国大学的国际化关注的是非营利的项目,主要是建立在与特定伙伴的合作基础上。卡罗拉·哈姆(Karola Habn)也持这种观点,认为与英国、澳大利亚相比,德国高等教育国际化更重视合作。德国没有像美国哈佛大学、英国牛津大学等这样的世界精英教育机构,在大学世界排名榜中也不具有明显的优势。这也是德国教育不如美国、英国发达的重要原因之一。

与此同时,我们也可进一步来看日本。日本也非常重视教育产业的发展。日本有三种类型的教育可供选择:进入公立学校接受义务教育、进入私立学校接受义务教育,或是到不合文部科学省标准的私立学校接受教育。19世纪80年代末,日本开始了大规模的产业革命,在制丝、纺织、铁路等工业交通部门进行大量投资。1893年,就任文部大臣的井上毅参照德国发展职业教育的模式促进经济发展,于1893年和1894年先后制定了《实业补习学校规程》《徒弟学校规程》《实业教育国库补助法》和《贸易学校规程》等各项法令。这为日本发展职业学校奠定了基础[①]。1918年日本公布《高等学校令》和《大学令》,旨在强调高等学校以完成高等普通教育为目的,充实和加强国民道德教育。日本全国性的学习范围让学生得到均衡和基本的教育。总体来看,全民受教育水平相对较高,以重视职业教育为特色,与德国有类似之处。但与德国相比,对于教育贸易的进口量相对较小。全国教育事业由公共教育部领导。它的职责是负责实施公共教育;建立各级各类学校,并监督他们行使职责;制定统一的教学计划和教学大纲;监督非国立教育机构;在尊重大学自治权的同时,促进高等教育和科学研究的发展。公共教育部提供教育事业的主要经费。

————————

① 部分资料来自百度百科。http://baike.baidu.com。

意大利的教育服务贸易竞争力表现为正数,但总体体量较小。高等学校大部分是国立的。著名的有罗马大学、博洛尼亚大学、米兰大学等。还有综合技术学院,实施大学程度的工程教育与农业教育。意大利根据本国实际在高等技术教育与培训和大学之间的学分互认上出台了相关措施加以促动。总体的教育贸易开放度还不够大,仍需进一步释放潜能。

二、结论及政策建议

由此从整体来看,中国的教育开放度已经具有一定规模,实现了与国际教育产业的对接。但基于我国在科学技术以及人文教育等诸多学科领域与国际一流水平的差距,开放型的教育贸易政策非常有利于我们借助国际教育资源,发挥引进来的作用。学习韩国大量进口教育服务资源,在短期内有效缓解经济快速发展过程中对人才的大量需求。就目前我国教育服务贸易的发展现状来看,仅次于澳、英、加、美,其进出口教育贸易体量甚至高于部分发达国家。同时,基于我国教育产业总体水平与国际一流水平的较大差距,其贸易竞争力指数自2001年12月加入世界贸易组织起均表现为负值,说明其比较劣势的存在。我国现代教育体制的真正确立还只有几十年的时间。由于教育体制僵化、事业单位编制等体制问题,使得我国的高等教育落后于西方发达国家。在世界一流大学的排名中,我国能够跻身名校的大学实属凤毛麟角。同时,我国教育体系中的教材更新速率还不够快,有些教材的讲授与实践有一定的脱节现象,不利于学生掌握最新发展动态。与国外一流大学相比,我国的高等教育主要以公立学府为主,还未有效地展开市场竞争,大多以政府教育经费为主要的资金来源。因此,一定程度上还不能很好地调动教师的积极性,办学机制不够灵活。下一步可以通过增加多种成分资本的介入,为公平竞争创造条件。作为一个崛起中的发展中国家,教育对于我国经济发展发挥的重要作用值得我们进一步挖掘其潜力。这对于增强中国教育服务贸易整体竞争实力也是必然之举。值得我们更好地从体制、机制、人才队伍建设以及人才培养和引进等诸多方面努力，真正发挥教育是民族之魂的重要作用。

上海大学经济学院　杨玲

浙江省高等教育国际化发展之路

浙江高校围绕内涵发展的目标,坚持深化改革,坚持对外开放,继续推进国际交流与合作,使浙江高等教育国际化保持良好的发展势头,高等教育国际化水平持续提高。

一、浙江省高等教育国际化发展现状

(一)学生国际化状况

1. 外国留学生招收状况

2015年,浙江高校的外国留学生总数已达25 964人,与2014年相比增加了9.0%。这些学生主要集中在硕博授权高校,该类高校的留学生人数共有23 229人,占全省外国留学生总数的89.58%;另两类高校的留学生规模相对较小,其他本科院校的留学生数仅有1 336人,占总数的5.15%;高职高专院校留学生1 367人,占总数的5.27%。

全省外国留学生总数占在校生总数的比例达到2.46%,比2014年提高了0.17%。其中,硕博授权高校的留学生人数占在校生数比例达到6.28%,比2014年提高了0.38%;其他本科院校留学生数占在校生数比例达到0.83%,比2014年提高了0.13%;高职高专院校留学生数占在校生数比例为0.4%,与2014年持平。

外国留学生留学时间分布:浙江高校招收的外国留学生以三个月以上的长期留学生为主,数量达21 398人,占留学生总数的82.41%;其中硕博授权高校的长期留学生 18 982 人，占该类高校留学生总数的 81.72％；其他本科院校的长期留学生 1 119 人，占该类高校留学生总数的 83.75％；高职高专院校的长期留学生 1 295 人，占该类高校留学生总数的 94.73％。与 2014 年相比，所有层次高校的长期留学生人数都有所增长，其中，其他本科院校的长期留学生规模增长最为明显（2014 年 815 人）。

外国留学生留学类型和层次分布：2015 年，浙江高校长期留学生的类型和层次发生了较大变化，结构进一步优化。语言类留学生的比例进一步降低，硕博授权高校的长期留学生中，语言类留学生只占 22.32％，比 2014 年下降了 4.4％；高职高专院校的语言类留学生只占 14.03％，比 2014 年下降了 2.07％；其他本科院校的长期留学生仍以语言生为主（占 67.11％）。

学历留学生继续快速增长，2015 年，学历留学生总数达 11 423 人，比去年增加 2 072 人，增长了 22.16％；学历留学生占长期留学生的比例达到 53.38％，与 2014 年相比增加了 5％（2014 年该比例为 48.4％）。学历留学生主要集中在硕博授权高校，该类高校的学历留学生占全省学历留学生总数的 97.8％。学历留学生仍以本科为主，本科层次的学历留学生占学历留学生总数的 78.04％。研究生层次的学历留学生数保持增长，其中硕士留学生达到 1 775 人，比 2014 年增加 307 人，增加了 20.91％；博士留学生 641 人，比 2014 年增加了 145 人，增加了 29.23％。

外国留学生接受学校分布：在本次调查的 78 所高校中，21 所硕博授权高校都有留学生，13 所其他本科院校中 9 所拥有留学生，45 所高职高专院校中只有 11 所拥有留学生。

生源地分布：浙江高校招收的外国留学生生源地很广，外国留学生来自 176 个国家和地区（2014 年为 171 个国家和地区），留学生前 5 大生源国分别是韩国（3 401 人）、美国（1 314 人）、印度尼西亚（1 140 人）、泰国（817 人）、英国（752 人）。在被调查的 78 所高校中，有 29 所高校接纳了来自 10 个以上国家或地区的留学生。其中，有 19 所高校接纳了来自

30 个以上国家或地区的留学生,有 5 所高校接纳的留学生来自 100 多个国家或地区,浙江大学接纳的留学生遍布全球 140 个国家或地区。

2. 学生出国交流情况

2015 年,浙江省高校派出的交流生总数 7 865 人,比 2014 年增加了 6.73%;交换生总数 7 465 人,比 2014 年增加了 19.38%(其中学位生 1 449 人,比 2014 年增加了 4.17%)。在三类高校中,硕博授权高校派出的交流生 6 109 人,交换生 5 528 人,两者占该类高校在校生总数(369 727 人)的 3.15%,比 2014 年增加了 0.65%;其他本科院校派出的交流生 587 人,交换生 1 204 人,占该类高校在校生总数(160 497 人)的 1.12%,与去年相比提高了 0.12%;高职高专院校派出的交流生 1 169 人,交换生 733 人,占该类高校在校生总数(346 497 人)的 0.55%,比去年增加了 0.15%。

浙江省高校派出的参与国际交流的学生均以本科生为主。派出的本科生分别占交流生总数的 62.59%、交换生总数的 77.63%(其中派出本科学位生占派出学位生总数的 87.1%)。在硕博授权高校派出的学生中,研究生层次的学生有所增加,有 8 所硕博授权高校派出了博士层次的交流生,17 所硕博授权高校派出了硕士层次的交流生,博士和硕士交流生占硕博授权高校派出交流生总数的 27.89%;派出博士交换生的硕博授权高校有 7 所,派出硕士交换生的硕博授权高校有 16 所,博士和硕士交换生占硕博授权高校派出交换生总数的 16.5%。专科层次的交流生、交换生分别占全省交流生、交换生总数的 15.79% 和 10.14%。

2015 年,浙江省高校学生出国交流的总数低于当年的外国留学生总数。浙江省高校派出的交流生、交换生(含学位生)总数为 15 330 人,相当于来浙外国留学生总数的 59.12%。

(二)师资队伍、管理队伍国际化情况

1. 师资队伍国际化情况

(1)外国文教专家聘用和境外高层次人才兼职情况。2015 年,在被调查的 78 所高校中有 60 所聘用了各类外国文教专家,聘用外国文教专家的学校数比去年减少 1 所;聘用外国文教专家的数量则略有增加,全省高校共聘用外国文教专家 1 580 人,比去年增加了 66 人,增加幅度为 4.36%。外国文教专家占全省专任教师总数的比例也上升至 3.3%(2014年 3.2%,2013 年 2.8%)。其中,硕博授权高校聘用外国文教专家 1 170人,占该类学校专任教师总数的 4.62%,比 2014 年减少了 0.08%;其他本科高校聘用外国文教专家 191 人,占该类学校专任教师总数的2.34%,比 2014 年增加了 0.04%;高职高专院校聘用外国文教专家 219 人,占该类学校专任教师总数的 1.52%,比去年增加了 0.42%。

尽管 2015 年浙江省高校聘用的外国文教专家数量有所上升,但结构仍不如人意,在全省高校聘用的外国文教专家中,专业类文教专家只占28.3%(446 人),比去年减少了 39.4%。不过,专业类外国文教专家的总体质量却有较大幅度提高,其中,聘期一年以上的占 67.94%,比 2014 年增加了 21.34%;高职称专家占 44.17%,比 2014 年增加了 22.47%;高学历(具有博士学位)专家占 50%,比 2014 年增加了 15.9%。

2015 年,硕博授权高校聘用专业类文教专家中,聘用一年以上的占61.82%,高职称的占 64.19%,高学历的占 63.51%;其他本科院校聘用的专业类文教专家中,高职称的只占 7.04%,高学历的只占 33.8%;高职高专院校这两项比例更低,分别只占 2.53%和 13.92%。

截至 2015 年底,全省高校在任的外国文教专家 1 583 人,占专任教师总数的 3.31%。有 65 所高校拥有外国文教专家,其中,专业类专家1 016 人,占 64.18%。专业类专家中,聘期一年以上的为 857 人,占84.35%;高职称专家 518 人,占 50.98%,高学历专家 648 人,占63.78%。

2015 年,全省有 28 所高校聘任了境外高层次兼任教师,总人数达393 人。其中在校工作三个月以上者 100 人,占 25.45%;长江学者 1 人,占 0.25%;入选国家千人计划者 31 人,占 7.89%。至 2015 年底在任的境外高层次兼任教师 893 人,占专任教师总数的 1.87%,其中,长江学者4 人,入选国家千人计划者 115 人。

2015 年,浙江省高校邀请外国专家讲学达到 2 241 人次,比 2014 年(1 991 人次)增加了 12.6%(连续三年增长幅度超过 10%),其中,硕博授权高校邀请外国专家讲学 1 743 人次,占 77.8%。

(2)留学归国人员聘用情况。2015 年,浙江省高校共聘用留学归国人员 405 人,其中毕业于名校的 77 人,占 19.01%;拥有博士学位的 197 人,占 48.64%。

截至 2015 年底,全省高校在聘的留学归国人员 3 734 人,比 2014 年增加 4.71%;留学归国人员占全省高校专任教师总数的比例达到 7.8%,比 2014 年增加了 0.3%。留学归国人员中 501 人(占 13.42%)毕业于名校,1 825 人(占 48.88%)获得博士学位。留学归国人员有 61.78%就职于硕博授权高校,15.85%就职于其他本科院校,22.36%就职于高职高专院校。毕业于国外名校或在国外获得博士学位的留学归国人员绝大多数就职于硕博授权高校,分别占同类人员的 76.85%和 87.56%。浙江省 78 所高校中 73 所拥有留学归国人员,只有 5 所高职高专院校尚未有留学归国人员任职。

(3)教师出国(境)进修、访学三个月以上情况。浙江省高校教师出国进修、访学的人数有较大幅度增长。2015 年,全省高校教师出国进修、访学三个月以上者 1 454 人,比 2014 年增加 14.49%。截至 2015 年底,全省高校专任教师中曾出国进修、访学三个月以上者已达 10 126 人,占专任教师总数的 21.15%。其中,硕博授权高校出国进修、访学三个月以上教师共 8 820 人,占全省进修、访学三个月以上教师总数的 87.1%,占该类学校专任教师总数的 34.82%;其他本科院校教师出国进修三个月以上教师共 821 人,占全省总数 8.11%,占该类学校专任教师总数 10.05%;高职高专院校出国进修三个月以上教师共 485 人,占全省总数的 4.79%,占该类学校专任教师总数的 3.37%。过半数出国(境)进修、访学三个月以上的教师具备高级职称(66.59%)和博士学位(64.25%)。

截至 2015 年底,全省高校教师中有出国学习、工作经历的教师 16 223 人,占专任教师总数(47 871 人)的 33.89%,与去年相比增长了

4.39％。其中,硕博授权高校 10 824 人,占该类学校专任教师总数(25 327)的 42.74％;其他本科高校 1 241 人,占该类学校专任教师总数(8 171)的 15.19％;高职高专院校 4 158 人,占该类学校专任教师总数(14 373)的 28.93％。

(4) 专任教师参加国际交流情况。2015 年,全省高校共派出教师参加各类国际交流活动 5 502 人次,比去年增加 0.7％。其中,考察访问 496 人次,与 2014 年持平(2014 年 495 人次);参加国际会议 1 958 人次,比 2014 年减少 6.89％;合作研究 1 852 人次,比 2014 年增加 52.68％;参加短期培训或进修 834 人次,比 2014 年减少 23.28％;其他交流 362 人次,比 2014 年减少 36.04％。2015 年,全省高校接待国外教师来访 5 464 人次,比 2014 年增加 13.06％。值得肯定的是,在各类国际交流活动中,派出专任教师参与合作研究的人数持续三年处于快速增长状态(2014 年派出合作研究 1 213 人次,比 2013 年增加 49.9％)。

2015 年,在专任教师派出交流活动中,考察访问、参加国际会议、合作研究和其他派出交流均以硕博授权高校为主,该类高校在以上四个方面的派出交流人数分别占全省同类派出总人数的 68.15％、93.16％、97.57％和 78.18％;只有短期培训、进修派出以高职高专院校为主,占全省该项派出总数的 55.28％。而在接待交流中,所有类别的接待人数都以硕博授权高校为主,其中,考察类接待占 71.4％,会议类接待占 78.45％,研究类接待占 86.43％,进修类接待占 66.42％,其他接待占 77.82％。其他本科院校只在其他派出和会议接待方面表现较好,其派出和接待人数分别占全省同类总数的 19.06％和 18.48％。

2. 管理人员国际交流情况

2015 年,派出管理人员赴国外考察学习的高校共 67 所,比 2014 年减少 2 所;派出人数 2 128 人,比 2014 年增加 7.97％。其中硕博授权高校派出 1 447 人,占全省高校派出管理人员总数的 68％;其他本科院校派出 227 人,占 10.67％;高职高专院校派出 454 人,占 21.33％。

接待国外高校管理人员来访的高校 56 所,比 2014 年减少 17 所;接待总数达到 3 266 人次,与 2014 年相比增加 21.01%。其中,硕博授权高校接待的国外管理人员达到 47.95%,其他本科院校与高职高专院校各接待 10.3% 和 31.75%。

在 2015 年派出的管理人员中,校部机关管理人员占 39.05%,校级领导占 14.43%,处级干部占 67.72%。其中硕博授权高校派出的管理人员中处级领导占 73.12%,其他本科院校派出的管理人员中处级领导占 75.77%,高职高专院校派出的管理人员中处级领导占 46.48%。这意味着浙江省高校中层教学、科研一线管理人员的出国考察学习机会稳定、良好。

(三)课程与教学国际化情况

1. 全外语课程与双语课程建设

2015 年,78 所浙江省高校中有 57 所高校至少开设了 1 门全外语课程,有 61 所高校至少开设了 2 门双语课程。当年全省高校共开设全外语课程 3 717 门,比 2014 年增加 36.4%,占全省高校当年开课总门数的 3.44%;共开设双语课程 2 031 门,比 2014 年减少 13.61%,占全省高校当年开课总门数的 1.88%。全外语课程与双语课程合计占全省高校当年开课总门数的 5.32%。

截至 2015 年底,全省已有 64 所高校共开设全外语课程 6 581 门,已有 66 所高校共开设双语课程 4 731 门,分别比 2014 年增加 43.19% 和 31.97%。其中双语课程Ⅰ①大幅增加,开设 2 028 门,比 2014 年增加 79.63%,双语课程Ⅱ②开设 2 668 门,比 2014 年增加 8.63%。

从 2015 年开课的情况看,硕博授权高校的全外语课程和双语课程已占当年开课总门数的 6.75%,其他本科院校和高职高专院校这一比例分

① "双语课程Ⅰ"的认定标准为使用的教学参考书(学生必读)中 50% 为外文教材(含非正式出版的外文讲义),教师在课堂上部分使用外语讲授(30%),课件中使用双语。
② "双语课程Ⅱ"的认定标准为使用的教学参考书(学生必读)中 50% 为外文教材(含非正式出版的外文讲义),教师在课堂上部分使用外语讲授(50%),教学课件中除必要的中文注释外全部由外文表述,课程考核试卷外文出题比例占 50% 以上。

别为 3.11％和 4.52％。在 21 所硕博授权高校中,目前只有 2 所高校尚未开设全外语课程(双语课程已开设);在 13 所其他本科高校中也只有 3 所未开设全外语课程。

截至 2015 年底,在被调查的 78 所高校中,16 所高校(20.51％)能开设 10 门以内全外语课,18 所高校(23.08％)能开设 20～50 门全外语课程,28 所高校(35.9％)有能力开设 50 门以上全外语课程,19 所高校(29.69％)有能力开设 100 门以上全外语课程,9 所高校能开设 300 门以上全外语课程。这意味着浙江高校全外语和双语开课能力已有实质性提高。

2. 教学国际化

2015 年,浙江高校课程与教学国际化的力度进一步加大,越来越多的高校有意识地派遣教师赴国外同类高水平大学或高水平学科学习教学经验,有些高校还组织教师出国开展专项教学培训;许多高校加大了优质教学资源引进力度,原版教材、培养方案、教学标准、课程、课堂、教师、学术团队等都在引进之列,这些高校希望通过引进优质教学资源把国外学科前沿知识、先进的教学理念和教学方法带入本校课堂;一些有条件的高校则开始以国际标准大力规范校内人才培养活动,要求各学科专业参照国际一流学科专业修订培养方案,组织国际专家对课程大纲进行论证。教学交流活动蓬勃开展,不少高校通过"伙伴计划"、暑期项目、联合开发课程、学分互认、学位互授等方式为学生提供学习国际化课程的机会。

(四)国际合作情况

1. 合作协议情况

2015 年,全省高校新增国际合作协议 584 项,比 2014 年减少 1.35％。其中,教学类合作协议 479 项,比 2014 年减少 4.39％;科研类合作协议 58 项,比 2014 年减少 12.12％。

截至 2015 年底仍在生效的国际合作协议达 3 466 项,比 2014 年同期增加 13.08％。其中硕博授权高校签署 2 322 项,占 66.99％;其他本科高校签署 549 项,占 15.84％;高职高专签署 595 项,占 17.17％。国际合作协议的实施率进一步提高,历年所签协议有 82.23% 已付诸实施,实施率比 2014 年提高了 11.93%。

在仍有效的合作协议中,人才培养类合作协议所占比重最大,共 2 788 项,占 80.44%;科研类国际合作协议共 391 项,占 11.28%;服务类国际合作协议共 121 项,占 3.49%。

在 2 788 项有关人才培养的国际合作协议中,硕博授权高校签订了 1 806 项,占 64.78%;其他本科院校签订了 476 项,占 17.07%;高职高专院校签订了 506 项,占 18.15%。

在 391 项科研类国际合作协议中,硕博授权高校签订了 364 项,占 93.6%。其他本科院校和高职高专院校分别签订了 6 项和 21 项。

在 121 项服务类国际合作协议中,硕博授权高校、其他本科院校和高职高专院校分别为 38.02%、32.23% 和 29.75%。

浙江高校与国外签署的国际合作协议仍以校级层面为主,90.21% 的人才培养类合作协议、77.24% 的科研类合作协议和 80.99% 的服务类合作协议都由学校出面签署。

各高校的国外合作范围进一步扩大,截至 2015 年底,全省有 33 所高校的国际合作拓展到 10 个以上国家。其中,浙江师范大学与 54 个国家的有关机构签署了国际合作协议,是全省合作国家最多的高校,其次是宁波大学(53 个国家),浙江大学(31 个国家)等 3 所高校并列第三。合作机构数量最多的三所大学分别是:浙江师范大学(243 个)、浙江大学(157 个)和宁波大学(129 个)。这三所大学也是全省合作学校最多的大学,其合作学校分别达到 232 所,154 所和 125 所。

2. 国际合作科研平台及国(境)外资助科研项目情况

2015 年,浙江高校新增国际合作科研平台 61 个,其中,长期平台(合作期限≥3 年)46 个,与 2014 年相比,这两项指标分别增加 52.5% 和 48.4%,增速明显超过去年。

截至 2015 年底,全省共 31 所高校建立了 271 个仍在运作的国际合作科研平台,其中长期科研平台 233 个。30 所高校的 3 024 名教师参与了国际合作科研平台。国际合作科研平台主要集中在 20 所硕博授权高校(其中 1 所硕博授权高校无国际合作科研平台),一共 235 个,参与教师2 709 人(实际人数应更多,因浙江大学有 60 个平台,但未报参与教师数)。3 所其他本科院校拥有 9 个国际合作科研平台,参与教师 25 人。8 所高职高专院校拥有 27 个国际合作科研平台,参与教师 290 人。

2015 年,18 所高校(2014 年 19 所)获得国(境)外资助科研项目 119项,比 2014 年减少 11.2%(2014 年 134 项),获得国(境)外资助科研经费为 1 787.06 万美元(经换算),与去年相比约减少 13.7%(2014 年为2 070.7 万美元)。

截至 2015 年底,全省有 26 所高校获得 904 项仍在实施的国(境)外资助科研项目,获得国(境)外资助科研经费总额达 11 902 万美元(经换算)。其中,17 所硕博授权高校获国(境)外资助科研项目 888 项,经费总额达 11 386 万美元(主要集中在浙江大学,该校共获 708 项);4 所其他本科院校获得 7 项国(境)外资助的科研项目,经费总额达 4.2 万美元。5 所高职高专院校获得 9 项国(境)外资助的科研项目,经费总额达 511.8万美元。

3. 主办或承办国际(区域)学术会议情况

2015 年,全省高校主办或承办国际学术会议 210 场,比 2014 年增加30 场。其中硕博授权高校主办或承办 179 场,占 85.24%;其他本科院校主办或承办 12 场,占 5.71%;高职高专院校主办或承办 19 场,占9.05%。同年主办或承办的中国港澳台学术会议 31 场,比去年增加 4 场。其中硕博授权高校主办或承办 10 场,占 32.3%;其他本科院校主办或承办 4 场,占 12.9%;高职高专院校主办或承办 17 场,占 54.8%。

4. 中外合作办学情况

据《浙江省中外合作办学(含中国港澳台地区)项目信息一览表》统计,全省共有 8 所高校经批准设立了 9 个中外合作办学机构,比 2014 年增加了 2 个;其中 4 所硕博授权高校设立了 5 个中外合作办学机构,1 所普通本科院校和 3 所高职高专院校各设立了 1 个中外合作办学机构。共有 43 所高校经批准设立了 112 个中外合作办学项目,比 2014 年增加了 7 项;其中硕博授权高校 52 项,其他本科院校 6 项,高职高专院校 54 项。

境外办学正在起步,少数高校已开始在国外设立中外合作办学机构或办学项目,不少高校在规划中有配合"一带一路"倡议赴国外设立办学机构或办学项目的设想。

孔子学院新增 3 所。截至 2015 年底,我省已有 14 所高校在 20 个国家共建 24 所孔子学院。

(五)高等教育国际化规划指标达成情况

截至 2015 年底,浙江省高校外国留学生百分比已大幅超过"十二五"规划目标,完成率达到 148%;即使仅计算长期留学生,其数量占全省在校生的比例也已达到 2.44%,超额完成 0.44%。共建孔子学院的完成率达到 160%。在境外设立的办学机构数因政策变动未能有效统计,据初步了解已达到规划目标。在总量上,国际合作科研平台数、获得国外或国际组织资助的项目数、全外语和双语课程比例等项目都已超额完成 2015 规划目标。外派交流生、交换生百分比、专任教师访学三个月以上人员百分比也已完成规划目标。仅外国文教专家百分比、中外合作办学项目、主办或承办国际学术会议等三项指标与规划目标还有一定差距。

表 1　2015 年浙江省高等教育国际化指标达成情况(＝1* ROMAN I)

指标(校均数)	2008 年			2015 年			2015 年规划指标			2020 年规划指标		
	硕博授权院校	其他本科院校	高职高专院校	硕博授予院校	其他本科院校	高职高专院校	硕博授权院校	其他本科院校	高职高专院校	硕博授权院校	其他本科院校	高职高专院校
外国留学生百分比*/%	0.86			2.46			2.00			4.00		
	1.60	0.60	0.10	6.30	0.80	0.40	4.50	1.30	0.20	8.60	3.00	0.40
外派交换生(含学位生)、交流生百分比/%	0.90	0.60	0.10	3.20	1.20	0.50	4.00	1.00	0.30	8.00	2.00	0.50
外国文教专家百分比/%	4.50	3.90	1.10	4.60	2.40	1.50	8.00	4.00	2.00	10.00	5.00	3.00

（续表）

指标(校均数)	2008 年			2015 年			2015 年规划指标			2020 年规划指标		
	硕博授权院校	其他本科院校	高职高专院校	硕博授予院校	其他本科院校	高职高专院校	硕博授权院校	其他本科院校	高职高专院校	硕博授权院校	其他本科院校	高职高专院校
专任教师访学三个月以上人员百分比/%	20.00	11.20	4.10	34.80	10.10	3.30	30.00	18.00	6.00	40.00	25.00	8.00
全外语和双语授课课程百分比/%	4.30	1.60	2.00	6.80	3.10	4.50	6.00	4.00	3.00	12.00	8.00	6.00
中外合作办学项目*	2.80	0.70	0.70	2.50	0.40	1.20	4.00	2.00	2.60	6.00	3.00	3.00
国际学术会议（主办或承办）	15.40	1.60	0.40	9.00	1.30	0.80	22.00	3.00	0.50	25.00	5.00	1.00
国际合作科研平台	2.00	1.10	0.20	11.20	0.80	0.60	5.00	2.00	0.50	9.00	3.00	0.60
获得国外或国际组织资助的项目	14.40	1.40	0.20	42.30	0.60	0.10	30.00	1.50	0.40	40.00	2.00	0.50

注：2008 年为调查数据；2015 年带 * 号栏的数据即外国留学生百分比和中外合作办学项目为省教育厅数据，其余为调查数据。

表 2　2015 年浙江省高等教育国际化指标达成情况

	经批准设立的中外合作办学机构数	共建孔子学院数	在境外设立办学机构数
2015 年浙江省高校合计	9	24	—
2015 指标	≥7	≥15	≥1
2020 指标	≥10	≥20	≥2

注：本表数据均以 2015 年省教育厅数据为准。

二、浙江省高等教育国际化指数与普通高校国际化水平排序

为使浙江省教育行政部门及高校较为清晰地了解全省高等教育国际

化的总体状况和各高校在推进国际化进程中的表现,帮助省内高校在今后相关工作中互相参考借鉴,本报告根据调研结果,以《浙江省高等教育国际化发展规划(2010—2020 年)》所列的 12 项国际化指标为依据,编制了浙江省高等教育国际化指数,并对全省普通高校国际化总体水平和单项水平进行排序。

(一)浙江省高等教育国际化指数

浙江省高等教育国际化指数分别以 2008 年和本报告 2014 年度的数据为基数,编制这一指数旨在反映浙江高等教育国际化的动态变化,以及各指标对浙江高等教育国际化的影响和贡献程度。现将 2015 年浙江省高等教育国际化指数公布如表 3 所示。

表 3　浙江省高等教育国际化指数

指标(校均数)*	2015 年指数值 (2008 年基数值 100)			2015 年指数值 (2014 年基数值 100)		
	硕博授予院校	其他本科院校	高职高专院校	硕博授予院校	其他本科院校	高职高专院校
共建孔子学院数	300.0			114.3		
经批准设立的中外合作办学机构数	900.0			128.6		
在境外设立办学机构数	—			—		
外国留学生百分比*	344.2			129.3		
	392.5	145.0	390.0	106.4	124.3	97.5
外派交换生、交流生百分比	350.0	193.3	530.0	112.5	105.5	106.0
外国文教专家百分比	102.7	62.6	135.5	98.3	106.1	135.5
专任教师访学三个月以上人员百分比	174.1	90.3	80.2	113.1	144.4	182.8
全外语和双语授课课程比例	157.0	192.5	226.0	85.4	90.6	77.9
中外合作办学项目	90.0	60.0	171.4	109.6	105.0	109.1
国际学术会议(主办或承办)	58.4	83.1	200.0	90.0	120.9	400.0
国际合作科研平台	559.5	68.2	300.0	123.0	107.1	200.0
获得国外或国际组织资助的项目	293.7	41.4	65.0	704.8	193.3	65.0

　*"其他本科院校"与"高职高专院校"的"专任教师访学三个月以上人员百分比"的 2015 年指数值,均低于 2008 年的基数值是因为 2008 年数据申报时部分院校对该指标的不同解读而导致该指标基数值过高。

（二）浙江省普通高校国际化水平排序

浙江省普通高校总体水平排序中各项指标的权重如表4所示。

表4　浙江省普通高校总体水平排序中各项指标的权重

外国留学生百分比/%	0.13	国际学术会议（主办或承办）	0.07
外派交换生、交流生百分比/%	0.13	国际合作科研平台	0.07
专任教师访学三个月以上人员百分比/%	0.13	获得国外或国际组织资助的项目	0.07
外国文教专家百分比/%	0.07	经批准设立的中外合作办学机构数	0.07
全外语和双语授课课程比例/%	0.07	共建孔子学院数量	0.07
中外合作办学项目	0.07	在境外设立办学机构数	0.05

浙江省硕博授权高校国际化总体水平前10位,如表5所示,浙江省其他本科院校国际化总体水平前10位,如表6所示,浙江省高职高专院校国际化总体水平前10位,如表7所示。

表5　浙江省硕博授权高校国际化总体水平前10位

位次	学校名称	综合得分	位次	学校名称	综合得分
1	浙江大学	66.85	6	浙江工业大学	24.77
2	宁波诺丁汉大学	36.67	7	温州医科大学	23.29
3	浙江师范大学	27.42	8	温州大学	20.67
4	宁波大学	26.73	9	中国美术学院	15.37
5	浙江科技学院	25.12	10	浙江工商大学	14.40

表6　浙江省其他本科院校国际化总体水平前10位

位次	学校名称	综合得分	位次	学校名称	综合得分
1	浙江越秀外国语学院	14.69	6	浙江警察学院	3.71
2	浙江外国语学院	9.14	7	浙江水利水电学院	3.23
3	宁波工程学院	6.64	8	丽水学院	2.13
4	湖州师范学院	4.97	9	浙江树人大学	1.87
5	嘉兴学院	3.83	10	宁波大红鹰学院	1.78

表 7　浙江省高职高专院校国际化总体水平前 10 位

位次	学校名称	综合得分	位次	学校名称	综合得分
1	浙江体育职业技术学院	13.27	6	浙江旅游职业学院	7.81
2	金华职业技术学院	12.16	7	宁波职业技术学院	7.07
3	宁波城市职业技术学院	11.20	8	浙江经贸职业技术学院	6.90
4	义乌工商职业技术学院	10.71	9	浙江机电职业技术学院	5.58
5	浙江纺织服装职业技术学院	8.08	10	杭州科技职业技术学院	5.08

三、浙江省高等教育国际化进程中的问题与政策建议

2015 年,浙江省高校在国际交流与合作方面取得了显著成效,越来越多的高校认识到教育国际化的重要性,积极推动这项工作,一些高校已逐渐将这项工作与学校自身的发展有机结合起来,这预示着浙江省高等教育国际化开始从量向质转变,从自发向自觉转变,浙江省高等教育国际化正迈向一个新的发展阶段。但在另一方面,发展中的问题仍不可避免,需要有关部门面向全局、脚踏实地、进一步寻求有针对性的解决方案。

（一）高等教育国际化进程中的问题

浙江高等教育国际化目前存在的问题有些是以往沿袭下来的,有些则是因外部环境变化新出现的。归结起来,主要包括如下几个方面。

1. 均衡性问题

主要表现为各项指标落实的总体状况不均衡。调查表明,硕博授权高校在外国留学生占在校生百分比、专任教师访学三个月以上人员百分比、全外语和双语授课课程比例、国际合作科研平台建设、获国外或国际组织资助项目等指标上表现良好,其余指标与规划目标相比还有一定距离。一般本科院校只完成了外派交换生(含学位生)交流生百分比、全外语和双语授课课程比例等两项指标的规划要求,多项指标(外国留学生、

中外合作办学项目、举办国际学术会议、国际合作科研平台建设、获国外或国际组织资助项目)与规划目标相比还有较大差距。高职高专院校完成规划目标的情况总体上要好于一般本科院校,外国留学生百分比、外派交换生、交流生、全外语和双语授课课程比例、国际学术会议、国际合作科研平台等多项规划指标都已完成,其余规划指标虽未完全实现,但差距较小。需要指出的是,校际差异是客观存在的,但在全省大力推进高等教育国际化的大环境下,个别高校进展不大,这只能说明认识和态度存在一定问题。例如,有1所高职院校除派出一位教师出国考察外,其余工作都没有开展;另有1所高职院校甚至在所有指标上均为零。

2. 适应性问题

在推进国际化进程中,浙江省高校的适应能力还有待进一步提高。在诸多国际化规划指标中,中外合作办学项目、主办或承办国际学术会议这两项指标的完成情况相对较差,这与国内相关政策的变动存在很大的关联,高校显然缺乏应对政策变动的有效策略。另一方面,自2012年以来,国家发展战略产生了较大变化,以鼓励创新创业为基础的产业转型升级和新业态培育战略,以人民币国际化、"一带一路"建设和高端制造业发展为基础的经济外扩战略已成为中国经济保持中高速增长、迈向中高端的两大核心战略,这两大战略直接关系到中国经济能否实现可持续发展,中国"两个一百年"的发展目标能否逐步实现。面对关键时期的战略调整,浙江省高校在推进国际化进程中缺乏相应的战略布局。

3. 契合性问题

推进高等教育国际化,旨在提高浙江省高等教育的办学水平和办学质量,满足广大民众对高质量高等教育的需求,提高浙江省高等教育服务浙江和国家经济社会发展的能力,这就要求高等学校根据国家和浙江省经济社会发展的方向和重点确立自身的发展目标和发展特色,并以此为依据规划、推进本校的国际化工作。但从调查的情况来看,许多高校在推进国际化过程中还没有将其与学校总体工作密切联系起来,有些高校没有明确的国际化目标和可行性较高的实施计划;有些高校分管国际化的机构与教学、科研机构之间的分工不明确、协同性较差；有些高校始终处在"等米下锅"状态。真正有目标、有计划、有重点根据学校发展、学科建设需要开展国际化工作的高校还不多。

（二）推进浙江高等教育国际化的政策建议

1. 把握机遇，加快布局

"十三五"刚开局，中央就发布了《关于做好新时期教育对外开放工作的若干意见》（以下简称"《若干意见》"），就进一步构建全方位、多层次、宽领域的教育对外开放格局，提高教育对外开放质量和治理水平，提升教育对外开放服务国家战略大局等有关问题提出了目标、原则、任务和保障措施，这为浙江高等教育国际化提供了良好的机遇。但同时，《若干意见》也会引发国内高校对教育对外开放工作的重视，从而出现相关资源的激烈竞争。因此，浙江省教育行政部门和高等学校必须尽快对现有的对外开放需求、条件，对国家重大战略需求，对国家和浙江省在政治、经济、教育等领域的双边或多边合作平台，对国内尤其浙江省主要外向型企业的涉外计划、对标国家的教育状况等方面进行认真研究，提出浙江省高等教育国际化行动计划，争取先一步切入，快一点发展，全面提升浙江省高等教育的国际化水平和国际影响力。

（1）各高校应根据国家和浙江省经济社会发展的总体趋势合理定位，做好人才培养、科学研究和社会服务等方面的发展规划，确定发展重点，明确资源需求，分析资源获得途径和方式，提出相应的国际交流与合作方案。

（2）把学校发展与国家重大战略需求对接起来，认真研究国家的"万众创新大众创业""中国制造 2025""一带一路"、大国外交等国家战略和浙江省经济转型升级战略对教育的需求，了解国家在亚投行、丝路基金、金砖国家新开发银行等国际组织的教育倡议，分析中美、中俄双边关系和上海合作组织、亚太经合组织多边关系中的教育合作计划，研究浙江高校介入各类国家计划的可能性，在为国家战略服务的同时争取相关政策和资源支持。

（3）认真研究与国家战略有关各国的教育状况，了解其教育优势和教育需求，为开展国际交流与合作奠定基础。

2. 积极探索合作共赢的国际交流合作新体制

资源约束一直是浙江推进高等教育国际化的重要瓶颈。今后一个时期，浙江教育行政部门和高等学校应积极探索高等教育国际化的新途径、新方式，加快构建合作共赢新体制，拓展资源获得渠道。

（1）积极推动省内高校在国际交流与合作方面的沟通与协作，改变各自为政局面，形成整体优势。省内高校协作既有利于扩大浙江高等教育的国际影响力和浙江高等教育参与国家主导的国际教育合作项目竞争，也有利于带动薄弱学校参与富有成效的国际交流合作活动。

（2）加快构建校企协作新体制，建立权责清晰、利益共享、分工协作、灵活开放的校企协作模式，吸引企业参与高等学校国际化办学，为浙江教育走出国门提供资源保障。省内有条件的高等学校应积极与政府有关职能部门、各行业协会进行接触，与国内大中型企业尤其是外向型企业进行沟通，共同分析国际化办学的资源需求、发展前景和效益预期，缩小企业经营与事业经营之间的思维差距，提高校企协作的可能性。

（3）努力寻求与国外政府部门、高等学校、产业界建立双边或多边共赢的合作关系。加强与本国政府部门尤其是国家重大战略或重大外交平台联络部门的联系，以政府部门或外向型企业为中介，大力拓展与国家重大战略相关国家的教育合作，在平等协商的基础上搭建交流合作平台，构筑教育资源置换、师生对等交流、办学成果共享等多种形式的共赢机制。

3. 尽快构建"互联网＋"国际交流合作平台

"互联网＋"是一种新型的经济形态，它可以利用互联网的创新成果，实现生产要素的集成和优化配置，提升实体经济的创新力和生产力。这种经济形态具有跨界融合、创新驱动、结构重塑、全面开放和连接一切的优势。构建"互联网＋"教育交流合作平台将有助于大幅提高浙江高等教育国际化能力。

（1）建立以数据集成、储存、分析和选择为基础的信息交流平台。这一平台将有助于省内高校更清晰地了解国内外教育发展状况、教育政策和教育发展需求，了解本国和其他国家高等教育国际交流合作现状、动向和项目意向，也有助于国外政府部门、高等学校、产业界和学生了解浙江高等教育。

（2）建立以集成资源为目标的众筹平台。这一平台将有助于提高资源集聚的速度和质量，突破资源集聚的地域限制，推动学校之间，学校与政府、企业之间，国内外有关机构之间的交流合作。

（3）建立以互动为基础的线上服务平台。这一平台将解决国际交流合作项目线上申报、审批，外国留学生线上咨询、申请、录取，国际优质课程线上选课、授课、答疑、考核、学分认可，国际科研活动线上联络、科研成果线上推广，教育费用线上支付等问题。

4. 不断加强指导、协调、监督

深入推进高等教育国际化，迫切需要政府部门积极参与和支持。

（1）再次建议浙江成立由省领导牵头，相关职能部门负责人参与的教育对外开放领导小组或类似机构，制定高等教育国际化行动计划，调控国际化方向和重点，推进相关基础平台建设，为学校之间、学校与政府部门之间、学校与产业界之间沟通协作牵线搭桥，协调各方利益，积极争取、合理配置相关资源，督促高校落实相关计划。

（2）进一步发挥教育国际交流与合作民间组织的作用，扩大成员，将各高校相关机构纳入该组织作为会员；拓展该组织的功能定位，加强研究、咨询、沟通职能，为高等学校提供信息服务，使其成为各方沟通协作的重要平台。

（3）建立浙江省高等教育国际交流合作数据库，完善申报内容，改革申报体制，逐步实现该项数据申报常态化、规范化。

（4）组织开展国际化水平评估，并将其与国际化特色高校建设、省重点高校建设计划、一流学科建设工程、本科院校优势特色专业建设计划、应用型示范高校建设、高职院校"三名"工程、示范性创业学院建设计划等高等教育重大建设项目有机结合起来,将国际化评估结果作为这些项目立项和验收的重要指标之一,进一步推动省内高校更加积极、更有计划、更重质量地开展高等教育国际化活动。

浙江大学高等教育研究所

基于"走出去"战略的援外培训发展模式和对策研究

——以国际商务官员研修(湖南)基地援外培训实践为例

我国实施"走出去"战略,是党中央国务院在深刻分析国际、国内政治和经济形势的基础上做出的重大决策,是发展开放型经济、全面提高对外开放水平的重大举措,是实现我国经济与社会长远发展、促进与世界各国共同发展的有效途径。目前党中央国务院高度重视援外培训工作,其主要目的之一是把援外培训与实施"走出去"战略紧密结合起来,积极利用援外平台"铺路搭桥"的作用,更好地利用国际国内两个市场、两个资源,以促进我国企业更好地"走出去"。如何在确保援外培训质量的前提下,把援外培训与我国对外贸易及企业"走出去"战略紧密结合起来,放大援外培训效应,以达到互利双赢的目的,是各援外培训承办单位面临的新任务。

国际商务官员研修(湖南)基地(以下简称"湖南基地")自 2010 年开始承办援外项目以来,一共承办了近 60 期援外项目,共培训 1 478 人,涉及 113 个国家。同时,共促成湖南企业与发展中国家签订合作协议或合作备忘录 8 个,合同总金额近 4 亿元人民币,有力地加快了湖南企业"走出去"的步伐。本文将以此为基点,就援外培训如何促进企业"走出去"的模式构建进行梳理和总结,以期为今后援外培训与"走出去"战略的紧密结合起到案例参考作用。

一、援外培训促进企业"走出去"的模式分析

在对湖南基地所承办的近60期援外项目实施过程进行分析后,我们发现要想通过援外培训的平台,发挥为企业"走出去""铺路搭桥"的作用,就要从项目申报开始,到课程设置、师资安排、实习实训、参观考察、座谈交流等援外培训项目实施的各个环节,紧密结合行业和区域经济的发展状况,紧扣受援国需求,突出企业产品宣传。

1. 结合优先发展产业,确定申报项目

企业要"走出去",必须要具备核心竞争力,要有先进技术和创新科技支撑。如在工程机械制造方面,长沙被誉为"中国工程机械之都",具有行业优势和地域优势,基地协作单位中联重科集团和三一重工集团,是中国工程机械装备制造行业领军企业,在全国乃至世界都有重要的话语权。因此湖南基地在申报项目时,结合湖南"十二五发展规划"所确定的湖南优先发展的产业,充分利用湖南在工程机械、能源、轻工工艺、影视传媒等方面的优势,整合资源,联合相关行业的龙头企业,全力打造"工程机械""新能源利用""轻工工艺""影视传媒"等特色项目。

2. 企业全程参与,课程设计有重点

基地把援外培训作为企业"走出去"的一个重要渠道,力求做到"承办一个项目,创立一个品牌,开拓一片市场,带动一个产业"。因此,在各援外项目课程设计上,基地从选材范围、课程内容到教材编写、实习活动都会让行业、企业的专业人士全程参与,充分体现产业特点和企业产品优势,从而保障更好的培训效果。如基地所承办的"新能源利用"培训项目,课程设置中突出了湘电风能、衡阳特变电工、湖南月儿太阳能科技有限公司等龙头企业的产品和技术方面的特点和优势,既为发展中国家学员深入了解湖南企业和相关产业提供了一个全新的窗口,也为企业到境外开拓市场提供了很多潜在的客户。

3. 实习实训直观感受,畅通交流渠道

为增强学习效果,提高培训质量,基地的实习实训场地都在企业的一线生产车间,企业的专家和技术能手对学员进行手把手的现场教学。以基地承办多年的"工程机械"项目为例,实训场地就设在国内工程机械行业的知名企业中联重科集团,大部分实践教学都在中联重科科技园内完成。各国学员在企业实习实训期间,直观感受和深入了解了企业的文化和产品优势,更容易激发学员与中国企业合作的兴趣。如2012年发展中国家工程机械运用与维护技术培训班的埃及学员 Salah 先生在中联重科工业园进行实习实训后,约见了中联重科的客户代表,表达了希望代理其相关产品,打开其在埃及市场的美好愿望。

4. 事前调查和沟通,参观考察个性化

除了项目统一安排的参观考察,学员还可以根据自己的工作性质和需要来选择考察的单位和企业。每个班在开班后,基地就会把相关企业和经济园区的介绍材料发给学员,让学员自主选择参观考察单位,这样个性化的参观考察,目的更明确,考察效果更好。学员参观考察的个性化,让企业能根据基地提供的学员及其所在国相关行业的信息,为学员量身定制考察内容,解决了过去集体参观考察中存在的面面俱到却难以让每个学员满意的问题,同时减轻了企业的接待压力。企业接待实现特色化,更容易找到潜在的客户。

5. 座谈交流寻突破,深入交流促合作

根据培训项目的特点,每一个培训项目都会有一次由行业政府主管部门官员、企业、学员参与的座谈交流会,由政府官员向学员介绍产业的发展优势、特点以及我国的相关政策和优惠条件,使学员对我国及我省产业的发展前景及优势有一个初步了解。由企业进行项目推介,让学员了解企业和园区的先进技术和经验,通过面对面的交流探讨,为双方进一步合作提供有效平台。对有意向的学员和企业,湖南基地组织他们一对一进行深入交流,多渠道、多方式促进合作意向。如2011年11月,苏丹国家电视台与湖南省广播电影电视局达成5千万美元数字电视网建设的备忘录,就是湖南基地为2011年"发展中国家电视台台长研修班"举行的双方座谈时达成的初步意向。

6. 产业联盟促共享,抱团出海成效大

近年来,在湖南基地的大力推动下,我省现已成立了湖南水电产业联盟、湖南农业产业联盟、湖南工程机械产业联盟和湖南新能源新材料产业联盟4个产业联盟,这将极大地推动湖南相关企业抱团出海,加快我省相关企业"走出去"步伐。基地以产业联盟和援外培训班为平台,把握双方需求信息,举办了3次相对应的国际合作对接会。在对接会上,共有水电、新兴电子产品、太阳能等方面的5个国际合作项目在现场签约,接待会后,还有7个合作项目开始洽谈。

7. 参与各项经贸活动,共推地方经济发展

每年年初,湖南基地都会将培训项目情况向省政府和省商务厅汇报,同时向各市、州政府及商务主管部门通报,反复沟通,在保证援外培训质量的前提下,尽可能把培训时间与湖南省的大型经贸活动结合起来。如2013年,湖南基地承办的援外项目学员就先后受邀参加了"中国国际绿色创新产品技术展"的绿色经济论坛、全球CEO大会开幕式等近10起省内外重大经贸活动,为扩大宣传这些经贸活动、推动地方经济的发展发挥了积极作用。

二、影响基于"走出去"战略的援外培训发展的因素

目前,影响基于"走出去"战略的援外培训发展的因素主要有如下几个方面。

1. 援外培训未形成成熟的法律、法规体制,缺乏完整的理论指导

我国目前没有一部关于对外援助的法律,没有一套完整的对外援助的制度体系,也没有针对援外培训问题的专门研究机构。近年来,商务部援外司虽然加强了援外管理各方面的制度建设,但在援外人力资源培训方面还没有制定出一部完整的法律,只有2009年制定的《商务部对外援

助人力资源开发合作项目实施管理工作手册》,基本处于无法可依的状态,只有国家部委的某些条例有专门规定,其他机制如约束和监督机制也没有相应建立。

2. 援外培训宣传不到位,企业未充分认识到援外培训的平台作用

培训单位、学员、企业之间缺乏有效的交流与沟通,大部分仅限于培训单位带领学员参观相关企业及邀请企业参加洽谈对接会,全省还没有建立一个针对援外事业,专门提供学员相关信息和国内外商情信息的官方或半官方机构,交流不充分,信息不顺畅,导致一方面培训单位没能及时了解相关企业的需求,制订的项目计划针对性不强,另一方面,企业也没能充分意识到援外培训的重要性,对相关援外培训工作了解不充分,使得省内有优势的产品和项目无法及时得到投资机会,国外的多种投资机会和学员需求信息页无法及时反馈。

3. 援外培训单位过于分散,不利于与企业开展合作

全国现有援外培训单位 129 家,其中约有 70% 的单位每年仅承办 2~4 个援外培训项目。这些承办项目少的单位,因受物力、财力、人力的限制,很难开展与其他相关企业的合作,而承办项目多的单位更能发挥规模效应,与相关企业积极开展合作。

4. 援外培训承办单位与企业合作的积极性不高

援外培训承办单位要与企业合作,前期需要做充分的准备工作,从合作单位的选择,到合作企业与学员的联系沟通,都要投入大量的物力、财力和人力,间接提高了培训成本,因此有部分援外培训承办单位与企业合作的积极性不高。

三、以援外培训为平台进一步推动
企业"走出去"的对策和建议

要充分发挥援外培训的效应,放大援外培训效果,更好地促进企业

"走出去",就需要从以下几个方面对援外培训工作进行规划和建设。

1. 建立统一的信息平台,促进各方交流合作

加快队伍援助信息化建设,建立全面覆盖、功能完备、联通共享的信息服务平台,完善全口径信息统计及报告制度。建立全国统一的援外培训信息平台,为援外培训单位、授课教师、学员、企业提供交流和商务资讯发布的平台。

(1) 宣传援外培训与企业的合作成果。通过援外培训信息平台,介绍一些援外培训承办单位与企业合作的模式及其取得的成果,为其他援外培训承办单位提供借鉴和参考,更好地促进援外培训与企业合作。

(2) 发布政策信息和商业信息。政府在援外培训信息平台发布国际国内相关政策信息,培训单位在此发布援外培训相关信息,学员在此发布需求信息,企业在此发布产品、技术合作和投资意向等信息,让每一位学员都可以进入平台了解相关企业的资料,同时方便企业了解学员需求,有针对性地进行产品介绍。

(3) 让企业与回国后的学员有一个交流的渠道。信息平台将建立企业资料库和学员信息库,同时还有在线客服,可以让企业和回国后的学员进行实时、有效的联系沟通。

2. 统筹规划,建立奖励机制

(1) 援外培训项目信息统一向国内相关企业发布。通过信息平台,及时将每年的援外培训项目信息统一向国内相关企业发布,让企业可以根据自身"走出去"的情况和"走出去"的意向,与相关援外项目的承办方取得联系,以便更有效的合作。

(2) 根据参培学员的工作性质和需要确定参观企业和项目。每个班在开班后,就要把相关企业和经济园区的介绍材料发给学员,让学员根据自己的工作性质和需要自主选择参观考察单位,这样个性化的参观考察,目的更明确,考察效果更好。

(3) 对推动企业"走出去"方面做出贡献的培训机构,政府要给予奖励和扶持。在利用援外培训平台推动企业"走出去"的过程中,援外培训

承办单位作用不可忽视。为了充分调动援外培训承办单位的参与积极性,可由政府对促进企业"走出去"做出贡献的援外培训承办单位给予一定的政策支持和一定比例的资金奖励,或由企业对促进本企业"走出去"做出贡献的援外培训承办单位给予一定比例的奖励。

3. 大力扶持援外培训的骨干单位,减少项目过于分散的现象

(1)骨干单位能集中人力、物力做好相关工作。外事无小事,援外培训从项目设计开始,到课程设置、师资安排、实习实训、参观考察等,涉及的工作环节很多,具体操作细节较琐碎。要保证项目的顺利开展,就需要援外培训单位投入大量的人力、物力。骨干单位相较一般的援外培训单位而言,往往能避免因项目多而出现人力、物力不足的问题。

(2)骨干单位能更好地建立与企业的合作平台。骨干单位历年承办项目无论从行业门类还是从数量来看,都较一般援外培训单位多些,这也意味着骨干单位与不同行业企业接触面和接触机会要多些,因而骨干单位能更好地了解不同行业的企业需求,从而达成合作。

(3)骨干单位能得到当地政府的大力支持。骨干单位培训规模大、培训效果好,为企业服务,为其"走出去"牵线搭桥发挥的作用更明显,更能得到当地政府的支持,这又将促进骨干单位援外培训工作的开展,形成一种良性循环。

4. 建立政府、援外培训承办单位、企业的沟通交流机制

(1)项目的确立,既要符合受援国要求,又要突出我国的产业优势。在各援外项目课程设计上,要从选材范围、课程内容到教材编写、实习活动进行精心安排。在考虑各受援国需求的情况下,征求行业、企业、经济园区专家的意见,对课程内容、教材编写和实习活动进行补充完善,充分体现我国产业特点和优势,促进产品的出口,保障更好的培训效果。

(2)课程体系要体现技术优势。在了解学员和企业需求的基础上,依托我国文化和产业特色,充分利用知名高校、科研院所、特色行业和一流企业的力量,联合企业,打造具有前瞻性、实践操作性强、特色突出的援外培训课程体系。

（3）产品、资金、人力资源三者"走出去"要协调统一。我国的援外培训工作，一方面要满足发展中国家争取发展的愿望，另一方面也要为我国"走出去"战略服务。借助援外培训的平台"走出去"时，产品、资金、人力资源三个层面各有侧重，政府、援外培训承办单位、企业需要沟通交流，让三者"走出去"的步伐协调统一，从而达到更好的援外效果。

5. 官员和技术人员培训要协调发展

（1）官员属上层关系，积累人脉资源，而技术人员扎根基层，能增进广大发展中国家人民对中国的真实了解，能让更多发展中国家的老百姓掌握一技之长，提高他们的生存能力，改善他们的生活现状，党惠普及老百姓。

（2）技术人员培训，见效快，直接带动就业，促进产品出口。一般技术培训时长为 56 天或 90 天，培训的内容主要是一些实用技术。近年来培训学员反馈的信息表明，经过培训后，大多数学员回国后都能运用所学技术实现就业。从企业反馈的信息看，技术人员培训对产品的出口也有促进作用。

（3）技术人员培训，促进技术的双向交流。技术人员的培训，不仅是介绍我国的先进技术和产品，而且学员也能在培训交流中介绍自己国家的技术和产品，从而有效传递行业内发展和需求信息，使企业在投资、产品性能、外观设计等更有针对性、更符合市场需求。

6. 建立定期回访和跟踪服务机制

（1）建立回访制度和专项资金。对学成归国后学员的联系和跟踪研究是巩固培训成果、检验培训效果的重要手段。建立健全评估回访机制，对受训学员进行有效的后续跟踪，收集相关信息与资料，建立学员反馈机制是十分必要的。此外，政府还应设立学员回访专项资金，让学员回访制度有可靠的物质保障。

（2）在回访和跟踪服务中，政府、培训单位、企业要协调统一。做好援外培训回访工作，要将援外培训承办单位与政府、企业有机结合起来，在政府的政策和资金的大力支持下，充分调动援外培训单位和企业参与回访工作的积极性,同时要注意政府、培训单位、企业回访对象侧重点的区别,充分发挥援外培训的放大效应。

(3) 对重点国家、重点人物,企业要长期跟踪联络。企业在"走出去"的过程中,会根据自己的产品特点、发展目标等进行战略布局。因此企业可以利用援外培训学员回访机制,对企业未来发展的重点国家、重点人物进行回访,并建立长期、稳定的联络,为企业发展和"走出去"打下基础。

湖南省商务厅培训中心 傅云辉

从国权路走向世界

—— 复旦附中 2017 届非高考海外升学情况简介

        复旦大学附属中学是上海市首批"上海市实验性示范性高中"之一，是受上海市教委和复旦大学双重领导的寄宿制高级中学。我校培养的学生普遍受到社会的认可和高校的欢迎。每年的毕业生中，有近 70% 被清华大学、北京大学、复旦大学、上海交通大学、香港大学等著名高校录取。

        近年来，高校招生政策多元化和教育国际化的不断深入，我校另有一部分学生毕业后通过学校"绿色通道项目"或者标准化考试和申请等，进入海外名校留学深造，如哈佛大学、耶鲁大学、牛津大学、普林斯顿大学、斯坦福大学、芝加哥大学、麻省理工学院、早稻田大学、东京大学、多伦多大学等。"学在复旦附中"已成为众多优秀学子向往的目标。

        随着 2017 年美国高校招生季的结束，我校升学指导办公室对 2017 届"非高考海外升学"信息（截至 2017 年 4 月 6 日）进行汇总整理，与各位分享。

        我校 2017 届毕业生中，共有 93 名学生（包括应届和海外交流回国的往届生）选择海外升学。美国依然是升学的最主要去向，值得关注的是，我校海外升学去向进一步分散，多元化趋势明显，选择加拿大高校的学生增多，也首次出现了意大利高校的身影。

        在非高考海外升学的途径选择上，通过"通用申请（美国、加拿大为主）"和"单独系统申请（日本等）"依然为主流，同学们通过如托福、雅思、SAT、ACT、日本语能力考试等标准化考试和自我推荐等获得录取资格是升学的主要途径。

与此同时,通过学校绿色通道项目进入海外高校的毕业生人数相对稳定,近几年一直稳定在海外升学总人数的 20％左右。

复旦附中一直致力于与全世界各国的优秀高校寻求合作,为学生提供更为多元化、个性化的升学服务,截至目前,我校与如日本早稻田大学、韩国梨花女子大学、英国伦敦大学学院等高校签署合作框架协议,经过学生结合自身需求自愿报名、学校资格审核、校长推荐等环节,将我校优秀毕业生输送到这些优质海外高校进一步深造。

本学年,我校选择非高考海外升学的毕业生取得了非常优异的成果,录取情况与去年相比稳中有进,在常春藤高校、世界一流大学的录取中"战果"丰硕,毕业生总体呈现的特点是"多点闪耀""百花齐放"。"藤校"等一流学校的录取不特别集中于某一个毕业生,而是更多的学生被自己心仪的大学录取,充分体现了复旦附中毕业生的整体实力和个性化发展。具体信息如下。

复旦附中本部(不含分校、国际部、国际项目等)2017 届非高考海外高校录取人次统计

国家	学校英文名	学校中文名	2017 录取人数
美国	综合性大学		
	Princeton University	普林斯顿大学	1
	Yale University	耶鲁大学	1
	University of Chicago	芝加哥大学	1
	Columbia University	哥伦比亚大学	2
	Massachusetts Institute of Technology	麻省理工学院	1
	Duke University	杜克大学	1
	University of Penn	宾夕法尼亚大学	
	Johns Hopkins University	约翰霍普金斯大学	1
	Cornell University	康奈尔大学	4
	Brown University	布朗大学	2
	UC Berkeley	加州大学伯克利分校	5

（续表）

国家	学校英文名	学校中文名	2017 录取人数
美国	Northwestern University	西北大学	1
	Rice University	莱斯大学	1
	University of Notre Dame	圣母大学	1
	Washington University in St. Louis	华盛顿大学圣路易斯分校	3
	Emory University	埃默里大学	1
	University of Southern California	南加州大学	9
	Carnegie Mellon University	卡耐基梅隆大学	7
	UC Los Angeles	加州大学洛杉矶分校	7
	University of Virginia	弗吉尼亚大学	7
	University of Michigan-Ann Arbor	密歇根大学安娜堡分校	1
	University of North Carolina at Chapel Hill	北卡罗来纳-教堂山	5
	Boston College	波士顿学院	2
	College of William & Mary	威廉姆斯和玛丽学院	6
	University of Rochester	罗切斯特大学	2
	Brandeis University	布兰迪斯大学	2
	Georgia Institute of Technology	乔治亚理工学院	1
	New York University	纽约大学	13
	UC Santa Barbara	加州大学圣塔芭芭拉分校	12
	Boston University	波士顿大学	1
	Rensselaer polytechnic institute	伦瑟理工	3
	UC Irvine	加州大学欧文分校	10
	Tulane University	杜兰大学	3
	Northeastern University	东北大学	4
	UC Davis	加州大学戴维斯分校	15
	UC San Diego	加州大学圣地亚哥分校	20
	University of Wisconsin at Madison	威斯康星大学麦迪逊分校	8
	University of Illinois at Urbana-Champaign	伊利诺伊大学厄巴纳-香槟分校	15

（续表）

国家	学校英文名	学校中文名	2017 录取人数
美国	The Pennsylvania State University	宾夕法尼亚州立大学	8
	University of Florida	佛罗里达大学	1
	Ohio State University	俄亥俄州立大学	6
	university of Washington	华盛顿大学西雅图分校	2
	The University of Texas at Austin	德州大学奥斯汀分校	2
	Fordham University	福特汉姆大学	4
	Purdue University	普渡大学	6
	Syracuse University	雪城大学	1
	University of Connecticut	康涅狄格大学	1
	University of Maryland	马里兰大学	1
	Worcester Polytechnic Institute	伍斯特理工学院	1
	University of Pittsburgh	匹茨堡大学	1
	UC Santa Cruz	加州大学 圣克鲁兹分校	2
	University of Indianna-Bloomington	印第安纳博明顿分校	1
	Rochester Institute of Technology	罗切斯特理工学院	1
	文理学院		
	Wellesley College	卫斯理女校	1
	Pomona College	波莫纳学院	1
	Vassar College	瓦萨学院	1
	Smith College	史密斯学院	1
	Grinnell College	格林内尔学院	2
	Wesleyan University	卫斯理安大学	2
	Macalester College	麦卡里斯特大学	1
	Oberlin College	欧柏林学院	1
	University of Richmond	里士满大学	1
	Bryn Mawr College	布林马尔学院	1
	College of Holy Cross	圣十字学院	1

（续表）

国家	学校英文名	学校中文名	2017 录取人数
美国	Lafayette College	拉法叶学院	1
	Dickinson College	狄金森学院	1
	Franklin and Marshall College	富兰克林马歇尔学院	1
	Lawrence University	劳伦斯大学	1
	Beloit College	贝洛伊特学院	1
	Pratt Institute	普瑞特艺术学院	2
	Art Center College of Design	艺术中心设计学院	1
	Bentley University	本特利大学	1
	California College of the Arts	加利福尼亚艺术学院	1
	Harrisburg University	哈里斯堡大学	1
	Hult International Business School	霍特国际商学院	1
	Maryland Institute College of Art	马里兰艺术学院	1
	Minerva	密涅瓦大学	3
	Rose-Hulam Institution of Technology	罗斯-霍曼理工学院	3
	School of the Art Institute of Chicago	芝加哥艺术学院	1
	School of Visual Arts	美国纽约视觉艺术学院	1
	美国录取人次		252
加拿大	University of Toronto	多伦多大学（含分校）	10
	McGill University	麦吉尔大学	4
	McMaster University	麦克马斯特大学	1
	University of Western Ontario	西安大略大学	1
	university of British Columbia	英属哥伦比亚大学	4
	Simon Fraser	西蒙菲莎大学	1
	Emily Carr University of Art＋Design	艾米丽卡尔艺术与设计大学	1
	加拿大录取人次		22
英国	Oxford University	牛津大学	1
	University College London	伦敦大学学院（预科）	6

（续表）

国家	学校英文名	学校中文名	2017 录取人数
英国	University of Warwick	华威大学	1
	Imperial College of London	帝国理工大学	1
	University of Bath	巴斯大学	1
	Durham University	杜伦大学	1
	英国录取人次		11
日本	Waseda University	早稻田大学	9
	Kyoto University	京都大学	1
	Keio University	庆应义塾大学	1
	Tohoku University	日本东北大学	1
	日本录取人次		12
韩国	Ewha Womens University	梨花女子大学	2
新加坡	Yale-NUS College	耶鲁-新加坡学院	2
意大利	università di modena e reggio emilia	摩德纳大学	2
		预科录取	1
澳大利亚	university of Sydney	悉尼大学	1
	总录取人次		306

复旦大学附属中学升学指导办公室

搭建"一带一路"沟通之桥

——赴格鲁吉亚、希腊开展国际教育服务洽谈活动的出访报告

为认真贯彻落实国家"一带一路"经济发展倡议,进一步加快我省教育"走出去"和"引进来"步伐,推动全省教育机构拓展国际市场特别是"一带一路"沿线国家市场,2017年2月17日—24日,省商务厅、省教育厅联合组织全省30所高等高职院校,赴格鲁吉亚和希腊举办浙江国际教育服务系列洽谈活动,现将出访情况报告如下。

一、出访基本情况

(一)格鲁吉亚中国(浙江)国际教育服务洽谈会

1. 展会基本情况

2017年2月18日—19日,出访团组在格鲁吉亚首都第比利斯国际展览中心举办中国(浙江)国际教育服务洽谈会。包括浙江大学、中国美术学院、浙江工业大学、宁波大学、浙江音乐学院、杭州电子科技大学、台州学院、浙江万里学院、浙江交通职业技术学院等在内的全省30所高等高职院校参会。洽谈会现场由院校招生区、论坛展示区和媒体互动区组成,展会场地面积超过1 000平方米。

中国驻格鲁吉亚大使馆商务参赞刘波、格鲁吉亚教育部副部长Tamaz Marsagishvili、第比利斯副市长Irakli Lekvinadze、省商务厅副厅长胡潍康、省教育厅外事处副处长蓝晶晶等出席开幕式并致辞。

2. 访问第比利斯国立大学、第比利斯自由大学

2017年2月20日,出访团组先后参观了第比利斯国立大学、第比利斯自由大学、农业大学、孔子学院,并与格方院校举行座谈,就扩大校际合作交流的内容、形式和途径与格方进行了广泛地接触。

3. 拜会格鲁吉亚教育部

在格鲁吉亚期间,省商务厅、省教育厅率浙江工业大学、中国美术学院、杭州电子科技大学、浙江万里学院和台州学院的代表专程拜访格鲁吉亚教育部。胡潍康副厅长向格方介绍了浙江经济社会总体情况,省教育厅介绍了浙江国际教育发展现状,同行院校代表也分别介绍了各自的优势专业和课程设置等,双方就加强和扩大双边在国际教育领域的合作进行了深入细致的探讨和交流。

(二)中希国际教育对接会

2017年2月23日,在结束格鲁吉亚的洽谈活动后,出访团组赴希腊首都雅典举行中希国际教育服务对接活动。中国驻希腊特命全权大使邹肖力、希腊教育部秘书长、Egaleo市市长等嘉宾出席开幕论坛并发表主题演讲。

对接活动当天,浙江省院校代表与雅典大学、雅典技术教育学院、塞萨斯德谟克里特大学等30余所当地院校和机构,分别就技术工程、农业食品研究、经济管理、人文艺术、旅游等内容进行分组圆桌座谈,介绍学校特色和优势课程,并就课程合作、师资培养、职业技能培训等内容进行了全面的了解和沟通。

二、出访成效

作为省级层面政府职能部门主导并组织的首个境外教育类洽谈活动,项目的目标定位,一是为有意留学中国的当地学生提供面对面了解中国、了解浙江、选择浙江的交流平台,扩大中国教育、浙江教育的品牌影响

力和知名度,吸引格鲁吉亚学生到浙江省留学;二是宣传浙江省高等教育和职业教育的国际化成果,探讨中外合作办学的形式和途径,促进双边交流与合作。从活动执行结果看,此次出访活动圆满成功,取得了预期的成果。

在格鲁吉亚期间,当地的 Rustavi2、Imedi TV、GDS TV 等电视台均到洽谈会现场进行报道,第比利斯排名第一的调频电台 JAKO FM 还在展会现场搭起了工作间,邀请浙江省院校代表接受现场直播采访。据不完全统计,两天洽谈会期间,浙江省 30 所院校共接待咨询超过 3 500 人次,有意向学生近 400 名,浙江工商大学实现现场签约。与此同时,包括第比利斯国立大学、第比利斯自由大学、理工大学、高加索国际大学、高加索大学、立陶宛农业大学等当地近 40 所高校表达了希望与浙江高等院校在学生互换、科研探索、教学合作和师资培训方面进行更深层次沟通洽谈的意愿,8 所当地教育中介机构表示愿意与浙江省院校进行市场拓展合作。

在希腊期间,杭州电子科技大学、浙江传媒学院、浙江万里学院、浙江交通职业技术学院,宁波城市职业技术学院、义乌工商职业技术学院等 8 所院校分别与雅典技术教育学院签订合作备忘录,合作内容包括学生互换、教研合作、师资培训、学生实习等。在与希腊的对接活动,同样得到了新华社希腊分社、希腊最大的中文平台中希时报等媒体的全方位跟踪报道。新华社在报道中指出,这是中国和希腊建交 43 年来规模最大、规格最高的教育交流活动。

出访期间,团组通过现场互动、洽谈对接、座谈拜会、考察交流等方式,多途径、全方位地宣传展示了浙江经济发展成果和国际教育成就,充分体现了浙江的综合实力和发展潜力。参会院校一致认为,虽然行程安排紧张,但活动内容丰富,收获远远高于预期。中国美术学院表示,浙江省高校抱团跨出国门,充分展现了行业的实力和勇气,对于提升浙江和浙江教育的知名度有积极的促进作用,对今后如何更近距离走入“一带一路”沿线国家有很好的借鉴意义;浙江理工大学说,短短几天时间,既结识了一大批国外同行,也为全省兄弟院校之间提供了深入交流、相互学习的机会,为今后扩大校际合作的外延和内涵创造了更多的可能;浙江财经大学也认为,通过一系列的对接交流,对学校正确制订下一阶段的海外招生规划有很好的启发和引导作用;个别院校还透露,要学习兄弟院校经验,进一步强化、细化海外招生政策力度,争取吸引更多的境外留学生来浙江。

三、启示与建议

出访活动从立项筹备、组织实施到团组顺利回国,历时近 5 个月,我们也从中获得了一些经验、启示和切实可行的建议,同时通过信息反馈,仍有需要改进和完善之处。主要如下:

1. 各部门的有力支持和严谨的组织筹划,是顺利完成出访任务的有力保证

为组织好本次活动,在项目审批中,省财政厅给予了充分的肯定和积极的资金支持,为这次出访任务圆满完成提供了重要保证。省商务厅和省教育厅从项目认证开始,就进入了细致周密的前期准备。如在目的国的选择上,开始对格鲁吉亚还较陌生,但通过信息分析,了解到它是"一带一路"沿线连接欧亚的重要节点,其辐射、带动作用非常明显,而希腊是深入欧洲腹地的重要桥头堡,作用更是不容小觑。立项后,随着筹备工作进展,两厅多次碰头研究具体工作,完善细化执行方案,确保工作进度和实施标准。在较短时间里就研发上线官方网站(www. studycn. org),用英语、俄语和格鲁吉亚语推送浙江经济社会总体情况和参会院校国际教学信息,编辑制作用于洽谈活动现场发放的画册和宣传单,各院校也专门制作用于活动的形象宣传视频和 PPT,订制特色小礼品,一些院校为便于信息沟通还特意印制了格语宣传单。

此次出访活动时间紧、任务重、人员多、手续繁杂,团组人员近 70 人,

承担项目执行的省服务贸易协会虽缺乏大型组团经验,但在实际操作中处处讲求细节和品质,克服重重困难,最终保证了团组如期出访和活动的顺利举办。去程转机过程中,因天气原因航班取消,近70人的团队分三批才到达目的地,最后18位团员在格鲁吉亚洽谈会开幕当天凌晨五点才到达第比利斯,基本没有休息就赶到了活动现场投入工作,从组织承办方到全体参会代表,均表现了高度的组织纪律性和饱满的敬业精神,值得肯定和表扬。

2. 教育先试先行,浙江服务"走出去"大有可为

来自浙江省教育厅的数字显示,全省现有普通高校108所,全日制在校生总数105万,浙江教育"走出去"在全国也始终处于活跃地位。2005年成立的宁波诺丁汉大学是全国第一所独立设置的中外合作大学,已经成为中外合作办学的成功典范。目前,全省有中外合作办学机构和项目156个,有来自176个国家和地区的26 000名国际学生在浙江留学,有14所高校在19个国家设立23所孔子学院。综上统计,充分体现了浙江教育已经具备走出去的能力和实力,此次组团出访的不俗反响,也充分表明积极引导我省服务领域优势行业或产业主动参与国际竞争存在可操作性。

在出访活动中,我国驻希腊大使在主题演讲中确切表达了今后我省在开展教育"走出去"的发展方向:一是扩大校际交流和互派留学生的规模;二是联合培养高端应用型专业技术人才;三是加强联合研发,加快研究成果转化;四是加强政府间统筹规划,打造双方高等教育与研究合作平台。

3. 建议加大全省服务贸易市场拓展资金的投入力度,扩大使用范围

(1)随着日益迫切的经济转型需求和"一带一路"发展倡议的不断深化,浙江服务如何积极拓展国际市场份额,在激烈的国际竞争中分一杯羹,已成为我省服务贸易发展的重中之重。建议省财政厅、省商务厅、省教育厅等相关职能部门,要采取积极灵活可持续财政资助政策,全面助力省内高等院校抱团出击,在成熟条件的国家和地区,举办更多的对接活

动,加快浙江教育的国际化进程,逐步实现浙江省国际教育服务质量的提高和质的飞跃。

（2）与教育在全国的地位一样,浙江也是全国的旅游大省和文化大省,建议相关职能部门借鉴此次教育服务拓展市场的经验,做好项目分析认证,循序渐进,大胆尝试,力争在服务贸易更多领域抢得发展先机。

团长：胡斌

团组成员：蓝晶晶、何杏华、陈军等66人

旅　游　篇

我国旅游服务贸易发展现状与趋势分析

一、引言

　　作为我国国际服务贸易重要组成部分的旅游服务贸易，不仅在服务贸易中占比大、地位重要，而且顺应我国社会经济发展和对外开放水平不断提升的形势与要求，成为新时期我国贸易结构优化以及改革创新的重要着力点和试验田。依据 2017 年 4 月世界经济论坛发布的《2017 年旅游业竞争力报告》，在传统旅游强国依然领跑全球旅游业竞争力榜单的情况下，我国旅游业国际竞争力不断增强，世界排名从 2015 年的第 17 位上升至第 15 位，显示出良好的发展态势。本文将从相关统计数据入手，分析当前我国旅游服务贸易现状，并探讨其未来发展趋势。

二、我国旅游服务贸易发展现状

（一）旅游服务贸易总况

1. 贸易总额增长迅速，占服务贸易比重不断增加

　　伴随对外贸易，尤其是服务贸易的发展，我国旅游服务贸易总额增长迅速，其占服务贸易比重不断增加。表 1 是 2007 年—2016 年我国旅游服务贸易额、增长率及占服务贸易比重。

表1 2007年—2016年我国旅游服务贸易额、增长率及占服务贸易比重

单位: 亿美元

指标 / 年份	进口额			出口额			进出口总额		
	进口额	增长率/%	占比/%	出口额	增长率/%	占比/%	总额	增长率/%	占比/%
2007	298	22.5	22.9	372	9.7	27.5	670	15.0	25.2
2008	362	21.4	22.7	408	9.7	25.0	770	14.9	23.9
2009	437	20.9	27.5	397	−2.9	27.6	834	8.3	27.6
2010	549	25.6	28.4	458	15.5	25.7	1 007	20.8	27.1
2011	726	32.3	29.3	485	5.8	24.1	1 210	20.2	27.0
2012	1 020	40.5	36.3	500	3.2	24.8	1 520	25.6	31.5
2013	1 286	26.1	38.9	517	3.3	25.0	1 802	18.6	33.5
2014	2 273	76.8	52.5	440	−14.7	20.1	2 714	50.6	41.6
2015	2 498	9.9	57.3	450	2.1	20.7	2 948	8.6	45.1
2016	2 611	4.5	57.7	444	−1.2	21.3	3 056	3.7	46.2

数据来源: 国家外汇管理局。

由表1可见,2007年至2016年,我国旅游服务贸易总额由2007年的670亿美元迅速增长到2016年的3 056亿美元,增长达4倍之多,增速在2014年达到50.6%,随后下降。同时,旅游服务贸易总额占服务贸易的比重也不断上升,2016年达46.2%,占比接近一半,显示出旅游服务贸易对于服务贸易的推动作用。

2. 贸易逆差规模不断扩大,逆差增速逐渐回稳

近年来,我国旅游服务贸易逆差状况备受关注。图1是我国旅游服务逆差对服务贸易逆差贡献度。

由图1可知,2009年到2016年我国旅游服务贸易逆差规模不断扩大,2016年达2 167亿美元,对服务贸易逆差的贡献度总体呈上升趋势,成为服务贸易逆差主要来源。随着我国居民收入的不断增长以及人民币汇率的走强,居民的境外实际购买力大幅提高,出境旅游、留学等成本普遍下降,国人需求日渐旺盛。同时,我国居民境外旅游、留学等消费在

单位：亿美元

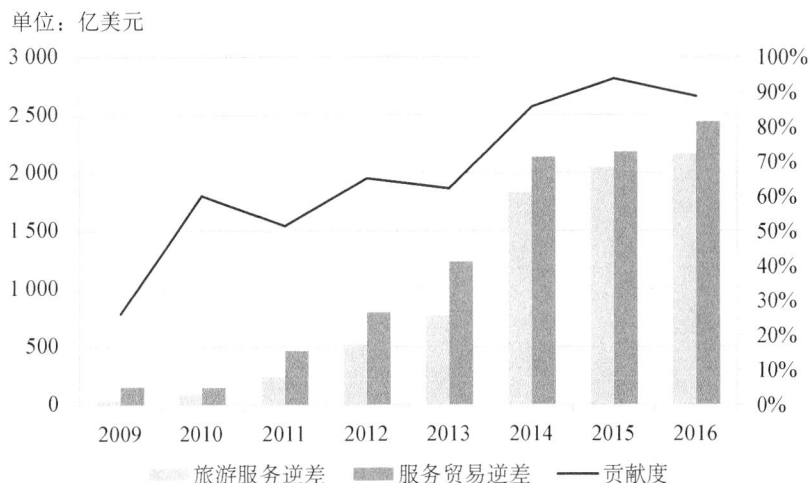

图 1　我国旅游服务逆差对服务贸易逆差贡献度

数据来源：2016 年中国国际收支报告。

2009 年至 2013 年经历了一段高速增长期后，随着相关需求的快速释放，旅游服务贸易逆差增速已开始回稳。

3. 国际竞争力虽有提升，但仍然较弱

虽然我国旅游业竞争力有所提升，但传统旅游大国依然占据主要旅游市场很大份额，我国旅游服务贸易国际竞争力仍然较弱。表 2 是利用 TC 贸易竞争力指数测算的 2007 年—2016 年我国旅游服务贸易竞争力状况。

表 2　2007 年—2016 年我国旅游服务贸易竞争力指数

单位：亿美元

年份	进口额	出口额	总额	差额	TC 指数
2007	298	372	670	74	0.11
2008	362	408	770	47	0.06
2009	437	397	834	—40	—0.05
2010	549	458	1 007	—91	—0.09
2011	726	485	1 210	—241	—0.20
2012	1 020	500	1 520	—519	—0.34

（续表）

年份	进口额	出口额	总额	差额	TC 指数
2013	1 286	517	1 802	−769	−0.43
2014	2 273	440	2 714	−1 833	−0.68
2015	2 498	450	2 948	−2 049	−0.69
2016	2 611	444	3 056	−2 167	−0.71

由表 2 可以看出,2007 年至 2008 年,我国竞争指数为正值,但数值较小,且逐年下降,说明我国旅游服务贸易国际竞争力整体偏弱。受 2008 年金融危机的影响,TC 指数转为负值,我国旅游服务贸易国际竞争力从微弱竞争优势转为竞争劣势。而从 2009 年至 2016 年,我国旅游服务贸易逆差不断扩大,TC 指数不断下降,逐渐趋近于−1,我国旅游服务贸易国际竞争力差距在数值上有扩大趋势,应引起足够重视。

（二）我国入境旅游市场状况

1. 国际旅游外汇收入持续增长

2007 年至 2013 年,我国国际旅游外汇收入缓慢上升,在 2014 年迅猛增长,首次突破 1 000 亿美元大关,随后增速减缓。2016 年,我国国际旅游外汇收入为 1 200 亿美元。图 2 显示的是 2007 年—2016 年我国国

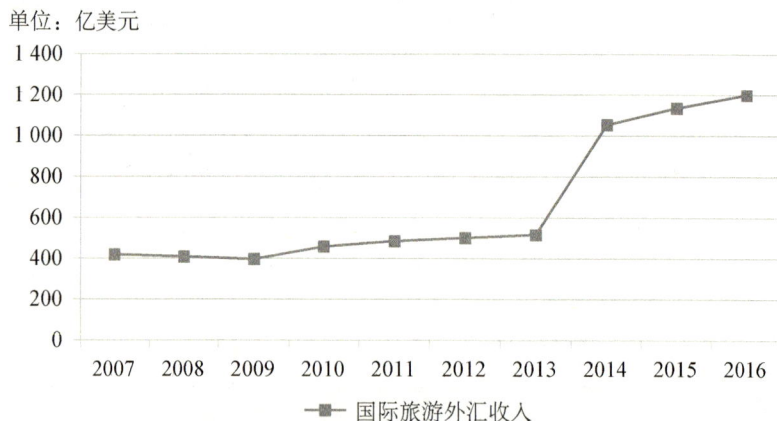

图 2　2007 年—2016 年我国国际旅游外汇收入状况

数据来源:国家统计局。

际旅游外汇收入状况。

2. 入境游平稳发展中有新变化

从2007年至2016年,我国入境游总体上平稳发展。图3显示的是2007年—2016年我国入境旅游客源市场状况,图4是2016年我国入境外国游客各大洲占比状况。由图3、图4可见,我国入境游客组成中,以中国港澳同胞为主,占比约为75%,其次为外国游客。中国台湾游客总量较少,增长较为平缓,而且入境的外国游客中,亚洲客源占主导地位,其次为欧洲和美洲。

单位:千万人次

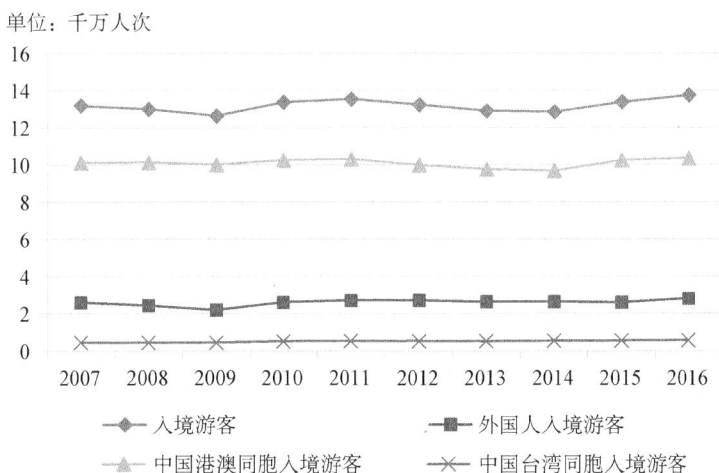

图3　2007年—2016年我国入境旅游客源市场状况

数据来源:国家统计局,国家旅游局数据中心。

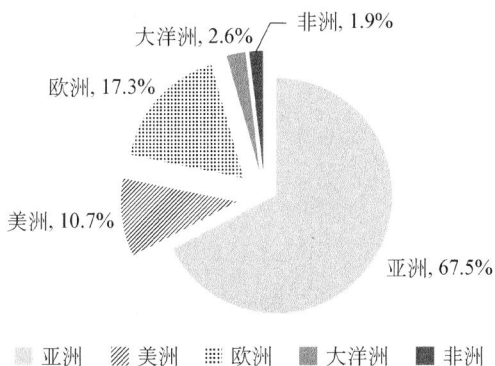

图4　2016年我国入境外国游客各大洲占比状况

　　从入境游目的看,近年来,以会议商务为目的的入境游受到关注。而观光休闲仍然是重要的入境游目的(见图5)。

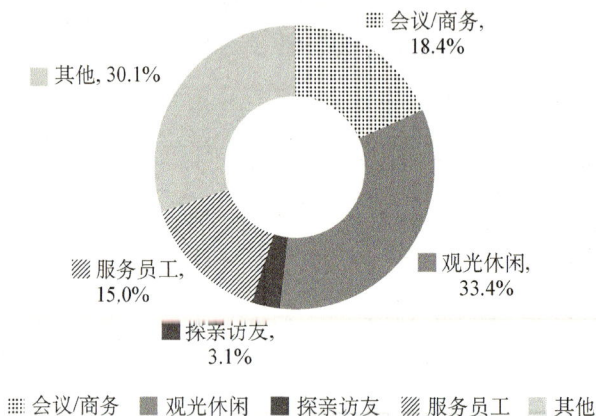

图5　2016年我国入境游目的占比状况

数据来源:国家统计局。

3. 入境游地区发展不均衡

　　由表3所示,我国分地区国际旅游外汇收入和接待入境过夜游客总人数中,广东省都位列第一,且客源以中国港澳台游客为主。从其他省份看,北京和长三角地区的国际旅游收入也非常可观。上海虽然国际旅游创汇位居第三,但接待入境过夜游客总人数仅次于广东省,并且外国游客占八成以上。总体来看,我国的入境游仍以东部地区为主,中部地区安徽省和湖北省、西部地区陕西省和重庆市较为突出。

表3　2015年我国分地区国际旅游外汇收入和接待入境过夜游客状况

地区\指标	国际旅游外汇收入/百万美元	接待入境过夜游客/万人次	
		总计	外国人
广东	17 884.66	3 450.35	783.58
浙江	6 788.47	459.02	333.96
上海	5 860.44	653.59	540.69
福建	5 561.40	332.71	133.73
北京	4 605.00	419.96	357.56

（续表）

地区 \ 指标	国际旅游外汇收入/百万美元	接待入境过夜游客/万人次	
		总计	外国人
江苏	3 527.29	305.01	200.84
天津	3 298.11	78.48	69.03
山东	2 896.48	312.22	226.44
云南	2 875.50	570.08	420.00
安徽	2 262.87	291.12	171.17
陕西	2 000.22	293.03	194.15
广西	1 916.86	450.36	239.23
湖北	1 671.90	311.76	239.79
辽宁	1 636.50	264.01	204.64
重庆	1 468.57	148.10	98.98

数据来源：国家统计局。

（三）我国出境旅游市场状况

1. 出境游客规模持续增长

2007 年—2016 年，我国居民出境人数保持稳定增长，2014 年首次突破 1 亿人次，2015 年为 1.17 亿，同比增长 9%，2016 年为 1.22 亿，同比增长 4%，增速有所下降（见图 6）。

单位：千万人次

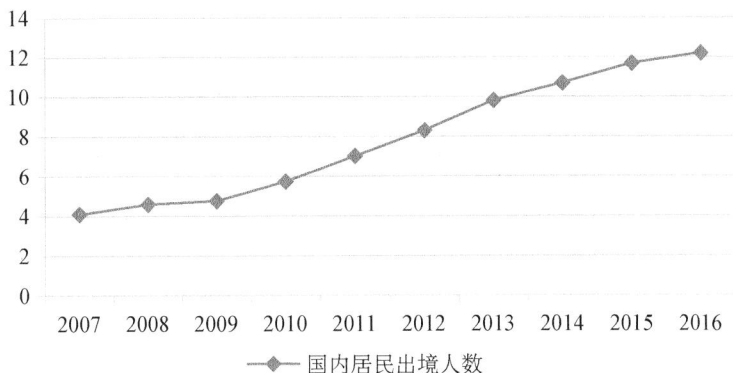

图 6　2007 年—2016 年我国国内居民出境人数状况

数据来源：国家旅游局，中国旅游业统计公报。

2. 出境旅游消费额不断增长

由图 7 可见,我国居民出境旅游消费金额不断增长,2015 年首次突破千亿美元大关,较 2014 年增长 16.6%,但 2016 年增速下降,仅为 5.1%。出境旅游需求的日益旺盛以及我国居民境外旅游消费能力的不断增强,一方面反映出我国经济水平的提升,但另一方面也造成了消费外流和旅游服务贸易逆差的结果。

单位：亿美元

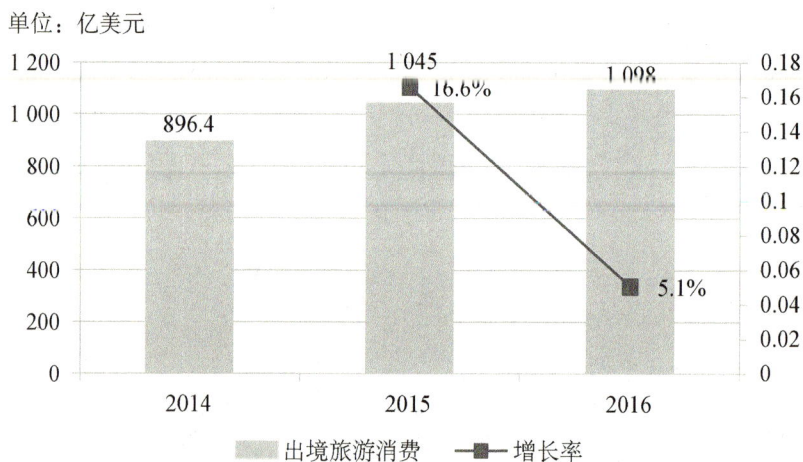

图 7　2014 年—2016 年我国居民出境旅游消费额变化状况

数据来源：国家旅游局。

3. 出境游仍以近程为主

我国居民的出境游目的地选择仍以近程为主,中国港澳台地区选择占七成以上,而出国旅游目的地的选择以亚洲国家为主,包括泰国、日本、韩国、新加坡、印度尼西亚和马来西亚等。未来,东欧、南美及中亚等地区将成为受中国游客青睐的新兴目的地。①

---

① 苏舟.《出境游：从"买买买"到"慢慢慢"游客更注重生活体验》,http://cn.chinadaily.com.cn/2016-09/08/content_26742666.htm.

三、我国旅游服务贸易发展趋势

（一）旅游消费基础和环境持续改善使我国旅游服务贸易大众化特征更加明显

社会经济发展、收入水平的不断提高不仅推动了居民消费结构持续升级，激发旅游消费的强烈愿望，同时也使更多的民众有能力和条件享受旅游服务，由此使旅游消费日益向必需品迈进，加之签证条件放宽、往返航班航线增加、人民币升值和支付方式的便利化等，我国旅游服务贸易的大众化特征愈加明显。数据显示，近几年，随着我国居民的出境游热情被不断激发，出境游人数迅速增加，由 2014 年的 1.07 亿人次，到 2015 年的 1.17 亿人次、2016 年的 1.22 亿人次。在我国对外开放水平持续提升、经济发展继续迈上新台阶的背景下，旅游服务贸易大众化将成为重要的趋势和浪潮。

（二）旅游服务供给侧改革使我国旅游服务贸易国际竞争力向更高水平迈进

旅游需求的快速增长需要供给服务的紧密跟进甚至引领。在当前我国供给侧结构改革背景下，旅游服务供给侧改革应当紧随形势发展，不断夯实国内产业基础，牢牢把握旅游发展新情况、新问题，在提质增效中推动旅游服务产品向品质化、个性化和中高端化发展。如随着私人交通工具的普及化，家庭自驾旅游不断兴起。而定制旅游则以其能充分满足游客要求、帮助游客深度体验目的地本土风情的优势日渐盛行。总之，在旅游消费更加理性、旅游需求更加多样、旅游目的地选择范围更加广阔的情况下，旅游服务供给要更细、更实、更具针对性。唯有如此，才能尽快扭转高端消费外流以及旅游服务贸易逆差的态势，在促进旅游服务出口与进口均衡发展的基础上，推动我国旅游服务贸易国际竞争力的不断增强。

（三）跨界融合以及科技创新为我国旅游服务贸易提供更强大的发展动力

当前我国旅游业跨界融合发展态势如火如荼，不仅催生出新的旅游业态，而且为旅游服务贸易发展提供了强大的发展动力和成长空间。其中全域旅游的推进，使"旅游＋"不断深化，与农业、林业、水利、工业、科技、文化、体育、健康医疗等产业深度融合，突显出旅游业产业链长、辐射范围广、带动效应强的特征。旅游业发展模式也逐步从"景点旅游"向"全域旅游"加速转变。

此外，旅游与科技的结合和创新促进了智慧旅游的发展，推动了产业现代化发展，使得景区可以通过智能网络实现智能化运营和可视化管理。而"互联网＋旅游"则伴随互联网、移动终端的普及，游客可以通过各类APP 实现在线度假租赁、在线旅游租车，随时随地查询旅游产品，随时随地团购、享受旅游金融服务，不仅扩大了旅游的消费群体，催生了线上线下、体验分享等多种消费业态兴起，更加优化了旅游体验。而这种趋势的不断深化必将推动开放经济条件下我国旅游服务贸易发展动力的持续增强，从而实现包括入境游、出境游在内的旅游服务贸易的跨越式发展。

（四）"一带一路"国家倡议促进我国旅游服务贸易实现更广泛的国际合作

广泛而深入的国际合作是促进我国旅游服务贸易向更高水平发展的重要基础。当前，我国旅游服务贸易正紧随并服务于国家战略的实施，从而在把握机遇中实现快速、健康、可持续发展。"一带一路"倡议的实施对于我国旅游服务贸易而言就是重要的机遇。携程旅行网发布的《携程2016"一带一路"年度报告》显示，2016 年，携程共接待入境游客超 700 万人次，接待"一带一路"沿线国家的游客突破 300 万人次，同比增长超过50％，并且沿线国家中，越南为主要客源地，占 10％左右，其次为俄罗斯、马来西亚、菲律宾、新加坡和泰国等国家。得益于"一带一路"倡议，中国独特的历史文化再次吸引了来自世界的目光,沿线国家对我国的历史人文类目的地表现出了浓厚兴趣,上海、北京、西安等城市成为他们的目的地首选,并且入境游客多为深度游,以此来体验中国的本土生活。①

随着相关政策的落地与配套设施的完善,"一带一路"沿线国家也成为我国居民出境游的热门选择。据驴妈妈旅游网调查显示,2016 年,中国游客赴沿线国家出游总人次是 2015 年的 2.7 倍,东南亚地区如泰国、菲律宾、越南、新加坡、印度尼西亚,凭借自身的区位优势和旅游资源优势,成为"一带一路"沿线最火爆的五大热门目的地,中国已经成为泰国、印度尼西亚、越南的最大客源国。东南亚海岛游热度最高,并且以 85 后、90 后年轻人为主。同时,俄罗斯、中东欧等新兴旅游目的地也日趋成为中国游客出游的新热门。②

"一带一路"倡议实施的效应正在逐步显现。未来我国旅游服务贸易要把握战略机遇,更加自觉地推动旅游服务贸易国际合作的开展,为我国旅游服务贸易入境游、出境游创造更加便利的条件、更好的发展环境。

四、结语

在世界旅游市场不断扩大、竞争日益加剧的背景下,我国旅游服务贸易面临的挑战非常巨大。然而面对旅游服务贸易逆差的态势以及我国旅游服务供给侧改革深化的形势,既要坚定发展信心,理性客观地对待逆差的形成和发展,更要以此为契机,着力破解供给侧改革的难点和难题,大

---

① 《入境游乘上"一带一路"东风》,http://tradeinservices. mofcom. gov. cn/e/2017-05-12/319623. shtml.
② 《"一带一路"沿线成出境游新热门》http://tradeinservices. mofcom. gov. cn/e/2017-05-12/319621. shtml.

力促进旅游业的跨界融合和科技创新,从而增强发展动力,深化发展内涵,引导旅游消费,并在服务"一带一路"等国家倡议中推动国际合作再上新台阶,全面提升我国旅游服务贸易的国际竞争力。

北京第二外国语学院经贸与会展学院　王海文　沈言珂

中国(上海)自由贸易试验区对我国旅游服务贸易竞争力影响研究

据世界旅行与旅游理事会(WTTC)统计,旅游业已成为全球最大的产业。2015 年旅游业为全球 GDP 总量的 10%,达到 7.2 万亿美元,就业量 2.84 亿人次,占世界就业总量的 9.52%[1]。据世界贸易组织(WTO)的统计,2015 年旅游服务贸易已成为世界上最重要的出口行业之一,世界旅游出口达到 1.23 万亿美元,在各服务行业中排名第一[2]。

中国作为世界第二大经济体,2015 年旅游服务出口收入 1 141 亿美元,居世界第二位;旅游服务进口 2 922 亿美元,居世界第一位,旅游服务贸易逆差 1 781 亿美元,位于我国服务贸易逆差第一位[3]。

制度创新对推动经济发展具有重要作用,对技术创新具有决定性作用。上海自贸区建设的实质就是制度创新,其重要目的就是培育国际化和法制化的营商环境。各种实践证明,世界上旅游服务贸易和产业发达的国家和地区,往往是自由贸易区或自由港[4]。因此,分析自由贸易区如何提升中国旅游服务贸易竞争力是一个具有理论与实践意义的课题。

---

[1] 世界旅游与旅行理事会. Global Travel and Tourism Economic Impact Update August 2016 [R]. WTTC.

[2] WTO. World Trade Statistics Review 2016 [R]. www. wto. statistics.

[3] WTO. World Trade Statistics Review 2016 [R]. www. wto. statistics.

[4] 何建民. 自由贸易区促进中国旅游服务贸易与产业改革开放研究[M]. 上海:上海人民出版社,第 4 页.

一、我国旅游服务贸易竞争力测度分析

旅游服务贸易是国家或地区之间,通过旅游服务实现货币流入和流出的经济活动。旅游服务贸易是国际贸易的重要组成部分,自 2012 年起,国际收支交易中,旅行项目替代运输项目逐步成为服务贸易逆差的最大来源,占服务贸易逆差的比重由 2012 年的 65.2% 增加至 2015 年的 97.7%[①]。

国际上一般采用出口市场占有率指数(Export Market Share,MS)、贸易竞争指数(Trade Competitive Index,TC)和显示性比较优势指数(Revealed Comparative Advantage,RCA)这三大测度指标来研究一国特定产业的国际贸易竞争力。为准确把握我国旅游服务贸易的发展趋势,本文将采用这三个指标,针对 1997 至 2015 年的 19 年中国旅游服务贸易数据进行计算,获得旅游服务贸易出口市场占有率指数、旅游服务贸易竞争指数和旅游服务贸易显示性比较优势指数,并与世界旅游服务贸易大国进行比较,分析这一时期我国旅游服务贸易竞争力的现状及在世界上的地位和发展趋势。

1. 我国旅游服务贸易出口市场占有率比较分析

1997 年至 2015 年间,与全球旅游服务贸易平均发展水平相比,我国旅游服务贸易实现了飞跃式发展。1997 年,我国旅游服务贸易出口总额 120.74 亿美元,截至 2015 年出口贸易总额达到 1 136.5 亿美元,19 年时间旅游服务贸易出口翻了近 10 倍[②]。为更清晰地反映中国旅游服务贸易出口在世界范围内的比重以及与其他国家进行比较,本文采用旅游服务贸易出口市场占有率指数,即一国旅游服务贸易出口总额占世界旅游服务贸易出口总额的比例。

---

① 商务部. http://tradeinservices. mofcom. gov. cn/c/2016-10-25/288838. shtml.
② 数据来源:世界贸易组织网站,http://www. wto. org/english/res_e/statis_e.

$$旅游服务贸易出口市场占有率(MS) = \frac{一国服务贸易出口总额}{世界旅游服务贸易出口总额} \quad (1)$$

计算我国和其他旅游发达国家的旅游服务贸易市场占有率指数,目的在于观测我国旅游服务贸易出口变化趋势和世界旅游服务贸易出口市场发展变化。我国与世界主要旅游服务贸易大国 MS 发展趋势比较,如图 1 所示。

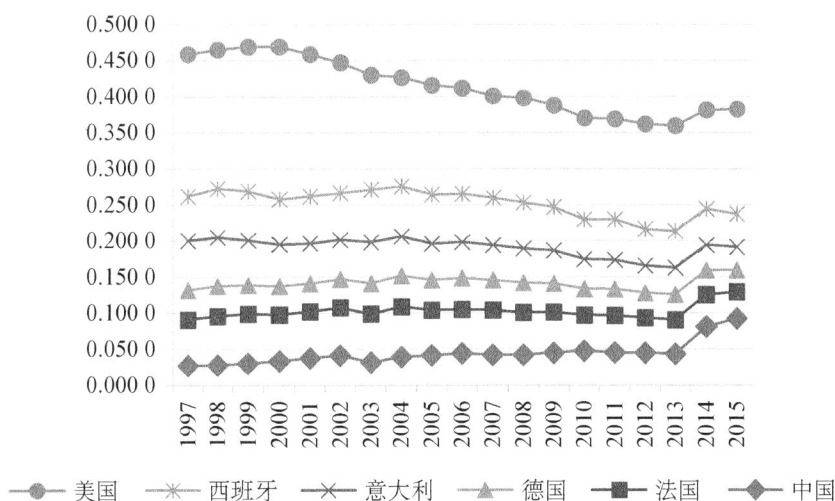

图 1　我国与世界主要旅游服务贸易大国 MS 发展趋势比较

从图 1 可以发现就世界范围来看,美国一直占据世界第一的旅游服务出口大国地位,但整体呈现下降趋势,MS 指数从 2000 年最高的 0.196 9 最低到达 2011 年的 0.138 8;中国整体呈上升趋势,MS 指数从 1997 年的 0.027 6 一路上升到 2015 年的 0.092 7,特别是在 2014 年,从 2013 年的 0.043 6 跃至 0.081 4;其他欧洲四国 MS 指数总体呈现平稳发展态势,变化不大,我国与世界旅游服务贸易大国 MS 指数(1997—2015),如表 1 所示。

表 1　我国与世界旅游服务贸易大国 MS 指数(1997—2015)

	1997	1998	1999	2000	2001	2002	2003	2004	2005	2006
中国	0.027 6	0.028 5	0.030 7	0.034 0	0.038 1	0.041 8	0.032 0	0.039 6	0.041 7	0.044 6
法国	0.064 0	0.067 7	0.068 6	0.064 3	0.064 5	0.066 0	0.067 0	0.069 6	0.062 6	0.060 8
德国	0.040 8	0.041 5	0.039 8	0.039 1	0.038 6	0.039 3	0.042 3	0.042 5	0.041 5	0.043 0
意大利	0.068 2	0.067 5	0.062 0	0.057 8	0.055 5	0.054 5	0.057 2	0.054 7	0.050 2	0.050 0
西班牙	0.061 4	0.067 6	0.068 2	0.062 7	0.065 5	0.064 8	0.072 6	0.069 5	0.068 2	0.067 1
美国	0.196 9	0.192 4	0.200 4	0.211 2	0.196 7	0.180 9	0.159 4	0.151 0	0.151 7	0.146 8
	2007	2008	2009	2010	2011	2012	2013	2014	2015	
中国	0.042 5	0.042 4	0.045 3	0.048 1	0.045 5	0.045 3	0.043 6	0.081 4	0.092 7	
法国	0.061 9	0.058 5	0.056 3	0.049 4	0.051 4	0.048 5	0.047 4	0.044 3	0.036 5	
德国	0.041 1	0.041 3	0.039 4	0.036 4	0.036 5	0.034 5	0.034 8	0.033 4	0.029 9	
意大利	0.048 6	0.047 3	0.045 7	0.040 7	0.040 3	0.037 3	0.037 1	0.035 1	0.032 1	
西班牙	0.065 7	0.063 7	0.060 4	0.055 1	0.056 2	0.050 6	0.050 7	0.050 2	0.045 9	
美国	0.141 2	0.144 9	0.140 8	0.140 4	0.138 8	0.145 6	0.145 8	0.137 0	0.144 9	

数据来源：根据 WTO 官方网站 Statistics Database 计算整理获得。

2. 我国旅游服务贸易竞争指数比较分析

旅游服务贸易竞争指数是一国旅游服务进出口的贸易差额与进出口贸易总额之比。

$$旅游服务贸易竞争指数(TC) = \frac{旅游服务出口 - 旅游服务进口}{旅游服务出口 + 旅游服务进口} \quad (2)$$

该指数是分析一国旅游服务贸易国际竞争力的有效工具。旅游服务贸易竞争指数综合考虑了进口与出口两个因素，能够反映一国旅游服务贸易相对于全球范围内其他国家旅游服务贸易的竞争力情况。我国与世界主要旅游服务贸易大国 TC 指数发展趋势比较，如图 2 所示。

由图 2 可以发现就世界范围来看，所有国家的 TC 指数均呈现下降的趋势，美国仍占据旅游服务贸易竞争力第一位；中国从 2009 年开始 TC 指数呈现负值(-0.048 3)，这也意味着中国的旅游服务贸易从顺差转为逆差，并进一步扩大，于 2013 年达到旅游服务贸易逆差最大(-0.427 2)，于 2014 年趋于平稳；其他欧洲各国均呈现 TC 指数下降的趋势，其中德

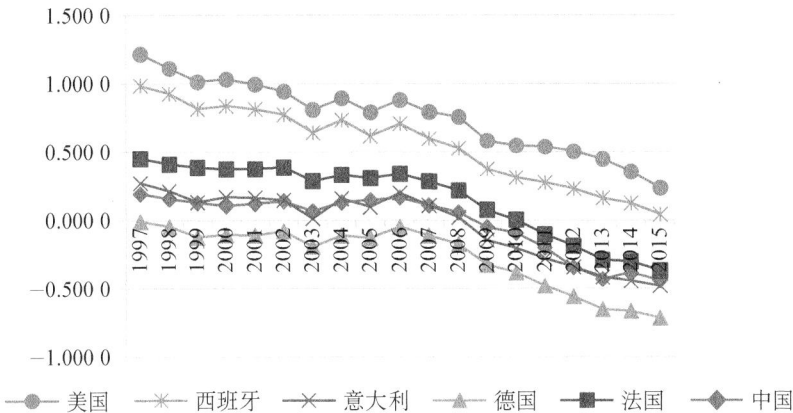

图2 我国与世界主要旅游服务贸易大国 TC 指数发展趋势比较

国作为世界最大客源国之一,TC 指数始终呈现负值。以上各国 TC 指数的发展趋势,从一方面反映了全球旅游服务贸易的活跃程度加剧,传统旅游服务贸易出口国正逐步发展成为世界主要客源国。我国与世界旅游服务贸易大国 TC 指数(1997—2015),如表2所示。

表2 我国与世界旅游服务贸易大国 TC 指数(1997—2015)

	1997	1998	1999	2000	2001	2002	2003	2004	2005	2006
中国	0.195 2	0.155 8	0.129 6	0.106 2	0.122 5	0.139 4	0.068 1	0.132 0	0.147 6	0.165 2
法国	0.256 4	0.254 4	0.256 9	0.267 9	0.253 5	0.248 5	0.219 3	0.200 5	0.160 8	0.174 1
德国	−0.459 5	−0.454 1	−0.508 2	−0.478 8	−0.484 0	−0.466 3	−0.477 5	−0.442 4	−0.436 4	−0.385 5
意大利	0.281 9	0.258 2	0.255 0	0.274 9	0.273 0	0.225 9	0.205 7	0.269 5	0.225 2	0.245 8
西班牙	0.712 5	0.713 0	0.684 1	0.668 2	0.648 5	0.627 2	0.627 9	0.576 5	0.521 5	0.508 5
美国	0.231 2	0.185 1	0.198 5	0.195 0	0.181 7	0.169 0	0.167 2	0.158 6	0.173 8	0.172 8
	2007	2008	2009	2010	2011	2012	2013	2014	2015	
中国	0.111 1	0.060 9	−0.048 3	−0.090 0	−0.199 3	−0.341 9	−0.427 2	−0.380 2	−0.438 3	
法国	0.173 4	0.158 7	0.126 9	0.096 1	0.098 8	0.156 4	0.139 6	0.082 3	0.072 5	
德国	−0.394 9	−0.390 1	−0.401 6	−0.385 2	−0.376 8	−0.372 9	−0.363 3	−0.366 0	−0.348 4	
意大利	0.219 7	0.195 5	0.180 9	0.178 0	0.200 3	0.219 6	0.239 0	0.223 9	0.236 8	
西班牙	0.491 0	0.503 6	0.518 6	0.515 6	0.554 0	0.570 2	0.573 8	0.566 3	0.521 0	
美国	0.194 3	0.230 0	0.206 5	0.233 4	0.262 9	0.272 4	0.285 5	0.230 7	0.193 6	

数据来源:根据 WTO 官方网站 Statistics Database 整理计算获得。

3. 我国旅游服务贸易显示性比较优势指数比较分析

旅游服务贸易显示性比较优势指数是一国旅游服务的出口量占该国出口总额的份额与世界旅游服务的出口额占世界出口总额的份额的比重。

$$旅游服务贸易显性比较优势指数(RCA) = \frac{\left(\dfrac{一国旅游服务出口额}{该国服务出口总额}\right)}{\left(\dfrac{世界旅游服务出口总额}{世界服务出口总额}\right)} \quad (3)$$

因其剔除了国家和世界总量波动的影响,能够较好地反映一国旅游出口与世界旅游平均出口水平的相对优势。国际上一般认为:RCA>2.5,旅游服务贸易竞争力优势极强;RCA∈(1.25, 2.5),旅游服务贸易竞争优势明显;RCA∈(0.8, 1.25),旅游服务贸易竞争力一般;RCA<0.8,旅游服务贸易竞争力不足。

图 3 显示,我国 RCA 指数呈现波动上升状态,有两个高点,一个是2001 年(1.727 4),另一个是 2015 年(1.544),进入 2013 年后,中国旅游服务贸易竞争力进入第二轮上升阶段;美国呈现相对平稳而略有下降的趋势,RCA 始终保持在 1.0 左右;欧洲各国除去西班牙在 2013 年有较大

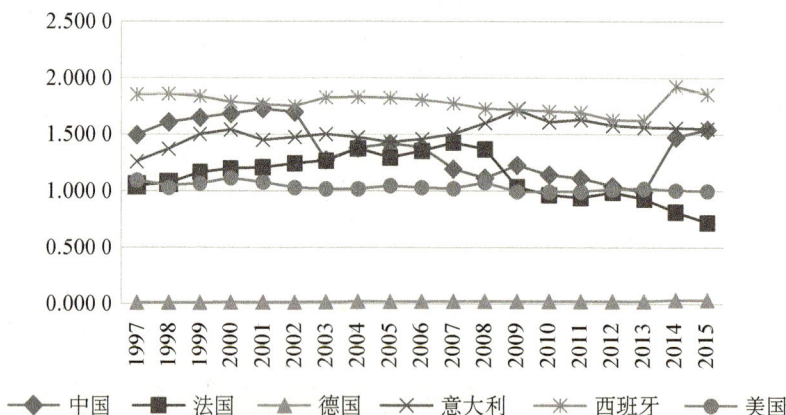

图 3　我国与世界主要旅游服务贸易大国 RCA 指数发展趋势比较

幅度的上升,RCA 波动不大,总体发展平稳。我国与世界主要旅游服务贸易大国 RCA 指数(1997—2015),如表 3 所示。

表3　我国与世界主要旅游服务贸易大国 RCA 指数(1997—2015)

	1997	1998	1999	2000	2001	2002	2003	2004	2005	2006
中国	1.497 0	1.608 9	1.648 9	1.684 0	1.727 4	1.697 4	1.275 2	1.380 9	1.418 7	1.387 5
法国	1.052 6	1.071 8	1.166 8	1.199 3	1.208 9	1.243 6	1.269 2	1.374 2	1.296 5	1.355 1
德国	0.012 6	0.012 2	0.013 0	0.014 8	0.015 1	0.016 2	0.017 0	0.019 7	0.019 5	0.021 8
意大利	1.262 1	1.373 0	1.503 2	1.541 7	1.450 8	1.476 5	1.502 6	1.474 1	1.431 3	1.460 3
西班牙	1.857 2	1.861 9	1.839 6	1.789 7	1.766 9	1.751 0	1.829 1	1.832 4	1.825 6	1.808 4
美国	1.096 7	1.051 6	1.066 7	1.115 5	1.078 4	1.030 7	1.020 5	1.018 0	1.047 7	1.029 6
	2007	2008	2009	2010	2011	2012	2013	2014	2015	
中国	1.195 4	1.113 9	1.228 6	1.143 2	1.113 2	1.046 0	0.989 7	1.475 8	1.544 4	
法国	1.428 5	1.370 7	1.035 9	0.967 4	0.941 3	0.990 0	0.931 4	0.817 1	0.723 8	
德国	0.023 2	0.024 1	0.021 6	0.024 2	0.023 8	0.024 2	0.024 9	0.034 3	0.034 6	
意大利	1.505 0	1.600 9	1.718 3	1.610 7	1.630 5	1.579 2	1.563 1	1.557 8	1.550 6	
西班牙	1.774 0	1.725 6	1.720 9	1.704 8	1.695 7	1.626 5	1.621 8	1.927 0	1.856 1	
美国	1.022 7	1.074 1	0.995 4	0.994 3	0.997 3	1.015 5	1.022 8	1.005 0	0.998 3	

数据来源：根据 WTO 官方网站 Statistics Database 整理计算获得。

综上所述,从全球范围来看,我国的旅游服务竞争力指数无论是 MS、TC 还是 RCA,呈现上升的发展趋势,并且从旅游服务贸易出口大国逐步转变成旅游服务贸易进口大国,旅游服务贸易竞争力逐步提升,不断地影响世界旅游服务贸易发展的格局。

二、我国旅游服务贸易竞争力影响因素分析

旅游服务贸易由旅游服务贸易出口和旅游服务贸易进口组成。旅游服务贸易出口指的是因入境旅游而产生的交易行为;旅游服务进口指的

是因出境旅游而产生的交易行为,分析我国旅游服务贸易竞争力的影响因素,需要从我国旅游服务贸易出口(入境旅游)和旅游服务贸易进口(出境旅游)两方面展开。

1. 我国入境旅游发展分析

从入境旅游市场接待的人数发展趋势来看,我国入境旅游接待人数从1978年的181万人次增长到2015年的1.34亿人次,增长了75倍[①](见图4)。

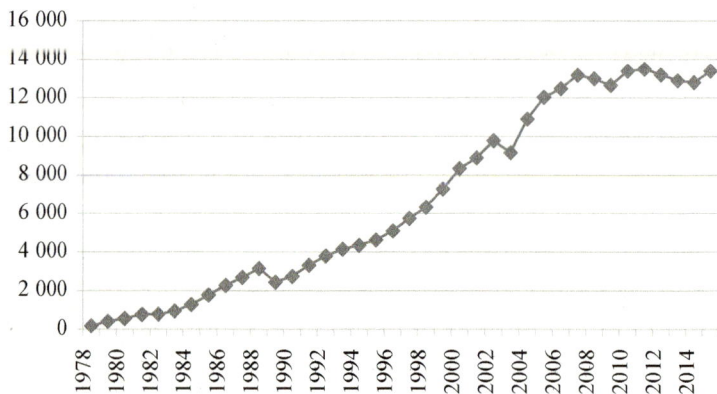

图4　中国入境旅游市场接待人数变化(万人次)(1978—2015)

数据来源:根据历年中国旅游业统计公报整理。

从长期来看,我国入境旅游人数呈现两阶段发展:第一阶段是1978年至2010年,这一阶段除1989年、2003年(非典)、2008年(全球金融危机)因特殊事件造成的入境游客人数短期下降外,呈现大规模增长;第二阶段是2011年至今,这一阶段入境游客人次变化较为平稳,维持在1.3亿人次左右。

我国入境旅游外汇收入从1978年的2.63亿美元,增长到2015年的1 136.5亿美元,增长了432倍[②](见图5)。

---

① 国家旅游局.中国入境旅游发展年度报告2015[M].北京:旅游教育出版社,2016,第22页.

② 国家旅游局.中国入境旅游发展年度报告2015[M].北京:旅游教育出版社,2016,第22页.

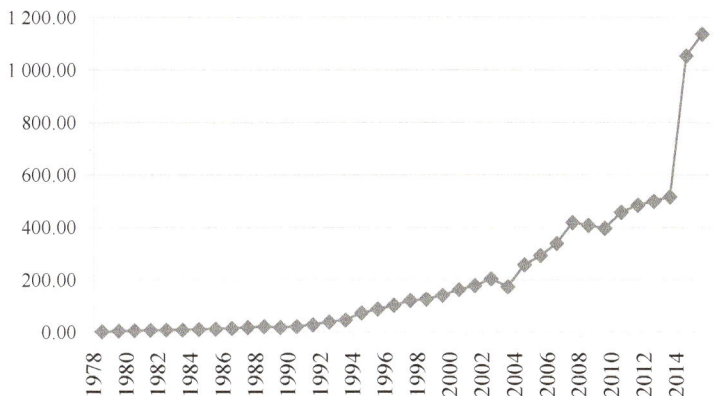

图 5　中国入境外汇收入发展趋势(亿美元)(1978—2015)

数据来源：根据历年中国旅游业统计公报整理。

　　从长期来看，我国入境旅游消费也呈现两阶段发展：第一阶段是 1978 年至 2014 年，这一阶段的旅游消费呈现缓慢增长；第二阶段是 2014 年至今，这一阶段入境旅游消费呈现爆发式增长。

　　对比图 4 和图 5 会发现，入境旅游市场接待人数与入境外汇收入两个指标并非同步发展。一方面与我国入境旅游统计方式有关：根据国际货币基金组织制定发布的《国际收支手册》(BMP)第六版规定，旅游收入包括非居民在访问某经济体期间(1 年以内)从该经济体处购买自用或馈赠的货物和服务。目前我国旅游服务贸易收入和支出统计分属两个部门负责，其中旅游支出数据由外汇管理局根据 BMP(第六版)负责统计，国际旅游收入则由国家旅游局基于抽样调查数据获得。而由国家旅游局制定、国家统计局批准的《旅游统计调查制度》将"到中国(大陆)的入境游客(包括外国人、中国港澳同胞和中国台湾同胞)，其停留时间不超过 3 个月"的游客作为入境游客抽样调查对象。由此势必造成两方面的口径差别，一是用 3 个月以内停时游客的平均花费和平均停时替代停留时间3～12 个月游客的相应数值①。

---

① 戴斌. 旅游服务贸易统计规则厘清与算法修正[J]. 旅游学刊，Vol. 31 No. 3，2016，第 13 - 14 页.

　　旅游产品以观光游为主且入境旅游消费结构不合理是入境旅游消费缓慢的另一大原因。自1978年以来，观光游仍是入境游客赴华旅游的主要目的。以观光旅游产品为主的旅游发展模式存在较大局限性有三：一是观光旅游的重复消费边际效用很低，旅游消费者回游率也低，在国际旅游市场上，重复旅游者占旅游者总数的70%以上[①]；二是观光旅游以团队游客居多，游客以"走马观花"的形式频繁移动于各个景区、景点之间，对交通、环境造成较大压力；三是观光旅游的消费水平普遍较低，旅游收入主要是景点景区的门票收入，很少有其他收入来源。以观光旅游产品为主的发展模式极大地阻碍了我国入境旅游的发展。

　　1997年我国入境游客人均消费是135.11美元/天，2015年我国入境游客人均消费237.75美元/天，过夜游客逗留平均天数为8天[②]，年均增长仅3.8%；2015年中国香港入境过夜游客人均消费1 007美元，澳洲入境过夜游客人均消费更是高达2 955美元[③]，我国入境旅游人均消费远低于世界旅游发达国家（地区）。从消费结构分析，2015年我国超过60%的入境游客消费集中在1 001~5 000美元，14.82%的入境游客消费5 001~10 000美元，14.03%的入境游客消费不足500美元，旅游交通占据消费首位，其次是购物消费，两项合计占据总消费支出的五成。我国入境游客消费构成中，基本旅游消费一直占据绝对比重，交通和住宿一直占据消费的近六成；世界旅游发达国家（地区）的非基本旅游消费收入所占比重较高，如2015年中国香港入境旅游购物消费约占消费总额的70%左右，中国澳门入境旅游购物消费占消费总额的50%[④]。如何增加入境游客在我国境内的旅游购物、旅游娱乐等非基本旅游消费是实现国际旅游收入增长的关键。

---

① 宋振春. 当代中国旅游发展研究. 北京：经济管理出版社，2006年，第109－110.

② 2012年中国旅游业统计公报，http://www.cnta.gov.cn/html/2013-9/2013-9-12-%7B@hur%7D-39-08306.html.

③ Tourism Research Australia, International Visitors in Australia 2013.

④ Hong Kong Tourism Board, Visitor Profile Report, 2014.

2. 我国出境旅游发展分析

结合现有的统计数据,我国出境旅游呈现持续增长,从 2006 年的 3 452.36 万人次到 2015 年的 1.17 亿人次(见图 6)。

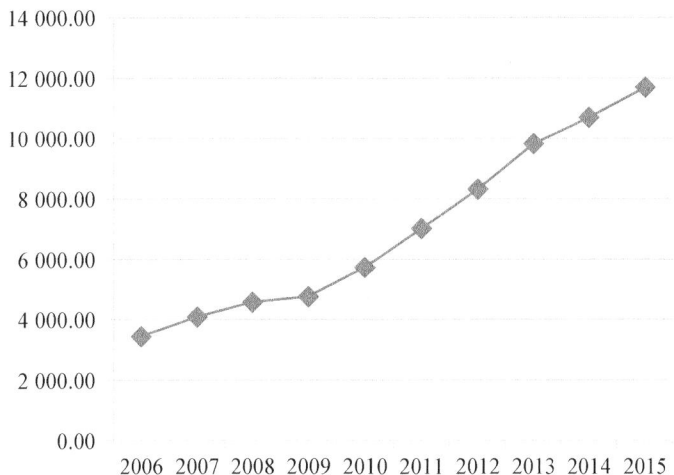

图 6　中国出境旅游人数(万人次)发展趋势(2006—2015)

数据来源:根据中国旅游业统计公报(2006—2015)整理。

　　2015 年我国出境旅游人数 1.17 亿人次和出境旅游消费 1 045 亿美元,居世界第一。出境旅游支出的数据变化与统计口径存在一定的关联性。由外汇管理局统计的我国旅游服务贸易支出核算实际指向广义旅行活动,如我国游客在境外 1 年内的留学、医疗、务工等花费被计入我国旅游服务贸易支出。2015 年开始,国家外汇管理局将我国国际收支平衡表中服务贸易项中的"旅游"子项改为"旅行"。事实上,这一变更仅能正确地表达旅游服务贸易支出(借方)项属性。外汇管理局以内地/大陆银行卡在境外旅游目的地的所有刷卡消费总和作为我国旅游服务贸易支出,导致该项支出数值被进一步不合理放大。2015 年以前,外汇管理局通过加总各目的地国家反馈的 1 年以内中国籍游客消费数据作为旅游服务贸易支出数值。改由银行卡刷卡合计统计后,核算范畴进一步扩展至长期留学、长期医疗和长期就职的停留时间超过 1 年的中国籍旅客,旅游服务贸易支出陡然增加①。

除了统计的原因之外,我国出境旅游快速增长是中国经济发展对旅游产品多样化需求的必然结果,我国游客境外购物消费快速增加原因有三:一是出境方式的便捷,加速了出境旅游,特别是中国港澳台地区的出境旅游。作为地缘关系接近和语言沟通便利,中国港澳台一直是内地出境游客最主要的出境旅游目的地,虽然近年因各种原因,赴中国港澳台游客有所下降,但仍是我国出境旅游的主要目的地。为了将我国出境旅游消费合理引导为国内需求,有必要对我国出境旅游消费者的基本特征进行深入研究。

2015 年,中国内地居民出境旅游主要目的地是中国香港、中国澳门、中国台湾、韩国等,中国香港仍是中国内地居民出境旅游的首选目的地。以内地居民游客到中国香港旅游的统计数据为主,分析中国出境旅游消费者的基本特征,包括①内地出境游客的人口统计特征与旅游行为特征;②内地出境游客人均消费水平与趋势;③内地出境游客消费结构特征;④内地出境游客客源特征。了解出境旅游者的消费诉求。

(1) 内地出境游客访港的人口统计特征与旅游行为特征分析。考虑到赴港旅游的特殊性,本文采用过夜旅游者的人口统计特征与旅游行为特征进行分析。通过对表 4 的数据观察分析,可以发现内地赴港游客人口统计与旅游行为的显著特征是:从性别看,女性比例远高于男性,超过60%;从年龄看,以壮年为主,平均年龄在 37~38 岁;从旅游目的来看,以度假为主的达到 60%以上;游客多次访港比例达 76%;再度出访意向达95%;购物是出游的主要活动的比例达 90%以上;对商品满意度评价达80 分以上。

中国内地访港游客的人口统计与旅游行为特征表明:出境旅游已经成为中国内地部分居民的一种生活方式;出境旅游者多为壮年,具有较强的购买力;中国内地居民出境旅游对购物消费十分重视。

---

① 戴斌. 旅游服务贸易统计规则厘清与算法修正[J]. 旅游学刊,2016,31(3):13-14.

表 4　2013 及 2014 年内地访港过夜旅游者人口统计与旅游行为特征

指标		数量	
		2013	2014
性别/%	男	39	38
	女	61	62
年龄/岁	平均年龄	37.5	37.8
访港目的/%	度假	62	63
	探亲访友	22	20
	商务/会议	10	10
	途经香港	3	3
	其他	4	4
购物/%		91	90
访港次数/%	首次	24	24
	多过一次	76	76
逗留时间(晚)		3.4	3.3
会将香港推荐给朋友的比例/%		93	90
会再度访问香港的比例/%		95	94
评价商品是否物有所值的平均分数(满分 100 分)		82	81

数据来源：Hong Kong Tourism Board, Visitor Profile Report, 2015, p. 6 - 7.

(2) 内地出境游客的人均消费水平与趋势。中国内地访港过夜游客人均消费水平是所有访港旅游者消费水平中最高的,2013 年达到最高值 8 937 元/人;并且在较长一段时间内保持持续增长,直到 2014 年出现稳中有降的趋势。2009 年—2014 年中国内地访港过夜旅游者人均消费,如图 7 所示。

(3) 内地出境游客的消费结构特征。出境游客的消费结构特征,就是指出境游客消费的总额及各类消费占其消费的比重。2014 年内地访港过夜游客消费模式呈现如下特征(见图 8)。

购物在内地出境游客消费支出中占很大比重,达到 72%,紧随其后

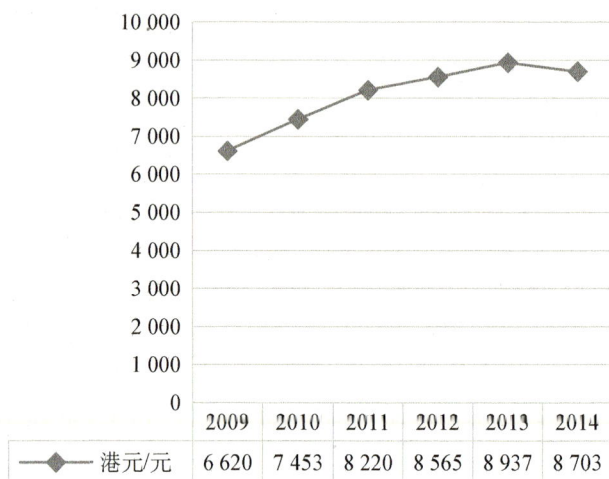

	2009	2010	2011	2012	2013	2014
港元/元	6 620	7 453	8 220	8 565	8 937	8 703

图 7　2009 年—2014 年中国内地访港过夜旅游者人均消费

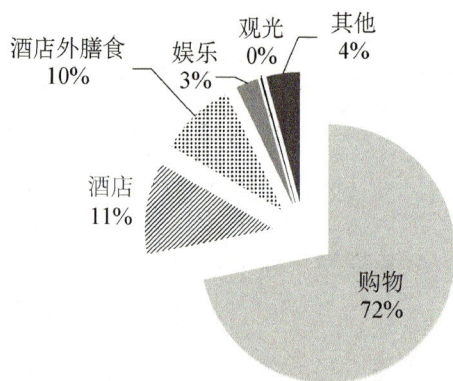

图 8　2014 年内地访港过夜旅游者消费模式

的是酒店住宿 11％，然后是餐饮 10％。2013 年—2014 年内地居民访港过夜旅游者的主要购物类别如表 5 所示。

　　中国内地出境游客购物消费呈现的特征：购物支出占据中国出境游客的主要支出；购物消费支出的依次排序是珠宝首饰、衣服/布料、皮制用品/人造用品、化妆品及护肤品/香水、手表、电器/摄影用品、个人护理用品、食品、酒类及香烟。

表5   2013 年—2014 年内地居民访港过夜旅游者的主要购物类别

主要购买项目	其他所有国家(地区)		中国内地			
	2013	2014	2013		2014	
	金额(百万港元)	金额(百万港元)	金额(百万港元)	占所有国家(地区)比例/%	金额(百万港元)	占所有国家(地区)比例/%
化妆品及护肤品/香水	15 804	16 120	14 548	92.05	14 155	87.81
电器/摄影用品	13 283	13 549	11 238	84.60	10 935	80.71
食品、酒类及香烟	7 244	7 389	5 952	82.16	5 791	78.38
衣服/布料	25 513	26 023	19 921	78.08	19 383	74.48
珠宝首饰及手表	37 370	38 117	34 861	93.29	33 920	88.99
珠宝首饰	24 897	25 395	23 381	93.91	22 750	89.58
手表	12 473	12 722	11 480	92.04	11 170	87.80
皮制用品/人造用品	20 703	21 117	16 601	80.19	16 153	76.49
个人护理用品(如洗发水、尿布等)	1 599	1 631	1 556	97.31	1 514	92.83
其他货品	6 070	6 191	4 729	77.90	4 601	74.32
合计	110 657	112 870	109 406	85.75	106 452	94.31

数据来源: Hong Kong Tourism Board, Visitor Profile Report, 2014, p.71.

(4) 内地出境游客客源特征。本文选择内地访港过夜旅游者人数占被调查者总数比例超过 1% 的地区,作为中国内地出境游客的客源地进行分析,发现如下特征:①北京、上海、广州、天津等省会城市或宁波、苏州等发达城市是首要的客源地;②与中国香港地域空间距离较近的城市是重要客源地;③客源地,二、三线城市呈现发展的态势,特别是中西部地区基本实现全覆盖。

表6　2014年内地访港过夜旅游者被调查人数中各地占客源比重(%)

调查访问人数	所有过夜旅游者	度假过夜旅游者	商务过夜旅游者	调查访问人数	所有过夜旅游者	度假过夜旅游者	商务过夜旅游者
	55 787	37 327	6 706		55 787	37 327	6 706
合肥	0.3	0.4	0.4	中山	2.0	1.6	2.2
北京	6.9	6.9	12.3	珠海	2.4	1.9	3.3
重庆	0.9	1.1	0.6	南宁	0.8	1.0	0.2
福州	1.4	1.6	1.0	武汉	1.9	2.4	0.7
厦门	1.3	1.4	1.2	长沙	1.1	1.5	0.3
东莞	3.8	3.3	2.6	南京	1.5	1.9	1.4
佛山	5.2	5.0	4.0	苏州	0.9	1.2	1.0
广州	17.8	15.4	20.0	上海	8.3	8.9	14.5
惠州	1.7	1.4	0.5	天津	1.1	1.4	1.2
江门	2.1	1.7	0.9	杭州	1.8	2.2	2.3
深圳	12.7	9.3	13.9	宁波	0.8	0.9	1.8

数据来源: Hong Kong Tourism Board，Visitor Profile Report，2014，p. 227.

　　进口商品综合税率过高所导致"转移消费"是我国旅游服务贸易进口剧增的根本原因。2015年我国人均国内生产总值达到7 900美元[①]，部分发达地区如上海人均国内生产总值更是达到了1.64万美元。中国经济的快速发展推动了消费需求，进而推动了包括奢侈品在内的各类进口商品的消费需求。进口商品综合税率过高是出现"转移消费"的主要原因：我国对进口商品征收30%的消费税、17%的增值税以及4.4%～60%不等的关税，进口商品的税率达到50%以上。此外，海外购物的免税和退税政策也是推动海外消费的主要原因，日本对海外游客免除8%的消费税，英国、德国、法国、新加坡等国实行11%～16%不等的消费退税政策。如何实现消费外流转变为内需内流，必须在现行的进口商品税收制度上

---

① 国家统计局. 2015年国民经济和社会发展统计公报，http://www.stats.gov.cn/tjsj/zxfb/201602/t20160229_1323991.html.

进行突破,降低进口商品价格。

全球汇率的频繁变动,逐步成为影响出境旅游消费的一大因素。全球汇市近年来变动频繁,2006 年至 2015 年人民币持续走高,极大地促进了出境旅游消费。人民币兑美元中间价从 2006 年初的 1 美元兑换 8.06 人民币,一路飙升至 2013 年底 6.10,至 2016 年才有所回升;人民币兑欧元从 2011 年 9 月的 1 欧元兑换 9.699 5 人民币,曾一路下探至 2015 年 3 月的 6.513 3;人民币兑日元从 2015 年 8 月的 1 日元兑换 0.085 7 人民币下探至 2015 年 8 月的 0.049;英镑从 2011 年 5 月的 1 英镑兑换 10.87 人民币曾下探至 8.128。全球汇市的变化,特别是人民币升值促进中国游客海外购物,加速了消费外流。

综上所述,旅游服务贸易出口发展平稳,旅游服务贸易进口爆发式发展,特别是境外旅游消费的急速上升,是我国旅游服务贸易逆差主要成因,同时也影响了我国旅游服务贸易国际竞争力。

三、上海自由贸易试验区促进中国
旅游产业发展的政策分析

2013 年 9 月发布的《中国(上海)自由贸易试验区总体方案》提出经过 2～3 年的改革试验,加快转变政府职能,积极推进服务业扩大开放和外商投资管理体制改革,大力发展总部经济和新型贸易业态,加快探索资本项目可兑换和金融服务业全面开放,探索建立货物状态分类监管模式,努力形成促进投资和创新的政策支持体系,着力培育国际化和法治化的营商环境,力争建设成为具有国际水准的投资贸易便利、货币兑换自由、监管高效便捷、法制环境规范的自由贸易试验区,为中国扩大开放和深化改革探索新思路和新途径,更好地为全国服务。并且明确了五大职能:加快政府职能转变;扩大投资领域的开放;推进贸易发展方式转变;深化金融领域的开放创新;完善法制领域的制度保障。

在我国出入境旅游市场特征分析的基础上,结合上海自由贸易试验区建设内容,从出境旅游消费、旅行社、旅游饭店、医疗旅游和入境免签等五方面分析上海自贸区对我国旅游服务贸易竞争力的影响。

1. 中国(上海)自由贸易试验区建设对旅游消费的政策分析

通过对旅游服务贸易影响因素的分析发现,入境消费低,结构不合理,出境购物消费剧增,是我国旅游服务贸易发展的一个较大制约。针对这一现象,上海自贸区建设以来,已试点开展离境退税政策——持外籍护照、中国港澳台通行证的游客,在上海指定的 188 家商店购物 500 元以上,可享实际 9% 的退税率。所谓的离境退税政策,是指境外旅客在离境口岸离境时,对其在退税商店购买的退税物品退还增值税的政策。离境退税政策适用对象是指在我国境内连续居住不超过 183 天的外国人和中国港澳台同胞。境外旅客办理离境退税主要流程是:商店购物申请退税、海关验核确认退税物品、代理机构办理退税。根据上海市商务委统计,在离境退税政策实施的第一个黄金周即 2015 年 9 月 24 日至 10 月 5 日期间,上海地区离境退税开单数为 169 单,离境退税销售额达到 94.35 万元。离境退税对促进旅游消费有一定的吸引力。

随着自贸区政策的可复制与推广,离境退税政策可尝试在全国范围逐步推广,第一是退税对象的扩大,如内地出境游客凭其出境旅游签证、往返机票等有效证件在离境时购物享受退税政策;第二是逐步在杭州、苏州、郑州、天津等地区设立免税购物中心与退税点;第三是在国际旅游度假区如上海迪士尼试点设立旅游免税与退税购物中心,在吸引国内游客的同时,尝试大型景区的免税退税机制。

2. 中国(上海)自由贸易试验区建设对旅行社开放的政策分析

根据 2015 年国务院颁布的最新《自由贸易试验区外商投资准入特别管理措施(负面清单)》,解除了对旅行社出境旅游业务的限制[①],意味着

---

① 2013 年第一批《自由贸易试验区外商投资准入特别管理措施(负面清单)》中还有"L.727 旅行社及相关服务"条例规定:"投资从事出境旅游业务的旅行社合资(不得从事)"。

我国旅行社业务的全面放开。一直以来,由于缺乏开放的竞争环境,导致中国旅行社国际接轨程度低,竞争力不足,经营效率与效益较差[①]。

通过全面引进外方独资旅行社开放经营中国居民国内旅游业务和入境旅游业务,在引入旅行社业务国际竞争机制的同时,有利于提高中国旅行社的国内旅游业务与入境旅游业务的竞争力、经营效益和效率,拓展我国旅行社出境业务。

3. 中国(上海)自由贸易试验区建设对旅游饭店开放的政策分析

根据 2015 年国务院颁布的最新《自由贸易试验区外商投资准入特别管理措施(负面清单)》,解除了对旅游饭店投资的限制[②]。这一政策突破,大大拓展旅游饭店和会展中心的投融资范围,有利于引入国际资本,实现会展中心的市场化投资和市场化运作。

4. 中国(上海)自由贸易试验区建设对医疗旅游的政策分析

医疗旅游已成为全球增长最快的旅游项目,年增长率在 20%。“十三五”期间,上海要打造亚洲医疗中心,吸引国际客源地医疗旅游。自 2014 年解除医疗投资的限制,允许合资经营医疗机构以来,上海在浦东地区建成第一所由外方(新加坡百汇医疗集团)经营管理的上海国际医学中心(SIMC),也是目前国内最先进的医学中心,加速了上海医疗旅游的发展。

5. 上海(浦东)自由贸易试验区建设对入境免签政策的分析

入境免签政策是配合自贸区建设的一项极大创新,自 2013 年 1 月 1 日起实施的上海空港口岸对部分国家人员实施 72 小时过境免签政策之后,2016 年 1 月 30 日起,在上海各开放口岸以及江苏省南京航空口岸、浙江省杭州航空口岸对 51 个国家人员实施 144 小时过境免签政策。51 个国家的旅客凭本人有效国际旅行证件和 144 小时内确定日期及座

[①] 何建民. 自由贸易区促进中国旅游服务贸易与产业改革开放研究[M]. 上海:格致出版社,2016:129.

[②] 2013 年第一批《自由贸易试验区外商投资准入特别管理措施(负面清单)》中还有“K.701 房地产开发经营”条例规定:“限制投资高档宾馆、高档写字楼、国际会展中心”。

位前往第三国（地区）的联程客票,可选择从上海浦东国际机场、上海虹桥国际机场、上海港国际客运中心、上海吴淞口国际邮轮港、上海铁路口岸或者南京禄口国际机场、浙江杭州萧山国际机场任一口岸入境或出境,免办签证,并可在上海市、江苏省、浙江省行政区域内免签停留 144 小时。此次免签政策的进一步扩大,体现以下三个特点:

一是过境免签时间由原来的 72 小时延长到 144 小时,使来沪的外国人能够有充裕的时间从事商务、旅游、访问、会展等短期活动,也便于国内旅行社开发深度旅游产品,激活旅游市场,从而带动宾馆、餐饮等服务业发展。

二是过境免签适用的口岸类型全面放开。原先符合上海 72 小时过境免签政策的外国人只能从上海浦东国际机场或虹桥国际机场过境前往第三国（地区）,政策不能惠及从海港口岸、铁路口岸入境的过境人士。实行 144 小时过境免签政策后,符合条件的外国人不仅可以从上海空港、海港、铁路口岸过境,而且江苏南京禄口机场、浙江杭州萧山机场也纳入其中,从上述任一口岸入出境前往第三国（地区）均可享受 144 小时过境免签政策,使上海海、陆、空口岸联运互动成为现实,便于旅客选择更加便捷的交通运输工具过境中转,对上海航运中心建设和航空枢纽建设带来实质性的利好。

三是过境免签人员的停留区域范围大幅扩大。原先符合上海、南京、杭州 72 小时过境免签政策的外国人只能在三省市各自行政区域内停留,此次 144 小时过境免签政策把人员的活动范围覆盖到上海、江苏、浙江三省市所在的长三角区域,既满足了过境旅客的需求,也有利于人员流动,必将给科创、商贸、旅游、会展等产业带来大量人流,促进长三角区域经济一体化发展。

上海对外经贸大学会展与旅游学院　丁烨　宋金金

小荷才露尖尖角

—— 上海靖达国际开拓市场服务社会纪实

2013 年 6 月成立的上海靖达国际商务会展旅行有限公司(以下简称"靖达国际"),经过近四年的奋力拼搏,已在激烈竞争的上海会展市场站稳脚跟,取得不俗业绩,为国家和上海经济、社会、文化事业的发展作出自己独特的贡献。让我们撷取他们在竞争大海中跳跃的几朵浪花。

一、打响第一炮:承接太湖世界文化论坛第三届年会

经国务院批准,以"加强文化软实力互动,促进世界和平与发展"为主题的太湖世界文化论坛第三届年会于 2014 年 6 月 18 日—19 日在上海召开。这是靖达国际成立后承接的第一个有影响力的国家级会议。依据大会主办机构的要求,靖达国际完满地完成如此高规格、大规模、全球性大会的会务会展任务,获得各界的认可与赞许。

中共中央政治局委员、国务院副总理刘延东,时任中共中央政治局委员、上海市委书记韩正,第十一届全国政协副主席、太湖世界文化论坛名誉主席张梅颖,文化部副部长董伟,佛光山开山宗长星云大师,中国文联党组书记、副主席赵实,法国前总理多米尼克·德维尔潘,爱尔兰前总理伯蒂·埃亨,联合国文明联盟高级代表、联合国全体大会第 66 届主席、卡塔尔常驻联合国代表纳西尔·阿卜杜勒阿齐兹·纳赛尔等中外政要、国内外著名学者、中外企业领军人物、媒体人士等逾 500 人出席本届年会,

围绕主题展开了包括主论坛、平行论坛、圆桌会议等在内的共计 13 场专业的深入对话。

太湖世界文化论坛分别于 2011 年、2013 年先后在苏杭两地成功举行，而此次召开的第三届年会更是 2014 年在上海举办的我国最高层次、非官方国际文化论坛，如何将会务会展的成功进行延续及提升，成为靖达国际需要考虑的重要问题。

早在 2014 年年初，靖达国际的同仁们就在高层的领导下，投身前期准备工作中。场地测量、方案确定、物料设计、嘉宾行程、机票预订、车辆调配等一系列内容逐一进行，团队合作得到了充分显现，每个地方都有靖达国际员工辛苦而忙碌的身影。已经记不得同一个文档修改了多少个版本，记不得与客户开了多少个沟通会议，记不得有多少个夜晚还坚守在办公室整理名单，记不得为了落实一位嘉宾的行程发了多少封邮件，这一切，都给靖达国际的员工提出了要求：耐心、细致。

在长达几个月的筹备之后，大会如期举行，等待着靖达国际员工的是更为烦琐的工作。

6 月 17 日，大会前一天。出席嘉宾接机、嘉宾参会注册与入住、众多背景舞台搭建、席卡更新打印与摆放、会议手册定稿与印制成册、志愿者培训与上岗、重要嘉宾个性化服务、突发事项应急处理，靖达国际的员工度过了艰难的 24 小时。

6 月 18 日　19 日，大会正式开始。贵宾合影、大会开幕、领导致辞、欢迎午宴、平行论坛、更名晚宴、音乐沙龙。这一天，镁光灯照到的一切是如此得完美，这与靖达国际每一位员工的努力分不开，工作人员在各自的岗位上紧张地坚守着，大会得以有序地进行着。

值得一提的是，作为靖达国际的重要项目，公司多个部门的联手合作在大会举行期间显得格外重要。创意中心、国内会展中心的员工更多地冲在了第一线，效率服务中心、市场营销中心、差旅中心都在后方给出了大力的支援。前方的同仁废寝忘食时，是后方的同仁及时送来了"口粮"；前方的同仁急需搬运人员时，是后方的同仁及时卷起了袖管……

6月20日,大会成功闭幕。出席嘉宾接送机、会场物料拆除、参观活动安排,工作内容不再像之前那么繁重,但是靖达国际的员工有始有终地站好了最后一班岗。

二、承办印度总理莫迪上海世博展馆侨民见面会: 与纽约麦迪逊广场侨民见面会媲美

2015年5月16日,印度总理在上海世博展览馆对侨民发表演讲,这是中印关系史上一次重大事件,有5 000名印度侨民从中国各地赶来,听取了印度总理莫迪激动人心的演讲。

近年来,印度在莫迪领导下快速发展,莫迪被称为印度的邓小平。他出访世界各大国时,对当地印度侨民发表演讲,成为一大特色节目。2014年9月28日,印度总理莫迪在纽约麦迪逊广场花园发表演说,时代广场大屏幕也直播了莫迪此番用印地语发表的演说。2015年在英国伦敦温布利大球场,他对6万印度侨民发表演讲。在美国、中国、英国对印度侨民的演讲,受到国际媒体的高度关注,更吸引了10多亿印度人民的眼球。由此可以看出,靖达国际承办这次演讲会的意义十分重大。

与美国纽约、英国伦敦相比,要在中国上海成功地举办侨民演讲会难度不小。

印度方面的期望值很高。以沃卡为首的上海印度人协会成员希望把这次中国规模最大的印度人活动办成一场史无前例的大聚会。"纽约的活动给了我们启发。"沃卡说,"当我们把这个想法与总理办公室沟通后,他们欣然答应。我们感到很荣幸。"可以看出,印度方面是以纽约的标准来衡量的。

中国政府的要求同样很高,2015年5月14日,莫迪开始上任后,首次对华国事访问,期间访问了西安、北京、上海三站。尽管印度时常爱与中国较劲,中印又有长期难解的边境问题,不过中国领导人基于"命运共

同体"的理念,热情接待了莫迪一行,规格之高可谓史无前例。为了会见莫迪,习近平主席更是千里迢迢从北京飞赴西安。上海侨民见面会是此次莫迪总理访华的"压台戏",能否成功举办事关中印友谊大局,作为承办者的靖达国际感受到肩上沉甸甸的压力。

据统计,在中国的印度侨民共 4.5 万人,5 000 人就是九分之一,与纽约、伦敦相比,上海的开放度没有那么高,一下这么多不同肤色的老外集中到一个地方,在上海的历史上还从未有过,引起围观、交通拥堵怎么办?安保问题怎么解决?如何保持现场的安静、秩序?确实存在一系列难题。靖达国际承接这样一个见面会,确实需要非凡的勇气和强大的实力。

按照惯例,如此大规模的活动一般至少提前 2~3 个月来准备实施,但是靖达国际为此大会的准备时间仅有 2 个星期,场地选址、布置搭建、安保审批,靖达国际又一次以高效征服了客户。会场布置,黄、绿、白相间,充满印度元素,舞台布置大气、庄严。而上海作为此次印度总理莫迪首次访华访问的最后一站,安保更是整个环节中的重中之重。靖达国际将 5 000 人的会场分隔成各个不同区域,便于疏散和管理。增加门禁和安保措施,把好每一个关口。特别设置物品寄存间,让 5 000 名参会侨民轻装上阵,减少安检时间。最终上海之行,莫迪再次重现其在纽约麦迪逊广场花园施展的"魔力"。引起国际媒体的广泛关注,我们摘录了以下报道:

世博展馆内,5 000 名印度人整齐划一地发出"莫迪、莫迪"的呼喊声,再加上此起彼伏的欢呼声和掌声,让人恍然间以为身在演唱会现场,而不是聆听一位政要的演讲。2015 年 5 月 16 日 16 时,莫迪在排山倒海般的欢呼声中来到会场,向在座的印度老乡挥手致意。而台下的印度人热情高涨,欢呼声足足持续了 5 分钟,才在莫迪的示意下停了下来。

距离莫迪前来发言还有 1.5 小时之际,现场已座无虚席。主办此次活动的上海印度人协会会长阿米特·沃卡(Amit Waikar)介绍,此次活动受到了在华印度人空前的欢迎,"我们当初在网站上一公布莫迪总理将要来演讲的消息,短短一天内,参会注册信息蜂拥而至。"

即便此次来上海的路费需要自己掏钱,而且一张"老乡会"的门票就要 200 元人民币(学生免费),但依旧可以看到不少印度人身着鲜艳的纱丽服,打扮得漂漂亮亮,拖家带口而来。甚至有上了年纪的印度老妈妈坐着轮椅出现,只为一睹莫迪的尊容。

此次印度总理上海侨民见面会之所以由上海靖达国际承办,主要是靖达国际充分发挥了自身优势。首先是依托母公司,找到了上海世博展馆这一合适的场所。上海世博展馆属于靖达国际母公司东浩兰生集团所有,地处上海浦东世博馆路,那里比较幽静又交通方便,有地铁 7、8、13 号线三条线路,方便客流会集和疏散,不会引起拥堵和围观,这个场馆对 5 000 人左右的集会比较适合,大小适中。

靖达国际发挥了自身的设计能力、保障能力,包括舞台搭建设计、总理到访时间、行走路线、安保配置、志愿者招募管理、文艺演出各个环节全部落实到位,万无一失。虽然现场有 5 000 多人,但整体流程井然有序,可以说是一次比较成功的接待活动。

会场内到处充满了印度元素,连引入会场的门廊廊壁都挂上了印度国旗色(橙、白、绿)装饰。为每一位参会者贴心地准备了饮用水和零食,放至座椅上。下午 2 点 30 分,文艺演出即将开始,印度侨民们仍然意犹未尽,靖达国际工作人员连续三次用英语发布最后提示,在志愿者的耐心劝导下,人们总算暂时按捺下激动的情绪,纷纷入座。

文艺演出间歇阶段,沙画艺人展示莫迪画像的创作过程,最后一曲终了,莫迪的沙画也得以最终完成。在山呼海啸的欢呼声中,莫迪终于登场。他的演讲全程为印地语,完全是脱稿演讲,他不断地变换手势,时常惹得台下听众哄堂大笑。他的演讲主题为:中印两国作为大国,只有合作才能有更光明的前景。

演讲结束后,莫迪与许多侨民握手拥抱,登台合影留念。当然了,这只有靠前坐的侨民才有这样的机会,当然,他们座位的价格也是高的。

靖达国际不辱使命,顺利完成印度总理上海侨民见面会的各项任务,为国家完成了这一重大外交任务,也为自身的品牌建设积累了经验,锻炼了队伍。

三、创建自有品牌：中国（上海）
互联网＋外贸高峰论坛

一个企业要有自己的核心竞争力，必须要有自己的独立品牌。对于会展公司来说，必须要有自己的会议品牌。靖达国际一年承接的会议有七八百个，但在 2015 年之前，基本上是"来料加工"。随着"2015 中国（上海）互联网＋外贸高峰论坛""2016 中国（上海）互联网＋外贸高峰论坛"的成功举办，靖达国际有了自己自主开发的会议品牌，取得了可喜成果。

靖达国际没有专业领域，没有行业背景，要建设自有品牌，可以说是一张白纸，困难重重。究竟瞄准哪个行业？从哪里下手？找准突破口，是会展企业上台阶的关键。要从市场调研入手，努力寻找社会、经济发展亟需解决的热点、难点问题。

靖达国际发现，上海围绕互联网＋的专业会议过少。2014 年，随着中国电子商务的迅猛发展和经济全球化进程的加快，上海电子商务继续保持平稳增长态势，实现交易额 1.35 万亿元，同比增长 28.2％。其中，B2B 交易额达 7 908 亿元，同比增长 21.7％；网络购物（B2C/C2C）交易额达 5 592 亿元，同比增长 36.8％。纵观 2014 年，上海电子商务产业多领域齐头并进，但同时也暴露出在竞争力、产业链完整性等方面的薄弱之处，亟待政府与企业共同解决。以 2014 年有影响力的电子商务会议举办地为例，北京举办了 38 场、深圳举办了 24 场、杭州举办了 29 场、上海举办了 9 场、成都举办了 4 场、乌镇举办了 1 场。在上海举办的电子商务峰会数量明显与上海在全国的经济地位不相符合。因此在 2015 年，上海应发挥在互联网金融、跨境电子商务、电子商务智库、电子支付等方面的行业优势，通过举办互联网＋专题专场电子商务会议，提高影响力。靖达国际的想法和市商委、母公司东浩兰生集团领导的战略构想不谋而合，得到他们的鼎力支持，进入自主品牌的领域。范围决定了，接下来就要选择热门话题。

靖达国际市场人员意识到"跨境电商"是时下很流行的词,这是个红红火火的领域。首先上海起步最早,但杭州、郑州等奋起直追,后来居上。这是一个市场高度关注、政府高度关心的行业,或许还有很多从业者需要深入学习。于是他们开始研究这个行业和市场,一一拜访了上海商委、发改委等政府相关部门,以及相关涉及领域包括物流家协会等,了解大家在想什么,于是就慢慢理出了整个论坛的框架思路。根据话题来策划议程议题,整个流程涉及从前期策划、确定演讲人、组织招募与会代表、项目管理执行、找赞助商等方方面面。靖达国际还组织拜访其他城市的同类主题的大会调研学习,寻找大家感兴趣的、热门的演讲者,慢慢也就组成了整个大会"有血有肉"的部分。

从 2015 年靖达国际开始尝试自己经营会议,全力打造"互联网＋外贸"这一品牌会议。在操作的过程中充满各种难点,遭遇了从内容策划、数据积累、活动推广、招商赞助、行业资源、异业合作等诸多对于"来料加工"的服务商不曾有的难题。常常是解决一个问题就会出现另一个问题,可谓是困难重重。有时真的想放弃,但大家咬紧牙关,克服重重困难,终于走出了自己的一片天。

2015 年 9 月 22 日上午,2015 中国(上海)互联网＋高峰论坛在上海浦东中欧国际工商学院举行。上海市人民政府副秘书长徐逸波致开幕词,东浩兰生集团董事长王强致欢迎词。上午由三位嘉宾作演讲,分别是海关总署科技司司长陈振中作"海关总署跨境电商改革解读"主题演讲,上海出入境检验检疫局局长俞太尉作"大力推进上海口岸跨境电商发展"主题演讲,中欧国际工商学院教授朱晓明作主旨演讲。上午的小组讨论题为：在全球贸易自由化背景下的"互联网＋外贸"专场。

下午,分三个分会场进行小组讨论。分会场一,外贸企业转型与"互联网＋外贸"战略与路径。小组讨论与演讲主题为：传统外贸企业的"互联网＋外贸"的转型之路;分会场二,模式专场,小组讨论与演讲主题为：跨境电商在不同试点城市的政策、特点与模式;分会场三,物流与支付市场,小组讨论与演讲主题为:物流企业在跨境电商中的转型。

第二天,与会代表前往金桥开发区、外高桥保税区参观学习。

在积累了第一届"互联网＋外贸"高峰论坛的基础上,2016年12月14日,在上海市商务委员会、上海市宝山区人民政府的支持下,由上海进出口商会、上海东浩兰生国际服务贸易(集团)有限公司主办,上海跨境电子商务行业协会、通关网、飞马旅协办,靖达国际执行的第二届"中国(上海)互联网＋外贸高峰论坛"在沪举办。

全国政协常委、上海市人民政府参事室主任王新奎,上海市商务委员会副主任申卫华,上海出入境检验检疫局党组成员、浦江局局长谢秋慧,上海出入境检验检疫局通关处处长陈文,上海进出口商会副秘书长夏桂珍,宝山区政协主席丁大恒,宝山区人民政府副区长吕鸣,宝山区出入境检验检疫局局长周国梁,宝山海关副关长杨莹及东浩兰生集团会展集团总裁陈辉峰、东浩兰生集团贸易集团副总裁张燕出席了论坛。此外,来自宝山区委办局、街镇、园区领导以及企业负责人以及来自长三角的300余名外贸、物流、制造、园区、金融等各领域从业者参加了当天的论坛。

2016年,论坛聚焦"互联网＋外贸"这一主题,结合宝山区外贸资源,借力互联网＋外贸和跨境电商的创新与创业,为广大外贸企业、跨境平台拓宽贸易渠道、提升新的贸易增长点寻找突破口,产生广泛的积极影响。

两届"互联网＋外贸"高峰论坛的成功举办,靖达国际初步尝到了打造客户生态圈、为客户提供增值服务的甜头。

首先,随着国内会议市场总量的萎缩和模式的转变,会议服务已经不能体现出一家会展公司的实力和专业。所以从服务一家企业的会展公司,转变为自己经营会议来服务一个行业的会展公司,甚至跨行业的会展公司,这是一个质的飞跃。其次,自营会议的举办也是建立企业生态圈的最佳平台。淘宝是从一个买卖平台开始,建立起一个强大商业生态圈。在这个平台上有负责快递的菜鸟包裹,有提供金融产品的蚂蚁金服,有货款支付的支付宝,还有承担营销广告角色的阿里妈妈。这些都是因为依托了淘宝这一平台而存在的,淘宝也因为有了它们,才不断升级优化,变成今天的"钢铁侠"。跟随这个理念,"互联网＋外贸"这一论坛也是在努力打造靖达国际的一个客户生态圈。在这个生态圈里,有越来越多的企业知晓"靖达"了。当他们需要资源的时候,就开始尝试靖达国际这个渠道。比如:客户希望靖达国际引导政府资源,政府部门希望靖达国际提供知名演讲人、商业投资配对等。一方企业需要展示的机会,而另一方企业则希望参观学习。供方可以通过平台展示自己,在靖达国际的论坛上发表演讲、设立展台;需方则计划通过平台发现商机,通过论坛期间和之后的微信群发布自己的企业需求。

建立客户生态圈,靖达人发现,他们在为客户提供另一种升值的服务。为客户嫁接资源,提升整个客户体系。当成就了别人时,也就无形中成就了靖达国际的品牌形象。

四、上海知识产权国际论坛:连续承办三届获好评

2016 年 11 月 17 日,由上海市人民政府与世界知识产权组织(WIPO)共同主办的第十三届上海知识产权国际论坛在沪开幕。论坛主题是"尊重知识产权,激励创新创造"。时任上海市市长杨雄、国家知识产权局局长申长雨、WIPO 副总干事王彬颖出席论坛开幕式并致辞。WIPO 助理总干事格塔洪、上海市副市长赵雯等出席论坛开幕式。来自世界知识产权组织、国内外知识产权政府管理部门、企业界和知识产权界的 50 多个国家和地区的 300 名代表参加论坛。这是靖达国际继 2014 年、2015 年之后,第三次承接上海知识产权国际论坛,再一次交出一份令人满意的答卷。

国家知识产权局局长申长雨在致辞中简要介绍了中国知识产权领域的最新进展。他表示,上海知识产权国际论坛的举办,既对上海建设国际经济、金融、贸易、航运中心和具有全球影响力的科技创新中心产生了积极的推动作用,促进了上海亚太地区知识产权中心城市建设,也向世界展

示了中国特别是上海知识产权事业发展的新成就。他希望与会各方通过论坛形成更多共识,扩大务实合作,共同推动世界知识产权事业进步,让创新创造更多惠及各国人民。杨雄在致辞时说,知识产权是促进创新的重要引擎。近年来,上海围绕建设亚太地区知识产权中心城市的战略目标,主动探索知识产权制度创新,努力营造与国际接轨的知识产权法治环境、市场环境和文化环境,极大激发和释放了城市创新活力。上海在建设具有全球影响力的科技创新中心过程中,必须把知识产权战略贯穿始终、落实到各个环节。上海市期待与WIPO以及各国、各地区在知识产权领域开展广泛深入的交流与合作,共享经验、共谋发展。

在本次论坛的策划与执行过程中,靖达国际的工作人员再次发挥了专业、职业与敬业的品质与精神,保障了大会的圆满开幕与顺利举办。由于主办方之一——世界知识产权组织在瑞士日内瓦,靖达人克服了7个小时时差,保持每天顺畅的沟通。靖达人协助来自50多个不同国家和地区的外国嘉宾,发放邀请函,确保嘉宾顺利拿到签证,来华参加大会。两天的大会,两个不同的议题,因此每天都有不同领域的代表前来参会,靖达人协助签到,收集信息。上海市政府、国家知识产权局领导们都非常重视此次大会,百忙之中抽空前来,在大会期间还参加了两个双边会议,靖达人严格把控好时间,确保大会与会见都能顺利进行,取得双丰收。

上海靖达国际商务会展旅行有限公司

提质增效,实现旅游业可持续发展

——吉林省旅游服务贸易问题研究

　　近些年来,旅游产业是我国发展最为迅速的产业之一。国家旅游局发布的数据显示,2015年全国旅游收入超过4万亿元人民币,国内旅游突破40亿人次,出境旅游达1.2亿人次,旅游业综合贡献率占GDP总量的10.8%,旅游就业人数占总就业人数的10.2%。旅游产业在国外曾经被称作是"无烟工业",因为在旅游业开展初期,具备投资少、见效快、利润大的产业特征。随着人民生活水平提高,兼具物质和精神双重特征的旅游越来越受到青睐,仅从2015年国庆假日旅游来看,旅客出行需求呈多样化,城市休闲、乡村旅游、文化旅游、红色旅游最受欢迎,已从传统的观光型向观光休闲复合型转变。旅游业发展呈现出的新趋势、旅游消费需求不断升级。如何保护好、利用好现有优质旅游资源,进一步拓宽发展空间,丰富发展内涵和外延,优化产业结构,是旅游产业提质增效升级,实现可持续发展的必由之路。

　　贯彻落实党的十九大精神,坚持以创新、协调、绿色、开放、共享五大发展理念引领吉林振兴发展,加快推进吉林老工业基地全面转型升级是吉林省发展的主旋律。推进体制机制创新,促进产业结构优化升级,才可以提高发展质量和效益,使吉林的优势充分释放。旅游业作为综合性产业,是最能发挥吉林比较优势、吸引人气的重点领域,必将起到不可替代的作用。旅游业汇集"行、游、住、食、购、娱"于一体,对扩大投资、拉动消费意义重大。旅游业直接和间接影响着109个细分行业。旅游业可以带动多产业共同发展,能够有效推动农业、工业的转型提升,促进结构调整。

一、吉林省旅游业发展基本情况

2016 年,吉林省在推进全域旅游及供给侧改革等共同作用下,旅游市场持续活跃,旅游经济继续保持快速和高质量发展势头。据吉林省旅游局权威发布的数据显示:2016 年,全省接待旅游总人数 16 578.77 万人次,同比增长 17.32%。其中,接待入境游客 161.95 万人次,同比增长 9.35%;接待国内游客 16 416.82 万人次,同比增长 17.41%。2016 年,全省旅游总收入达到 2 897.37 亿元人民币,同比增长 25.15%。其中,外汇收入 7.91 亿美元,同比增长 9.25%,国内旅游收入 2 845.94 亿元人民币,同比增长 25.40%。2006 年—2016 年吉林省旅游业发展主要指标,如表 1~表 3 和图 1~图 4 所示。

表 1　2006 年—2016 年吉林省旅游业发展主要指标

年份	旅游总人数/万人次	旅游总收入/亿元人民币	入境旅游人数/人次	外汇收入/万美元	国内旅游人数/万人次	国内旅游收入/亿元人民币
2006	3 236.24	275.40	434 875	14 424.29	3 192.75	264.00
2007	3 757.95	350.16	543 602	17 931.42	3 703.59	336.51
2008	4 558.65	450.80	617 303	21 144.14	4 496.92	436.10
2009	5 501.08	580.69	680 528	24 293.65	5 433.03	564.10
2010	6 490.90	732.83	820 062	30 491.69	6 408.89	712.39
2011	7 641.30	929.33	993 204	38 527.75	7 541.98	904.29
2012	8 972.55	1 178.06	1 182 689	49 477.07	8 854.28	1 146.89
2013	10 369.28	1 477.08	1 273 559	57 052.70	10 241.93	1 441.64
2014	12 141.24	1 846.79	1 376 852	67 538.16	12 003.55	1 805.53
2015	14 130.90	2 315.17	1 480 994	72 413.93	13 982.80	2 269.55
2016	16 578.77	2 897.37	1 619 530	79 120.61	16 416.82	2 845.94

表 2　2016 年全省各地区旅游情况

地区	总人数/万人次	同比/%	占全省/%	排序	旅游总收入/亿元人民币	同比/%	占全省/%	排序
全省	16 578.77	17.32	/	/	2 897.37	25.15	/	/
长春	6 700.43	17.02	40.42	1	1 341.10	25.03	46.29	1
吉林	4 476.75	17.54	27.00	2	678.15	25.09	23.41	2
四平	344.10	30.25	2.08	8	49.44	28.55	1.71	8
辽源	253.02	17.08	1.53	9	39.81	25.76	1.37	9
通化	1 033.93	17.12	6.24	4	154.31	25.64	5.33	4
白山	903.76	16.77	5.45	5	126.22	25.35	4.36	5
松原	634.93	16.69	3.83	6	113.12	25.44	3.90	6
白城	371.31	16.25	2.24	7	60.26	25.13	2.08	7
延边	1 860.54	16.60	11.22	3	334.95	24.78	11.56	3
长白山管委会	355.00	13.40	2.14		32.80	10.20	1.13	

表 3　2016 年全省各地区国内旅游情况

地区	人数/万人次	同比/%	占全省/%	排序	国内旅游收入/亿元人民币	同比/%	占全省/%	排序
吉林省	16 416.82	17.41			2 845.94	25.40		
长春	6 655.22	17.11	40.54	1	1 318.74	25.29	46.34	1
吉林	4 465.43	17.57	27.20	2	675.39	25.18	23.73	2
四平	343.54	30.28	2.09	8	49.34	28.56	1.73	8
辽源	252.82	17.01	1.54	9	39.76	25.64	1.40	9
通化	1 009.85	17.03	6.15	4	150.88	25.65	5.30	4
白山	898.75	16.85	5.47	5	124.77	25.58	4.38	5
松原	632.37	16.75	3.85	6	112.27	25.61	3.94	6
白城	369.80	16.32	2.25	7	59.95	25.18	2.11	7
延边	1 789.04	16.91	10.90	3	314.84	25.57	11.06	3
长白山管委会	336.20	13.50	2.05		28.91	10.00	1.02	

（万人次）

17 800
16 800　　　　　　　　　　　　　　　　　　　　　16 578.77
15 800
14 800　　　　　　　　　　　　　　　　14 130.90
13 800
12 800　　　　　　　　　　　　12 141.24
11 800
10 800　　　　　　　　10 369.28
9 800　　　　　　8 972.55
8 800
7 800　　　7 641.30
6 800　6 490.90
5 800　5 501.08
4 800　4 558.65
3 800　3 757.95
2 800　3 236.24
1 800

2006　2007　2008　2009　2010　2011　2012　2013　2014　2015　2016　(年份)

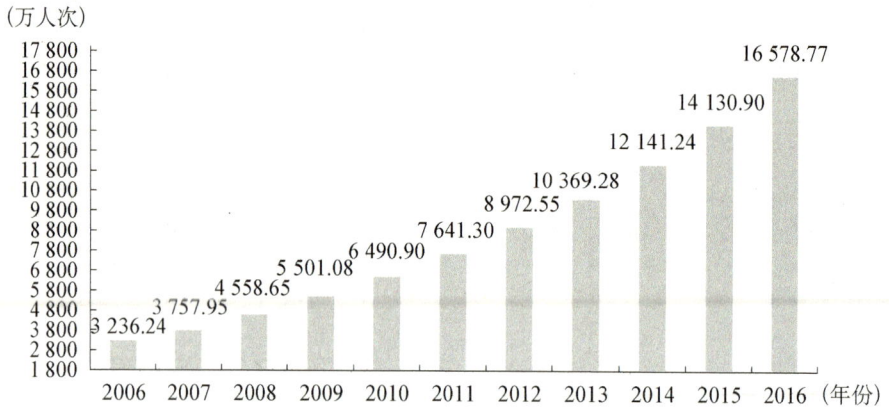

图 1　2006 年—2016 年吉林省旅游总人数

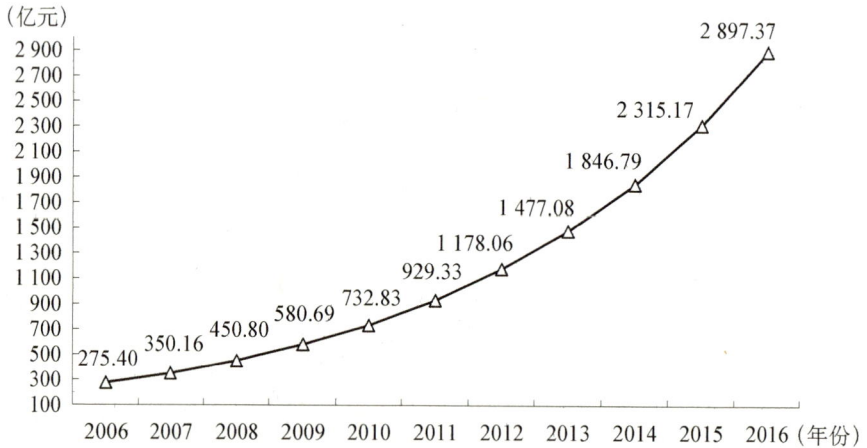

（亿元）

2 900　　　　　　　　　　　　　　　　　　　　　2 897.37
2 700
2 500
2 300　　　　　　　　　　　　　　　　2 315.17
2 100
1 900　　　　　　　　　　　　1 846.79
1 700
1 500　　　　　　　　　1 477.08
1 300　　　　　　1 178.06
1 100　　　　929.33
900　　732.83
700　580.69
500　350.16　450.80
300　275.40
100

2006　2007　2008　2009　2010　2011　2012　2013　2014　2015　2016　(年份)

图 2　2006 年—2016 年吉林省旅游总收入

（万人次）

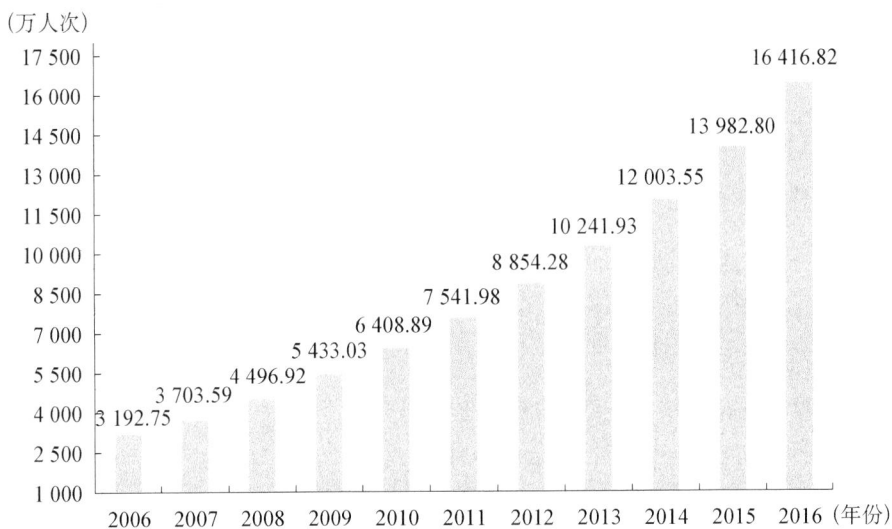

图3　2006年—2016年吉林省国内旅游人数

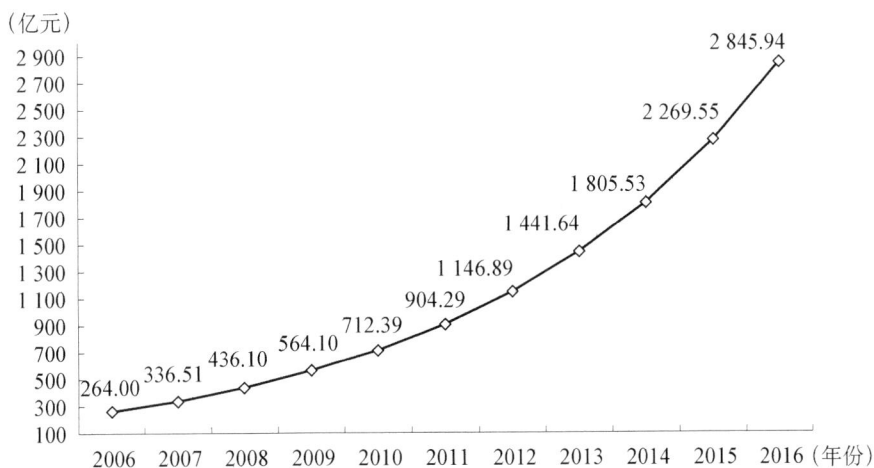

图4　2006年—2016年吉林省国内旅游收入

1. 旅游方式分析

2016 年,旅游产业体系不断升级完善,发展旅游业的氛围浓厚,全域旅游各具特色,发展迅猛。丰富多彩的旅游活动和特色的冬季冰雪旅游,吸引了大量来自域外及区域周边游客。在短线游、自助自驾游、乡村游、民俗游、边境游、休闲游、康体健身游及众多节庆活动等共同作用下,旅游供给与需求契合度不断提升,国内旅游市场得到持续快速健康发展。接待国内游客 16 416.82 万人次,同比增长 17.41%,占游客总数的 99.02%;实现国内旅游收入 2 845.94 亿元人民币,同比增长 25.40%,占旅游总收入的 98.22%。

全年游客当中,乡村游游客数量约占 14.78%,人数约为 2 427.01 万人,收入约为 123.74 万元,日均消费约为 509.83 元/人。

游客选择的主要出行方式为自驾游、个人旅行和家庭或与亲友结伴,三者占比共为 67.8%。出行目的为休闲度假、观光旅游、探亲访友和商务,占比分别为 23.3%、21.7%、18.3% 和 17.5%。

国内游客年龄主要为 25 岁～44 岁,占比为 61.05%。从职业状态看,企事业单位人员相对较多,占比为 32.82%,其次是专业/文教科技人员,占比为 17.36%。

2. 旅游客源分析

2016 年,全省接待的国内旅游者中,本省客源为 6 087.36 万人次,占 37.08%;外省客源为 10 329.46 万人次,占 62.92%。外地客源中以辽宁、黑龙江、北京和广东游客居多,分别占游客总数的 13.16%、7.06%、5.36% 和 3.91%。2016 年客源地市场构成,如表 4 所示。

表 4　2016 年客源地市场构成

客源地	吉林省	长春	吉林	四平	辽源	通化	白山	松原	白城	延边
北京	5.36%	5.35%	5.91%	3.91%	3.83%	5.94%	5.92%	2.19%	2.02%	5.71%
天津	2.37%	1.82%	2.09%	1.80%	1.77%	4.34%	2.61%	2.72%	1.25%	4.17%
河北	2.68%	3.47%	3.01%	2.34%	2.29%	0.64%	1.66%	3.94%	0.95%	0.62%

（续表）

客源地	吉林省	长春	吉林	四平	辽源	通化	白山	松原	白城	延边
山西	1.46%	2.18%	1.76%	0.20%	0.20%	0.38%	0.31%	0.21%	0.16%	0.36%
内蒙古	2.31%	3.10%	2.67%	3.14%	3.08%	0.66%	1.27%	0.66%	0.52%	0.64%
辽宁	13.16%	15.31%	10.39%	14.19%	13.91%	11.39%	15.06%	9.74%	9.19%	13.87%
吉林	37.08%	25.83%	39.25%	55.95%	56.83%	44.42%	53.85%	60.82%	55.55%	42.68%
黑龙江	7.06%	7.89%	5.37%	5.82%	5.71%	7.02%	4.79%	5.67%	19.16%	7.74%
上海	1.97%	2.10%	2.07%	1.28%	1.26%	2.10%	1.15%	1.33%	1.88%	2.02%
江苏	1.97%	2.14%	1.35%	0.91%	0.90%	2.99%	2.11%	1.23%	1.73%	2.87%
浙江	1.86%	1.72%	1.54%	0.67%	0.66%	3.07%	2.20%	1.28%	1.81%	2.95%
安徽	0.90%	1.51%	0.84%	0.15%	0.15%	0.13%	0.19%	0.26%	0.45%	0.12%
福建	1.22%	1.55%	0.82%	0.93%	0.91%	0.32%	3.04%	1.64%	2.06%	0.31%
江西	1.02%	1.45%	1.41%	0.49%	0.48%	0.18%	0.18%	0.17%	0.12%	0.07%
山东	3.12%	3.26%	2.35%	2.89%	2.83%	4.19%	4.47%	1.81%	2.00%	4.02%
河南	1.58%	1.85%	1.85%	0.87%	0.85%	1.53%	0.14%	0.77%	0.14%	1.47%
湖北	1.42%	1.57%	1.97%	0.36%	0.35%	1.18%	0.11%	0.61%	0.11%	1.13%
湖南	1.08%	1.45%	1.04%	0.60%	0.59%	0.97%	0.09%	0.47%	0.08%	0.93%
广东	3.91%	4.88%	3.07%	2.07%	2.03%	5.23%	0.51%	2.75%	0.51%	5.03%
广西	1.07%	1.38%	1.24%	0.37%	0.37%	0.81%	0.08%	0.41%	0.07%	0.78%
海南	0.75%	0.95%	1.19%	0.07%	0.07%	0.21%	0.02%	0.11%	0.02%	0.20%
重庆	0.76%	1.02%	1.27%	0.02%	0.02%	0.00%	0.00%	0.00%	0.00%	0.00%
四川	1.22%	1.69%	0.98%	0.38%	0.37%	1.29%	0.12%	0.67%	0.12%	1.24%
贵州	0.80%	1.08%	1.29%	0.03%	0.03%	0.08%	0.01%	0.04%	0.01%	0.08%
云南	0.64%	0.87%	0.98%	0.03%	0.03%	0.10%	0.01%	0.05%	0.01%	0.10%
西藏	0.16%	0.05%	0.51%	0.00%	0.00%	0.00%	0.00%	0.00%	0.00%	0.00%
陕西	0.70%	1.03%	0.80%	0.17%	0.17%	0.31%	0.03%	0.17%	0.03%	0.30%
甘肃	0.62%	0.96%	0.70%	0.05%	0.05%	0.20%	0.02%	0.11%	0.02%	0.19%
青海	0.66%	0.88%	0.92%	0.14%	0.13%	0.23%	0.01%	0.06%	0.01%	0.22%
宁夏	0.54%	0.87%	0.60%	0.13%	0.13%	0.11%	0.01%	0.05%	0.01%	0.11%
新疆	0.55%	0.78%	0.78%	0.02%	0.02%	0.08%	0.01%	0.05%	0.01%	0.08%

3. 旅游设施建设

"十二五"时期,加大旅游项目配套建设,打造绿色产业。先后对北大壶运动员村、万锦大酒店、人民广场、童话酒店、圣德泉亲水度假花园、紫光苑酒店、朱雀山旅游、龙潭山遗址公园、北大壶五星级酒店、万科松花湖国际旅游度假区、东福神农庄园、松花湖游乐园等 27 个重点旅游建设项目进行建设。

据统计,2016 年全省在建旅游项目 248 个,其中新建项目 81 个,续建项目 167 个;亿元以下项目 71 个、1～5 亿元项目 106 个、5～10 亿元项目 12 个、10～50 亿项目 48 个、50 亿以上项目 11 个。项目总投资 2 776.95 亿元,完成投资 347.5 亿元。

2016 年,全省国家 A 级旅游景区共计 243 家。其中,5A 级旅游景区 5 家、4A 级旅游景区 63 家、3A 级旅游景区 91 家、2A 级旅游景区 69 家、1A 级旅游景区 15 家。新评国家 A 级旅游景区 15 家,其中,4A 级旅游景区 1 家、3A 级旅游景区 4 家、2A 级旅游景区 9 家、1A 级旅游景区 1 家;晋级国家 A 级旅游景区 4 家,其中,4A 级旅游景区 2 家、3A 级旅游景区 2 家。

截至 2016 年年底,全省共有星级饭店 193 家,其中五星级 5 家,四星级 45 家,三星级 102 家,二星级 41 家。

2016 年底,全省旅行社总数 1 036 家。其中,经营境内、入境、出境旅游业务的旅行社 125 家,经营境内、入境旅游业务的旅行社 608 家,旅行社分社 303 家。

旅游产品初步形成系列。围绕吉林省特有的冰雪、雾凇、森林、草原、湿地、火山地貌、少数民族风情等资源禀赋做文章,推出了长白风光、伪满史迹、雪山温泉、雾凇奇观、冬季狩猎、天然滑雪、边疆风情等消夏避暑、冰雪体验等旅游精品项目和精品线路,受到游客们的青睐和认可。近些年,省、市、县旅游部门瞄准消费者需求联动培育和开发了新的旅游产品和新业态,健全旅游产品结构,生态旅游产品体系、冰雪旅游产品体系、边境旅游产品体系、民俗旅游产品体系、乡村旅游产品体系、工业旅游产品体系初步形成，为全省旅游产业发展注入新活力。

二、吉林省旅游服务贸易基本情况

近年来，吉林旅游境外影响力不断增强，入境旅游需求不断增加，旅游外汇收入稳定增长，入境旅游市场继续保持平稳发展势头。

2016 年，全省接待入境游客 161.95 万人次，同比增长 9.35％。其中，外国人 142.17 万人次，同比增长 10.03％，占全省接待入境游客的 87.79％；外汇收入 7.91 亿美元，同比增长 9.25％。中国港澳同胞 11.17 万人次，同比增长 5.68％，占全省接待入境游客的 6.90％。中国台湾同胞 8.61 万人次，同比增长 3.41％，占全省接待入境游客的 5.31％。2006 年—2016 年入境旅游发展情况，如图 5～图 6 和表 5～表 6 所示。

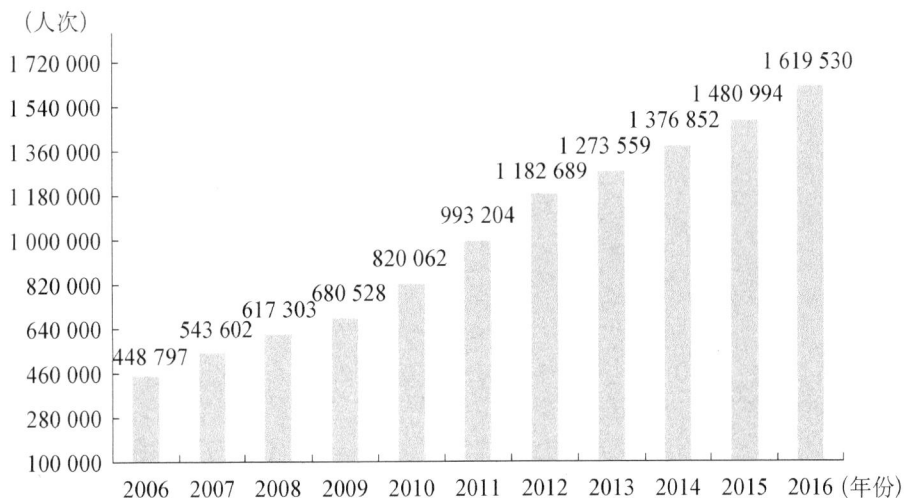

图 5　2006 年—2016 年入境旅游人数

（万美元）

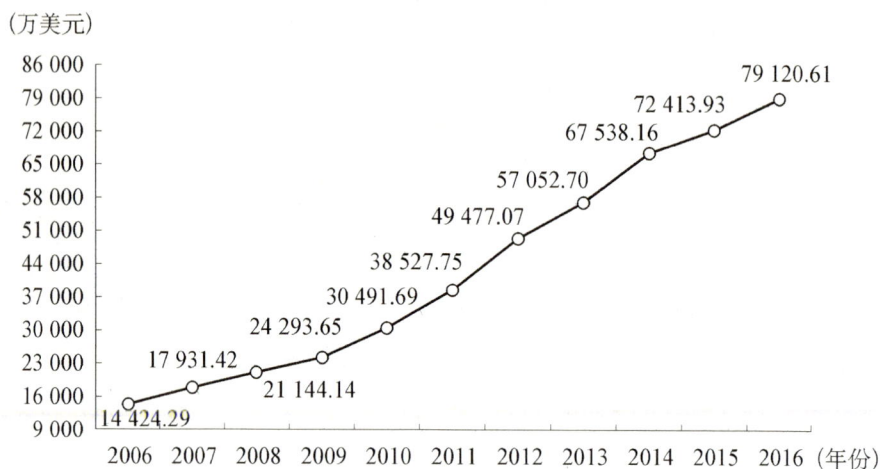

图 6　2006 年—2016 年旅游外汇收入

表 5　2016 年全省入境旅游情况

地区	人数/人次	同比/%	占全省/%	排序	旅游外汇收入/万美元	同比/%	占全省/%	排序
全省	1 619 530	9.35	/	/	79 120.61	9.26	/	/
长春	452 100	5.00	27.92	2	34 398.21	8.00	43.48	1
吉林	113 215	8.33	6.99	4	4 245.25	2.13	5.37	4
四平	5 626	16.29	0.35	8	160.79	18.00	0.20	8
辽源	1 970	436.78	0.12	9	76.58	428.14	0.10	9
通化	240 812	21.00	14.87	3	5 275.33	21.09	6.67	3
白山	50 027	4.13	3.09	5	2 228.06	4.98	2.82	5
松原	25 600	3.23	1.58	6	1 309.37	3.10	1.65	6
白城	15 180	0.71	0.94	7	481.17	12.26	0.61	7
延边	715 000	9.37	44.15	1	30 945.85	10.21	39.11	2
长白山管委会	188 000	11.24	11.61		6 179.69	11.80	7.81	

表6 2016年入境游客构成

	接待人数/万人次	同比增长/%	占有份额/%
外国人	142.17	10.03	87.79
中国港澳同胞	11.17	5.68	6.90
中国台湾同胞	8.61	3.41	5.31

2016年，全省接待的入境旅游者按各大洲分布状况：亚洲135.88万人次，同比增长8.97%，占全年接待入境旅游者的83.90%；欧洲20.20万人次，同比增长10.65%，占全年接待入境旅游者的12.47%；美洲3.99万人次，同比增长16.59%，占全年接待入境旅游者的2.46%；非洲0.81万人次，同比增长9.50%，占全年接待入境旅游者的0.50%；大洋洲0.82万人次，同比增长6.96%，占全年接待入境旅游者的0.50%（见表7）。

表7 2016年客源市场区域构成

	接待人数（万人次）	同比增长/%	占有份额/%
亚洲	135.88	8.97	83.90
欧洲	20.20	10.65	12.47
美洲	3.99	16.59	2.46
非洲	0.81	9.50	0.50
大洋洲	0.82	6.96	0.50

2016年吉林省入境旅游客源国（地区）排名依次为韩国、俄罗斯、中国港澳地区、中国台湾地区、德国、日本、新加坡、美国、澳大利亚、法国等。韩国85.31万人次，所占份额52.67%；俄罗斯28.80万人次，所占份额17.78%；中国港澳同胞11.17万人次，所占份额6.90%；中国台湾同胞8.61万人次，所占份额5.32%；德国6.20万人次，所占份额3.83%；日本5.54万人次，所占份额3.42%；新加坡4.97万人次，所占份额3.07%；美国1.81万人次，所占份额1.12%；澳大利亚1.40万人次，所占份额0.87%；法国1.28万人次，所占份额0.79%。

三、发展吉林省旅游服务贸易存在的问题

吉林省旅游产业整体实力进一步提升，旅游服务贸易持续发展，但发展的态势和步伐还与吉林省拥有的丰富旅游资源不相称，仍存在一些问题。

（一）产业结构和产品结构不够合理

目前，吉林省旅游产业结构较为单一，产业规模小，旅游产品供给不足和结构性矛盾依然突出，产品组合不佳，亮点多、热线少。受季节影响明显，旅游业四季发展尚不均衡，春、夏、秋、冬营收差距较大。旅游景区较为分散，空间距离过大，旅游线路模糊，尚未形成一条顺畅完整的旅游专线。吉林省尽管旅游资源丰富，资源品质在某些方面处于国内之首，丰富的冰雪资源具有非凡价值，但开发粗放，内容较为单调，旅游产品存在同质化、低端化现象，与相关产业融合不够，产业链条短，没有形成明显优势和品牌，影响了鲜明的旅游形象打造，影响了旅游资源的认可度、知名度和美誉度。

（二）旅游资源的文化内涵挖掘不够

一些地方和部门观念陈旧，缺乏创新，对当下游客观赏需求变化了解掌握不够，对旅游吸引物存在替代现象的认识不够，对创新理论的研究不够，重自然景观建设、轻文化内涵的开发，把发展重点仅放在对自然旅游资源的传统开发上，单纯追求门票经济，设计制作的旅游产品和商品功能单一，缺少文化内涵深层次挖掘和创意，缺乏对地域文化特色的整体表达，缺少文化品位高、生命力强、吸引力强的"拳头"旅游产品，致使旅游活动要素缺失，社会效益和经济效益不高。

（三）管理水平不够高，设施不够完善

旅游企业整体规模偏小，竞争力不强，缺乏带动作用强的龙头企业，旅行社以中小型居多，大多规模小、布局不够合理、经营分散。全省旅游企业集约化水平不高，在国际国内市场中没有竞争力。旅游服务设施建

设不配套、滞后,有些景区旅游产品与公示语翻译不规范;旅游道路标识牌存在严重缺失;旅游商品购物网点覆盖密度不高。

(四)旅游服务急需改进加强

服务质量不高,不能满足不同层次的旅客消费需求。以吉林省莫莫格自然保护区为例,莫莫格自然保护区为国家级 AAAA 级景区、国家级自然保护区。位于吉林省白城市西北、镇赉县东部 33 公里处。该保护区自然旅游资源丰富,但是管理水平、服务水平很落后,保护区内缺乏基本服务,配套服务设施十分缺乏,管理混乱,严重影响旅游业的发展壮大。其他旅游景点,或多或少也存在上述情况。

(五)专业的旅游人才较少

随着吉林省旅游经济的发展,对旅游从业人员素质的要求也越来越高。目前,吉林省旅游市场人才需求量大,尤其缺乏高素质、高水平的服务及管理人才。旅游规划人才、营销、导游人才等供给不足,新业态旅游人才培养较慢,影响了吉林省旅游产业竞争力的提升。旅游人才培养滞后、旅游人才培养与旅游市场人才需求结合不紧密已成为吉林省旅游产业发展中亟待解决的现实问题。

(六)旅游产业宣传不到位

吉林省旅游资源非常丰富,尤其是长白山景区风光旖旎,变幻莫测,自然资源、生态资源得天独厚。但是这样的好地方,却有很多人不知道。一次去福建、广东省出差,问当地人是否知道长白山,很多人都说不知道。这说明,我们的宣传很不到位。而甘肃省围绕"精品丝路、多彩甘肃"的整体旅游品牌形象,巩固和建立了一些稳定、可持续的宣传阵地。重点选择央视一套、《中国旅游报》《读者》、甘肃卫视、《甘肃日报》、中国香港地铁站,以及北京、上海、大连火车站、机场媒体等国内知名媒体和平台,集中投放甘肃旅游整体形象宣传,收到了较好的社会反响。我们吉林省也要积极进行宣传,提高知名度,方便后续工作开展。

四、发展吉林省旅游服务贸易的对策建议

（一）加强宣传工作，开展吉林省旅游境外形象推广

一是抓好内部宣传。把对上级领导对同级相关部门、行业上下的宣传，把工作的声音、业务的声音、专业的声音，向旅游工作相关方面进行传播。除了利用媒体正规宣传以外，更重要的是要利用好对内工作的渠道，比如简报、信息、内参等等。二是抓好新闻宣传。利用好各种传播渠道，把旅游业传播出去，覆盖人群包括业内外人士。做好新闻宣传，不仅要有报、有网、有台，还应该遵循新闻传播的规律，有统筹的机构、专业的队伍、工作的协调和服务的保障。三是利用互联网媒体平台开展旅游营销推广。通过脸书等社交媒体以及雅虎搜索引擎等网络媒介，面向世界各地游客推广吉林旅游。凭借互联网平台受众面广、传播率高的优势，将吉林旅游资源、产品、信息向公众进行精准传播，实现事半功倍的宣传效果。

（二）精心组织重大旅游活动

一是针对东北亚国家举办吉林旅游交流推广活动，对吉林省医疗养生、休闲度假、购物娱乐等产品进行推介，并与相关国家旅游业界就加强旅游交流合作、实现客源互送与航线良性运营等事宜进行对接交流。二是针对东南亚国家开展吉林冬季冰雪旅游推广交流活动。通过形象展示、产品推介、业务对接等多种方式，提高东南亚旅游业界对吉林旅游的认知度。三是针对世界其他国家与地区推介吉林省旅游资源，吸引世界各地游客来访。

（三）通过各类旅游展，深入开展旅游推广活动

一是组织参加境外主要客源市场的旅游展览和交易会。巩固传统市场，拓展新兴市场。二是组织参加在国内举办的国际旅游展，即中国国际旅游交易会、中国国际旅游商品博览会、北京国际旅游博览会、中国（深圳）国际旅游博览会等。

(四)举办、参与大型国际会议,加强区域旅游交流合作

一是参加大图们倡议旅游委员会会议,代表中国就开发中俄蒙、中俄朝多目的地旅游产品,开发中蒙、中俄自驾游新业态旅游产品等事宜进行交流。二是在珲春举办"大图们倡议"东北亚旅游论坛。三是参加东北亚区域旅游合作会议,多措并举,持续发挥吉林省在区域旅游合作中的主导作用。

(五)主动对接,扩大对外交流合作渠道

与各国和地区驻我国使领馆进行沟通合作,可与美国驻沈阳领馆、法国驻沈阳领馆、中国台湾观光局驻北京办事处、中国香港旅游发展局、俄罗斯滨海边疆区国际合作旅游厅以及境外旅游企业、新闻媒体等开展对接交流活动,就推动赴美、赴欧旅游签证便利化,挖掘吉林省出境旅游市场,加强周边区域旅游交流合作等事宜进行合作。

(六)积极开发旅游商品

吉林省旅游资源丰富,特色产品很多,如何更好地开发这些产品,并形成出口商品,是一项十分重要的工作。吉林省的旅游商品如人参、木耳、鹿产品、旅游工艺品、旅游纪念品、保健品、松花石工艺品、旅游食品、民族民俗商品及土特产品等,这些体现吉林省特色的绿色旅游生态产品必将推动吉林省旅游服务贸易发展。

(七)发展特色旅游

一是冰雪旅游。2016年9月强力出台《关于做大做强冰雪产业的实施意见》(吉发〔2016〕29号,由吉林省旅游局代省委、省政府起草),吉林省成为全国首个系统围绕冰雪产业发展而出台文件的省份,开创全国先河。凸显集聚效应,壮大冰雪关联产业。着力扩大商贸服务,促进冰雪经济繁荣。突出冬季特色购物,做精特色美食,做优住宿服务。打造智慧冰雪体系,助力产业转型升级。以科技创新推动产业深度融合与"智慧冰雪"发展,建立贯穿冰雪产业全要素、全链条的智慧技术应用和管理体系。着力发展冰雪装备制造,谋求产业领域突破。多元立体助推,增强冰雪产

业支撑。通过加强冰雪教育培训、构建冰雪人才体系、强化冰雪产业研发、构建冰雪品牌体系、加强产业政策支持等举措,全面优化冰雪产业发展环境。

二是大力发展乡村旅游。贯彻实施新出台的两个地方《标准》,启动乡村旅游示范单位创建工作。依据吉林省《乡村旅游示范单位评价》和《乡村旅馆(农家乐)旅游服务质量等级评定》地方标准,根据各地申报,开展星级乡村旅游示范单位(示范县、示范镇、示范村)、乡村旅馆(农家乐)创建评定工作。

三是图们江旅游。积极开发图们江区域游览项目,加强中国与朝鲜,中国与蒙古,中国与俄罗斯跨境旅游合作项目。开通长春至符拉迪沃斯托克中俄跨境旅游巴士直通车;开发中朝图们江水陆一日游项目,推动开通长春经阿尔山至蒙古东方省的自驾游线路。

(八)培育旅游服务贸易主体

培育一批能够接待境外大型旅游团队的国际化旅游企业。支持吉林省的旅游文化出口重点企业做大做强。对旅游商品企业在资金、研发经费、进出口关税等方面给予支持。如,长白山吉祥物文化传媒中心、长春紫玉木兰工艺有限公司、松原前郭县鼎润文化发展有限公司、延吉仁德贸易有限公司、延边州英子刀画工艺品公司等企业在研发资金上给予扶持。

(九)大力培养旅游产业人才

旅游人才是旅游产业健康快速发展的决定因素。现代旅游业竞争的高级形式是人才的竞争,培养造就一支德才兼备的旅游公务员队伍、智勇双全的旅游企业家队伍和爱岗敬业的旅游员工队伍是建设旅游强省的前提条件之一,也是提高吉林省旅游核心竞争力的基本要素之一。因此,抓好人才,建好队伍,既是旅游行业贯彻科学、协调、绿色发展的本质要求,也是提升旅游行业素质的决定因素。

培养的各类旅游人才面向旅行社、旅游景区管理处、各类展览馆、旅游饭店等旅游企事业单位,从事导游和基层管理工作。也可以担任旅行社业务员、接待员、计划调度员、导游、领队;酒店客房预订员、总台接待员、问讯员、外币兑换与收银员、机场车站代表、商务中心服务员、电话接线员、客房服务中心联络员、餐务管理员、饭店大堂副理、客户关系主任、营销代表；展览馆解说员、接待员；景区管理人员、景点导游、景点讲解员等岗位的工作。而努力培养高等应用型旅游管理专业人才，是当前发展吉林省旅游服务贸易的当务之急。

吉林省对外贸易发展中心 赵中辉

大旅游　大产业　大市场

——《上海市旅游业改革发展"十三五"规划》介绍

日前,上海市人民政府办公厅印发《上海市旅游业改革发展"十三五"规划》(以下简称"规划")。

一、规划的主要内容

一是明确今后五年上海旅游业发展目标。"十三五"期间,上海旅游业将坚持"改革创新、融合发展、提升能级"发展新要求,以"全球影响、文化引领、全域发展、优化供给、惠民利民"为发展主线,打造具有全球吸引力的旅游产品体系、具有全球竞争力的旅游产业体系、具有全球配置力的旅游市场体系,建成具有全球影响力的世界著名旅游城市。至2020年,旅游业总收入达约5 000亿元,年均增长约8%;国内旅游人数达约3.6亿人次,年均增长约5%,入境游客人数达约900万人次,年均增长约2%,出境旅游人数逐年增长。形成一批具有上海特色、国际吸引力和全球竞争力的旅游目的地、旅游企业,培育一批具有世界影响力的旅游组织,创建一批富有上海都市特色的生态旅游功能区,打造一批世界级的旅游项目和产品。

二是深化旅游与相关产业融合发展。推进城旅一体、产城融合,加快全域旅游发展,进一步优化布局、完善功能、提升能级,加快产业转型升级,注重产业融合共享。将旅游发展作为城市发展的硬实力,通过联动挖潜、空间融合,深化城旅一体融合发展,更好地推进旅游业与历史风貌系统、绿化生态系统、商业设施系统、文化设施系统、体育设施系统、城市交通系统等相关城市资源的相融共赢。此外,进一步深化旅游业与商务、文化、体育、工业、农业、科技、卫生、金融、交通、气象和会展等产业融合发展,进一步创新产品、丰富业态。

三是构建"三圈三带一岛"空间布局。在中心城区,主要是挖掘资源、强化整合,以开放式景区建设为抓手,推动商旅文的融合发展,培育更多的都市观光、都市休闲、都市度假产品,进一步丰富和夯实都市旅游核心圈功能区;在郊区,主要是结合新型城镇化和美丽乡村建设,进一步强化乡村旅游发展,积极引进项目、做大增量、夯实空间,为市民游客休闲度假提供更多产品;在滨海临江区域,主要是充分利用好水上资源,大力发展邮轮、游艇、游船等新兴业态。同时,积极服务"一带一路"国家倡议、长江经济带建设和长三角国家战略,更好地发挥在推进区域旅游发展上的作用,提升对区域旅游资源的配置和产业发展的带动能力。

四是大力推进旅游重点区域和新兴业态发展。进一步深入推进"两个度假区"建设,充分发挥迪士尼等旅游项目的辐射和带动效能,提升城市旅游整体吸引力;积极引入大型旅游项目、大型国际赛事或展会,探索建设原创旅游项目,打造高能级旅游产品。加大政策扶持力度,加快推进水上旅游、邮轮旅游、房车旅游、医疗旅游、老年旅游、会展旅游、研学旅行等旅游新业态发展;积极规范和开发乡村休闲度假类乡村旅游产品,推进乡村旅游发展向休闲度假型模式转变。

五是建设完善旅游公共服务体系。以"智慧旅游"为导向,加快旅游信息系统建设,完善城市旅游信息服务功能;针对散客市场新特点,增加各类人性化服务配套设施;完善旅游大交通系统,推进轨道交通、公共交通线路及站点设置与重点旅游项目和景区点的衔接,以慢行交通、有轨电车、观光巴士为主,在重点旅游区域,建设区域旅游交通系统。

　　六是强化旅游发展政策机制保障。依托上海自贸区平台,着眼充分发挥市场在资源配置中的决定性作用,探索"放宽市场准入和强化事中、事后监管"的办法与措施。增强与国家产业政策之间的综合配套和协调,增强地方主导产业政策,完善旅游产业管理体制机制。在管理政策上,主要是进一步探索完善旅游建设发展机制、建立旅游综合执法机制、落实带薪休假制度。在扶持政策上,主要是探索建立相应财税扶持政策、土地保障政策、旅游规划体系等。

　　规划提出培育都市现代旅游产业体系,着眼"大旅游、大产业、大市场"建设发展,依托"旅游＋"和"互联网＋"双轮驱动,全面推动旅游业提质增效、做大做强。全面推进旅游与相关产业融合的"旅游＋文化""旅游＋商业""旅游＋农业""旅游＋工业""旅游＋体育""旅游＋交通""旅游＋生态",促进邮轮旅游、会展旅游等旅游新业态的发展。同时,积极推进旅游与医疗卫生、教育科研等的融合创新,推进打造中医药旅游产品、老年旅游产品、研学旅游产品等,进一步丰富都市旅游业态,探索培育上海旅游业发展新亮点。

　　规划明确,构建房车旅游综合服务体系,健全房车相关行业标准体系,完善城市房车营地相关配套设施。探索推进房车旅游发展,合理布局,积极推进房车露营地和房车线路的规划建设。

二、规划编制的总体思路

　　一是突出改革发展核心。规划牢固树立"创新、协调、绿色、开放、共享"的发展理念,"融合、创新、提升"的发展方针,适应和引领经济发展新常态,加快转变旅游发展方式,着力推进旅游供给侧结构性改革,提出到2020年将上海建成具有全球影响力的世界著名旅游城市。

　　二是突出市场发展需求。规划对接了世界旅游业发展重心逐渐东移的趋势,以旅游三大市场均衡发展为目标,突出旅游消费升级和大众化旅游发展,推动旅游产品向观光、休闲、度假并重转变;突出传承文化、持续发展内涵,推动旅游开发向集约节约、保护生态转变;突出标准化管理、个性化服务原则,推动旅游服务向优质高效转变,全面提升依法兴旅、依法治旅水平。

三是突出规划之间的衔接。认真落实《旅游法》要求,将旅游业发展纳入上海国民经济和社会发展总体规划来思考、来谋划,并注意旅游发展规划与土地利用总体规划、城乡规划、环境保护规划、自然资源和人文资源保护利用规划的衔接。

四是突出发展空间布局。深化"一圈四区三带一岛"空间布局,在进一步推进旅游业与相关产业融合发展的同时,划分中心城区、郊区县和滨海临江等三类区域,分类指导、推进空间融合,实现旅游业从强调以数量为主的"点"状发展,向更加突出融合效能的"块"状发展转变。

据 2017 年 1 月 9 日召开的 2017 年上海市旅游工作会议透露,2017年上海市全年接待海内外游客将达 3 亿人次以上,其中接待国内游人数预计同比增长 4%,接待入境旅游人数同比增长约 2%。预计全年旅游收入达 4 126 亿元,较去年同比增长 8%。与此同时,《上海市旅游业改革发展"十三五"规划》也被详细解读。

上海市旅游局局长杨劲松在总结回顾 2016 年上海市旅游业发展情况时表示,2016 年上海市旅游总收入达 3 820 亿元,实现了 9% 的同比增长;入境游客和国内游客接待量均同比上升。除此之外,2016 年上海市接待国内游客和入境游客的增长幅度均超出预期,星级饭店的客房平均出租率和平均房价实现了同步增长,为"十三五"规划平稳起步实现了良好的开局。

会议明确表明,2017 年在全年接待入境游客 865 万人次、国内游客 3亿人次、旅游外汇收入 63.8 亿美元的预期目标下,还将进一步聚焦以下几项工作:突出重点区域、重点项目,积极推进黄浦江游览水陆联动,加快推进上海国际旅游度假区、佘山国家旅游度假区、中国邮轮旅游发展实验区等重点旅游功能区建设等。此外,上海还将坚持市场开拓,持续提升旅游品牌的影响力；积极组织和参与"一带一路"、长江经济带、长三角区域等旅游宣传，开展"中澳旅游年"相关活动，充分发挥上海旅游形象大使和会议大使的作用，提升上海都市旅游整体形象，并不断提升旅游公共服务品质。

《中国贸易报》　何秀芳　刘宇

直击中国高端旅游

一、中国高端旅游者的生活和旅游方式

此次调研的被访者为中国高端旅游者,他们的平均年龄为42岁,其中男性占比41%,人均财富近2 200万元,主要的财富来源是投资回报(49%)、工资(37%)和企业所有权(21%)。高端旅游者中,已婚人群占比70%,其中50%有一个孩子,27%有两个孩子。

平均在国外工作或学习过1.4年。中国高端旅游者比起2015年在旅游消费上更加热衷,他们家庭年旅游消费平均38万元,其中购物消费平均22万元,对比2015年的14万元增幅达到57%。

此次被调研的334位中国高端旅游者平均去过18个国家,过去一年平均出国3.3次,平均旅游天数为27天,其中旅游占比69%。对比两年前的数据,高端旅游者出国旅游天数下降,但是旅游比例上升了5%,显示旅游在中国高端旅游者的出国行程中依旧占据着重要的地位。

1. 中国高端旅游者的出国旅游目的地

目的地的选择上,欧洲和东南亚游明显受到中国高端旅游者的青睐,是最主要的旅游目的地,分别占比为45%和44%。欧洲作为老牌旅游目的地因其异域特色的文化和自然风貌继续吸引着中国高端旅游者。

东南亚在短短2年内成功超越美洲成为中国高端旅游者的新宠,东南亚的吸引力在80后年轻一代的中国高端旅游者中更加显著,从2015年第四一跃变成了今年最受欢迎的出国旅游目的地,涨幅达到了惊人的34%。

东南亚诸国依靠其得天独厚的地理位置和气候优势招揽一波又一波中国高端旅游者去其星罗棋布的海洋小岛上观光旅游。

过去一年出国旅游目的地旅游者的年龄段,如图1～图2所示。

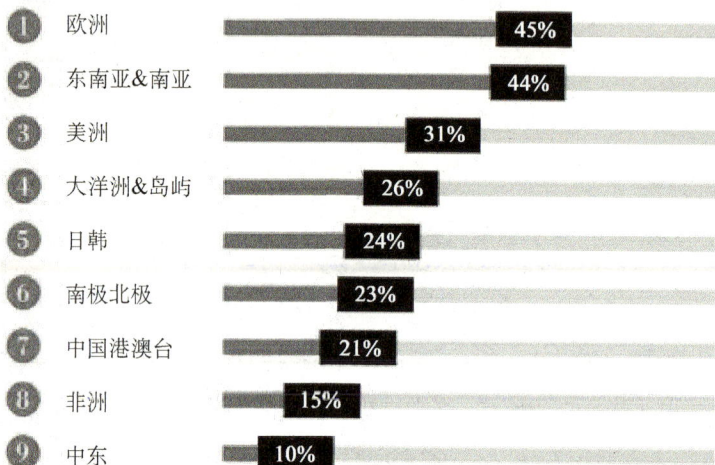

1 欧洲 **45%**
2 东南亚&南亚 **44%**
3 美洲 **31%**
4 大洋洲&岛屿 **26%**
5 日韩 **24%**
6 南极北极 **23%**
7 中国港澳台 **21%**
8 非洲 **15%**
9 中东 **10%**

图1 过去一年出国旅游目的地-所有年龄段旅游者

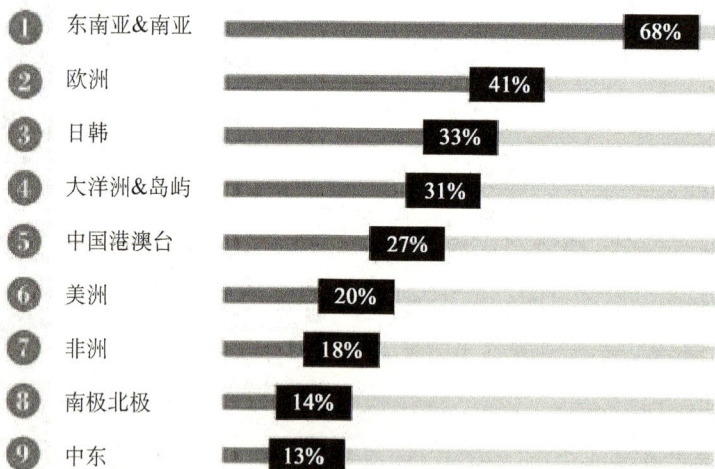

1 东南亚&南亚 **68%**
2 欧洲 **41%**
3 日韩 **33%**
4 大洋洲&岛屿 **31%**
5 中国港澳台 **27%**
6 美洲 **20%**
7 非洲 **18%**
8 南极北极 **14%**
9 中东 **13%**

图2 过去一年出国旅游目的地-80后年轻一代旅游者

2. 中国高端旅游者们的出国旅游主题

在出国旅游的主题上,休闲度假依然是中国高端旅游者最主要的目的,占 41%。极地探索和轻度冒险延续了 2015 年强劲的势头,位列第二(31%)和第四(20%)。

海滨海岛作为今年调查的新选项成为中国高端旅游者 2016 年出国旅游目的地的大黑马,以 23% 的占比超越了邮轮(13%)和自驾(14%)等传统旅行项目位列第三。而在 80 后年轻一代的高端旅游者中,海岛海滨度假更是成为最热主题,以接近一半的比例(46%)排名第一。

总体而言,探索自我、勇于挑战依然是中国高端旅游者最喜爱的旅行主题,极地游的持续火热印证了这点。同时中国高端旅游者,尤其是 80 后年轻一代的高端旅游者,钟情于海岛的魅力。

其舒适温暖的气候、清澈广阔的海洋和细腻美丽的沙滩都是高端旅游者所向往的。海岛上可以让年轻的高端旅游者尽情地体验海洋运动如冲浪和潜水,也可以让全家出游的高端旅游者享受不被打扰的、属于自我的私密空间。

过去一年出国旅游主题旅游的年龄段,如图 3 和图 4 所示。

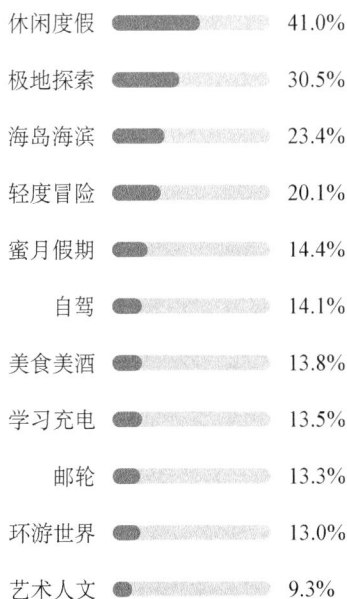

休闲度假	41.0%	海岛海滨	46.4%
极地探索	30.5%	休闲度假	29.5%
海岛海滨	23.4%	美食美酒	24.1%
轻度冒险	20.1%	轻度冒险	21.4%
蜜月假期	14.4%	蜜月假期	18.8%
自驾	14.1%	环游世界	15.8%
美食美酒	13.8%	学习充电	15.4%
学习充电	13.5%	艺术人文	15.2%
邮轮	13.3%	邮轮	14.8%
环游世界	13.0%	自驾	14.3%
艺术人文	9.3%	极地探索	13.4%

图 3　过去一年出国旅游主题-所有年龄段旅游者　　图 4　过去一年出国旅游主题- 80 后年轻一代旅游者

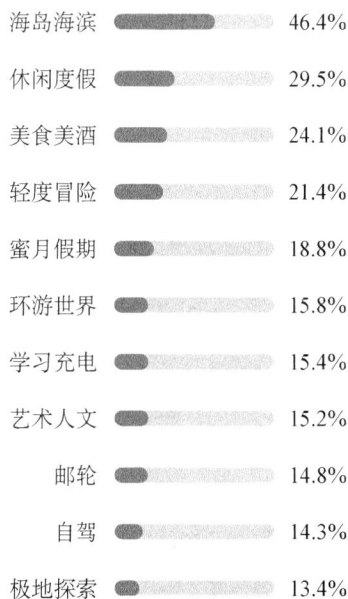

3. 中国高端旅游者常用的旅行方式选择

在中国高端旅游者常用的航空公司会员的选择上，国航以绝对优势(53.9％)排名第一，其次是南航(22.4％)和国泰(21.9％)(见图5)。

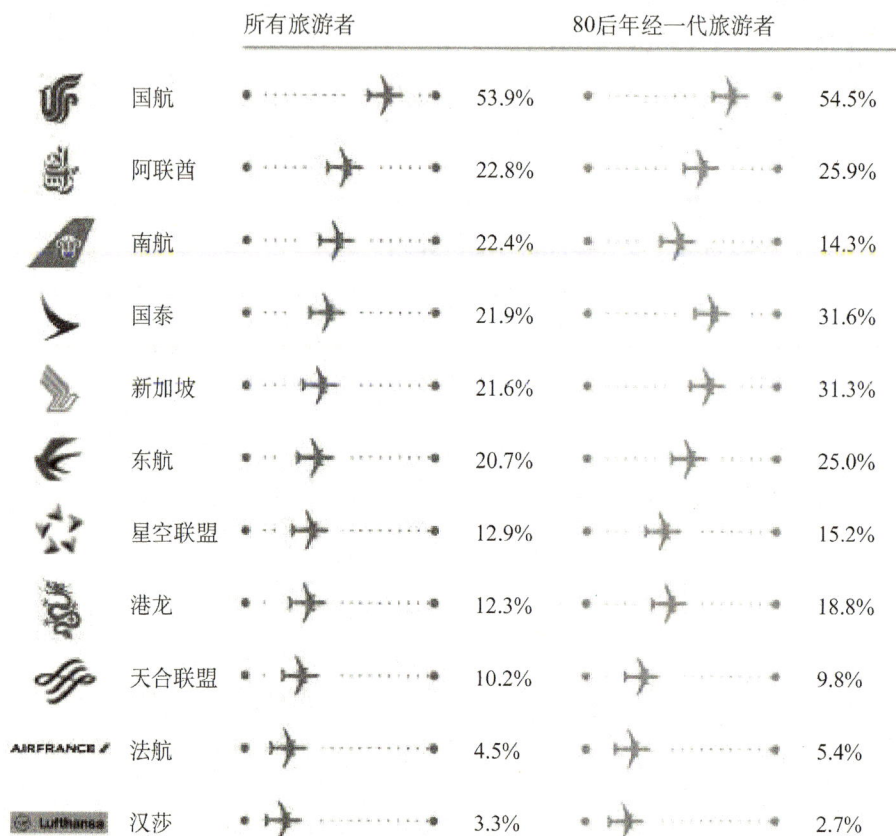

		所有旅游者		80后年经一代旅游者	
	国航		53.9%		54.5%
	阿联酋		22.8%		25.9%
	南航		22.4%		14.3%
	国泰		21.9%		31.6%
	新加坡		21.6%		31.3%
	东航		20.7%		25.0%
	星空联盟		12.9%		15.2%
	港龙		12.3%		18.8%
	天合联盟		10.2%		9.8%
AIRFRANCE	法航		4.5%		5.4%
Lufthansa	汉莎		3.3%		2.7%

图 5　常用的航空公司会员

对比 2015 年和 2016 年两份报告我们可以看到，国航的统治地位无论是在年轻一代的高端旅游者中还是更加年迈的高端旅游者中都是绝对的，连续 3 年超过 50％ 的占比显示出国航在中国高端旅游者中良好的口碑和超高的忠诚度。

国外航空公司中，主打高端奢华旅行体验的阿联酋航空以及新加坡航空开始在高端旅行市场中展示出他们雄厚的实力,以23％和22％甩开其他竞争对手一大截。

　　两家航空公司均以提供最人性快捷的服务和最舒适先进的客机选择作为市场卖点。而迪拜和新加坡作为国际旅行航线最大的两座中转站,也为高端旅游者选择这两家航空公司做出了不可低估的贡献。

　　超过半数的高端旅游者(58％)表示他们体验过私人定制旅行服务(见图6)。同样,55％的高端旅游者表示个性化服务是他们继续成为一家旅行社顾客的原因。

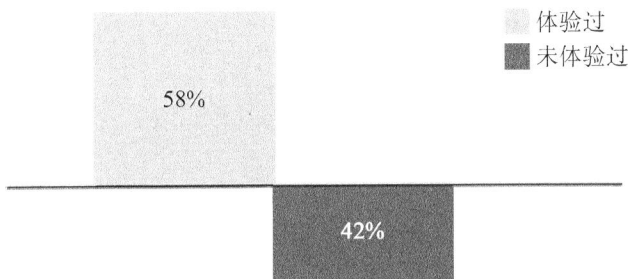

图6　是否体验过私人定制旅行服务

　　两组数据都证明中国高端旅游者有着巨大的对私人定制旅行服务的渴求,私人定制旅行服务作为旅行社的高端项目已经在中国站稳了脚并开始普及。

　　在旅行社表现方面,中国高端旅游者非常青睐行程设计合理、能提供个性化服务和能解决遇到问题的旅行社。这三项的比重分别为59％、55％和49％。

　　相较于2015年,中国高端旅游者越来越看重旅行社能否高效解决旅途中问题的能力,比重增长了11％。相反的中国高端旅游者非常厌恶旅行社的行程安排不合理、餐食不美味和导游不符合预期。这三项的比重分别为29％、24％和21％。

　　综合来看,行程安排设计的合理与否可以直接决定高端旅游者是否会再次光顾一家旅行社。一趟合理布局的旅行让人神清气爽、精神奕奕地收获美好的回忆；而一次东拼西凑、奔波忙碌的行程只会让高端旅游者怒火满腹，给旅行社留下不好的口碑。

二、中国高端旅游者出国旅游目的地嬗变和旅游方式嬗变

旅行目的地类型和行程时间以 58% 和 57% 的选择率位列高端旅游者选择旅游目的地最主要因素的第一和第二位。80 后年轻一代高端旅游者在这个问题上显示出了和其他年龄段旅游者同样的思考结果。

1. 中国高端旅游者出国旅游目的地嬗变

随着出国游的路线越来越多，出团频次越来越频繁，目的地类型理所当然地成为高端旅游者筛选旅行目的地的最主要因素。要滑雪可以去欧洲、美洲，尝美食可以去日本，晒太阳可以去大洋洲加勒比，不同的出行目的为旅游者指明了可选择的国家地区。

同样重要的还有行程时间，拥有长假或者自己支配工作时间的高端人群可以选择较远的旅行目的地比如美洲甚至南极；而如果只是节假日出行则东南亚目的地就更加合理方便。当然目的地的基础设施完备与否也是高端旅游者看重的因素（46%）（见图 7），因为休闲度假依然是目前旅游者最主要的旅行目的。

在 2016 年印象最深刻的旅游经历中，南极游以 13.5% 的高比例居于首位，其次是美国（6.9%）和斐济（6.0%）。相比于 2015 年，南极依然给中国高端旅游者留下了难以磨灭的印象，继续排名第一；斐济则首次上榜，显示出中国高端旅游者对海岛的热爱。

南极作为世界上人类最少的地方之一保留了酷寒为当地留下的瑰丽的自然风貌，几百米高的冰川和绵延数千公里不绝的雪原都是旅游者一

	所有旅游者	80后年经一代旅游者
目的地类型	58%	63%
时间	57%	59%
旅游基础设施完备	46%	57%
口碑	34%	39%
价格	25%	31%
品牌形象	18%	21%
距离	17%	19%
广告宣传	6%	5%

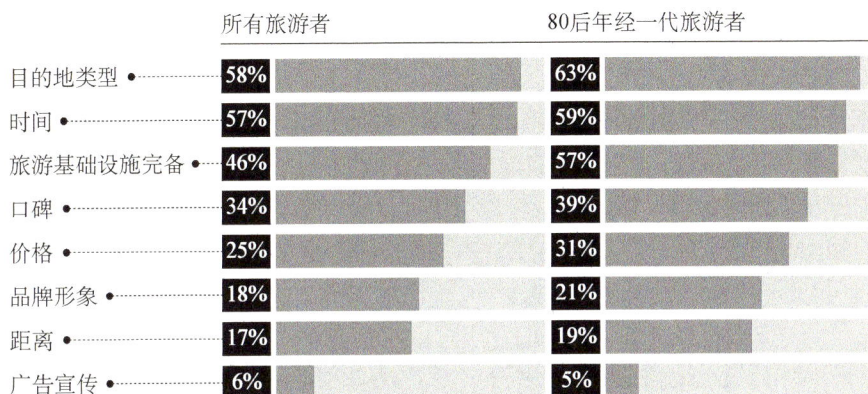

图 7　影响选择旅游目的地的主要因素

辈子有幸一睹的风光。同时南极还有可爱的企鹅和海豹等只有南极才能看到的动物,更加深了独此一家的体验。

美国作为世界最发达的国家,其风土人情却又如此众多,从彪悍狂野的西部荒漠到鳞次栉比的东海岸大城市,美国总能留给游客一些不同的回忆;斐济作为太平洋上的明珠,其常年温暖的气候和一望无际的大海都令高端旅游者向往。

值得一提的是年轻一代高端旅游者对泰国的热爱。泰国超越了2016 年的日本、法国成为今年年轻人中印象最深刻的一次旅行目的地。泰国古老奇妙的文化和优秀的旅游服务在今年调查中大放异彩。

而 2016 年的热门日本、韩国、欧洲则纷纷大幅下滑,显示出年轻一代高端旅游者不再满足于传统旅游目的地,纷纷开始探索未曾去过的旅行地。印象最深刻的出国旅游目的地,如图 8 和图 9 所示。

酷热难耐的夏秋季节,中国高端旅游者纷纷选择各大洲的海岛作为自己避暑休假的去处。他们去心中理想的目的地度假的次数平均为6 次,并且未来三年中还有约 2 次计划再度光临这些旅行目的地。

中国年轻一代的高端旅游者也有着同样的旅行计划,所有 7 个上榜的旅行目的地均为海岛,同样以马尔代夫和泰国的普吉岛排名第一和第二。

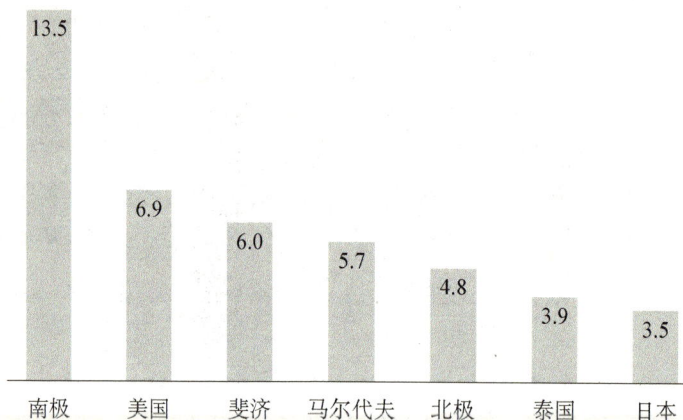

图 8 印象最深刻的出国旅游目的地-所有年龄段旅游者

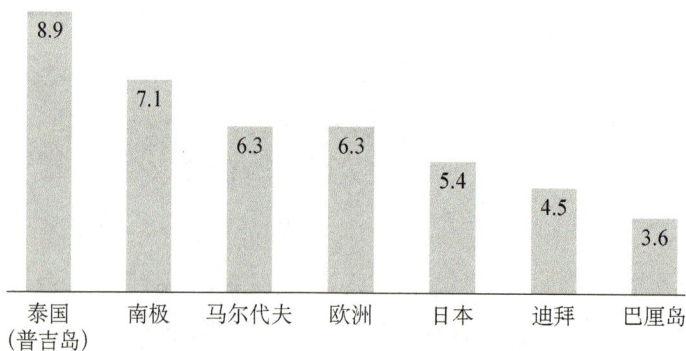

图 9 印象最深刻的出国旅游目的地-80后年轻一代旅游者

无论是亚洲的普吉岛（27％）、马尔代夫（18％）、巴厘岛（12％）还是大洋洲的斐济（13％）、美国的夏威夷（10％）以及国内的三亚（16％），均离不开那一望无际的碧蓝大海和金光灿灿的海滩。

酷热的白天陪着自己的家人或者朋友泡在温暖的海水中欣赏美丽的自然美景；夕阳西下，吹着凉爽宜人的海风坐在篝火边唱唱歌吃吃烧烤，如梦似幻。富有挑战精神的高端人士还可以尝试冲浪潜水等水中运动。同时，海岛旅游提供私密的个人空间，免除了和其他旅客互相打扰的麻烦。夏秋时节最常去的热门旅游地，如图 10 和图 11 所示。

泰国(普吉岛) **27%**

马尔代夫 **18%**

斐济 **13%**

巴厘岛 **12%**

夏威夷 **10%**

塞班岛 **4%**

马来西亚 **3%**

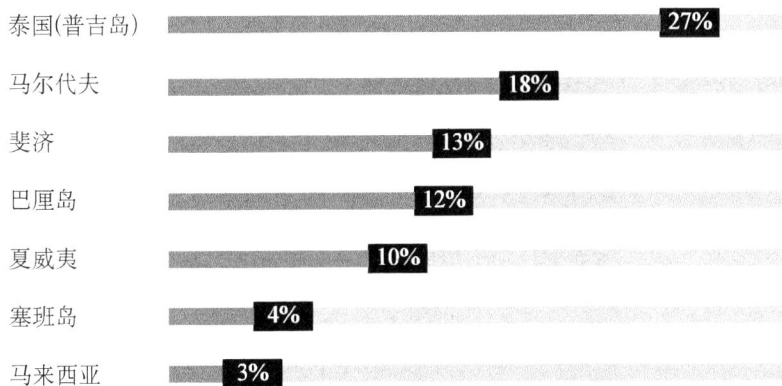

图 10　夏秋时节最常去的热门旅游地(国际)-所有年龄段旅游者

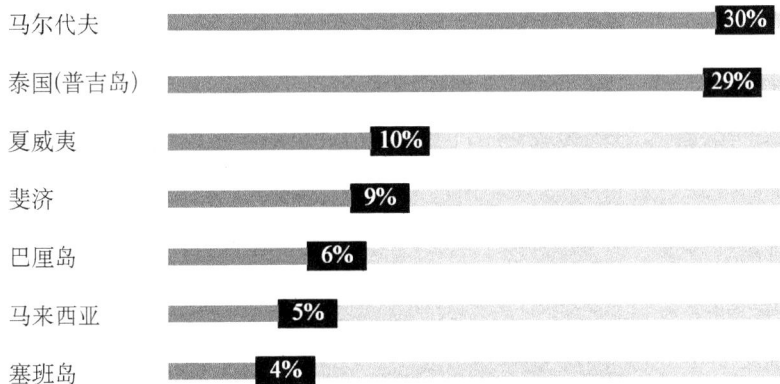

马尔代夫 **30%**

泰国(普吉岛) **29%**

夏威夷 **10%**

斐济 **9%**

巴厘岛 **6%**

马来西亚 **5%**

塞班岛 **4%**

图 11　夏秋时节最常去的热门旅游地(国际)- 80 后年轻一代旅游者

2. 中国高端旅游者出国旅游方式嬗变

家人或朋友同行是所有高端旅游者的选择,平均同行人数为 3 人。3～6 人同行的占比最高为 47%。在出行乘坐飞机的舱位选择上经济舱(48%)和商务舱(45%)不相上下。短途的目的地让出行的旅游者将价格摆在了更重要的位置。

寒冷干燥的冬春季节,无论是年轻的还是年迈的中国高端旅游者的旅行目的地选择相比夏秋季节有了明显的变化。和夏秋旅行目的地的选择类似,年轻一代高端旅游者和其他年龄层的高端旅游者在选择上惊人得一致。日本、泰国和澳大利亚成为所有人的前三大选择。

随着近几年高端人群对体育运动以及探险冒险的热衷,滑雪成为高端人群中炙手可热的冬季贵族运动。日本(32%)、韩国(10%)、加拿大(8%)和瑞士(7%)均有世界级的雪场。其中日本以绝对优势成为中国高端旅游者冬春最喜爱的旅行目的地。

除了北海道地区世界顶级雪场的号召力外,其独特的历史文化,让人垂涎三尺的美食以及运动后放松身心的温泉资源都是高端旅游者不想错过的体验。

对于不那么热衷于极限运动的高端旅游者,避寒依然是冬春季旅行的不变主题。地处亚热带并拥有众多海岛的泰国(18%)、低纬度的三亚(12%)、处于南半球季节颠倒的澳大利亚(16%)和新西兰(9%)依然是高端旅游者理想的逃离国内酷寒的好去处。

泰国的普吉岛成为唯一一个同时登上夏秋和冬春两个榜单的旅行目的地,足以证明普吉岛的沙滩大海俘获了大批中国高端旅游者的心。冬春时节最常去的热门旅游地,如图 12 和图 13 所示。

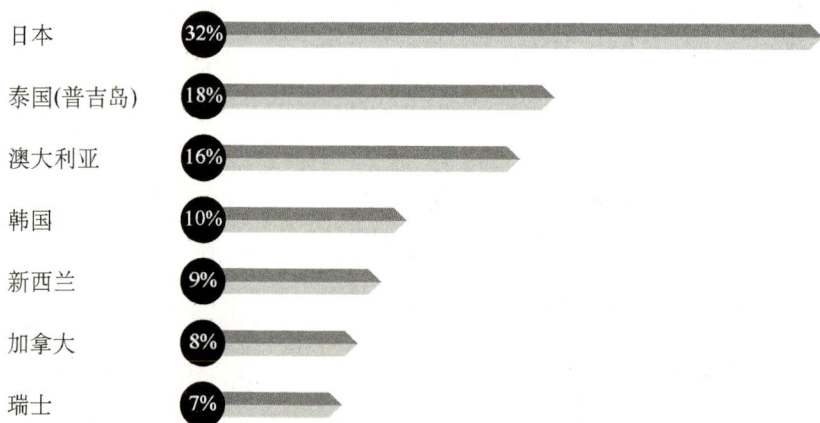

图12　冬春时节最常去的热门旅游地(国际)-所有年龄段旅游者

日本 **29%**

泰国(普吉岛) **15%**

澳大利亚 **13%**

加拿大 **9%**

瑞士 **8%**

新西兰 **7%**

韩国 **4%**

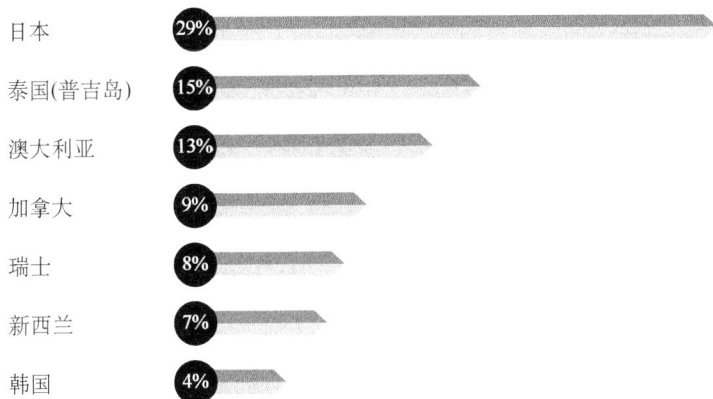

图 13　冬春时节最常去的热门旅游地(国际)－80 后年轻一代旅游者

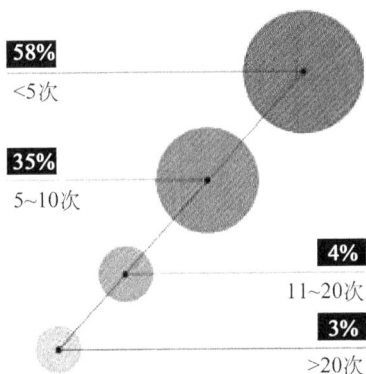

58%
<5次

35%
5~10次

4%
11~20次

3%
>20次

图 14　已经去过几次

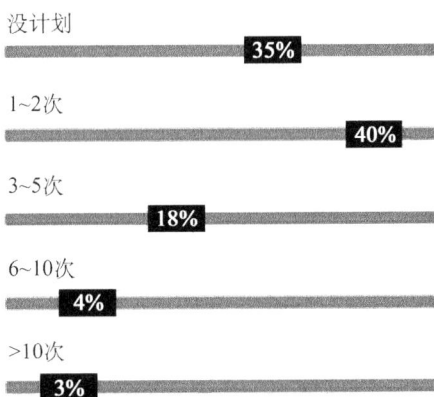

没计划 **35%**

1~2次 **40%**

3~5次 **18%**

6~10次 **4%**

>10次 **3%**

图 15　未来三年打算去

环游世界和极地探索是中国高端旅游者未来三年最期望的旅游主题,分别占比 43％和 36％,轻度冒险(26％)紧随其后成为第三名。

相比于两年前笼统地将所有出行均归类为休闲度假,中国高端旅游者开始更精细地为自己的旅行划分目的,海岛海滨和美食美酒都进入高端旅游者未来期望的旅游主题前十。

中国高端旅游者意识到即使是放松自我,不同类型的休闲旅行也是需要分开计划的。而相比 2015 年,中国高端旅游者更加注重探索旅行能给自己带来的意义和目的,环游世界、极地探索和轻度冒险的排名均比

2015 年有所上升。

冒险和探索作为西方主流文化中的核心价值开始受到中国高端旅游者的认可。环游世界、极地探索和轻度冒险三大主题揭示了未来中国高端旅游者们最想体验的旅游内容：看不一样的风景，体验刺激的行程，收集难忘的回忆。

中国年轻一代的高端旅游者则延续着他们对海岛的热爱，30％的年轻高端旅游者表示未来 3 年内想去海岛海滨旅游。

美食美酒和艺术人文作为今年的新加入选项也受到年轻高端旅游者的追捧，分列第 4 位（27％）和第 7 位（16％）。

而去年热门的邮轮旅行则在今年失去了中国年轻高端旅游者的青睐，下降 14％跌到第 8 位。总体而言年轻高端旅游者和其他年龄层的高端旅游者一样，对自己未来旅行的目的有了更精准的划分。

三、未来三年中国高端旅游者出国旅游的展望

1. 未来三年中国高端旅游者出国旅游目的展望

相较于 2015 年，中国高端旅游者对未来旅游目的地的选择在这两年基本无变化。老牌旅游目的地欧洲（49％）依然排名首位。美洲（38％）和非洲（37％）分列第二和第三。图 16 和图 17 为旅游者未来三年旅游主题。

对于年轻一代中国高端旅游者，欧洲也依然是他们未来最想去的旅行目的地（46％），但是相比于 2016 年的调查结果，想去欧洲的年轻旅游者下降了 19％。

而非洲（36％）和极地（32％）则大幅上升至第三和第四位，想去的年轻旅游者增加了 13％和 15％。可以看出中国年轻高端旅游者未来的旅行目的地将以探索自然为主。图 18 和图 19 为旅游者未来三年旅游目的地。

		2017年预测 未来三年旅游主题		17年排 名变化	2015年预测 未来三年旅游主题	
1	环游世界	43%		↗		36%
2	极地探索	36%		↗		32%
3	轻度冒险	26%		↗		32%
4	休闲度假	25%		↘		42%
5	邮轮	22%		↘		32%
6	自驾	19%		↘		29%
7	海岛海滨	17%		↗		-
8	美食美酒	14%		↗		-
9	蜜月假期	10%		—		4%
10	庆典赛事	10%		↘		9%

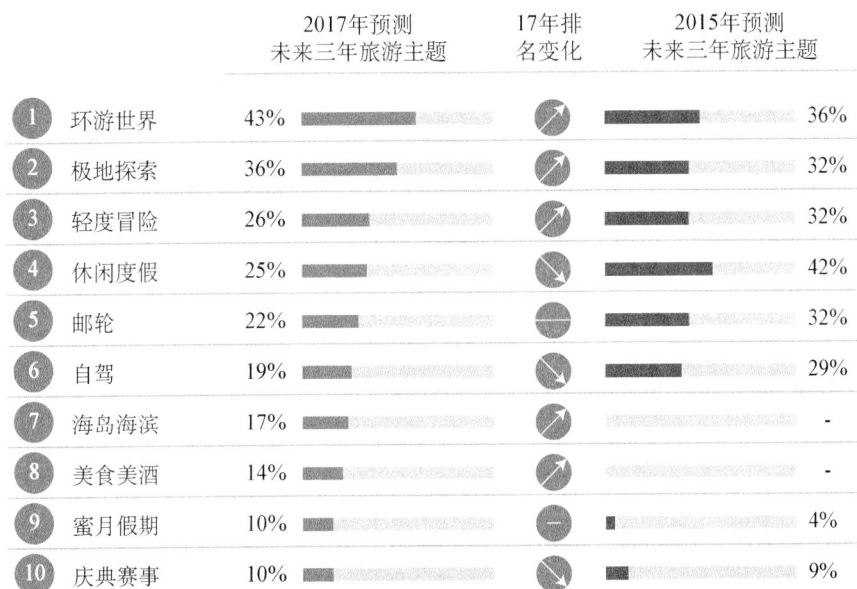

图 16　所有旅游者未来三年旅游主题

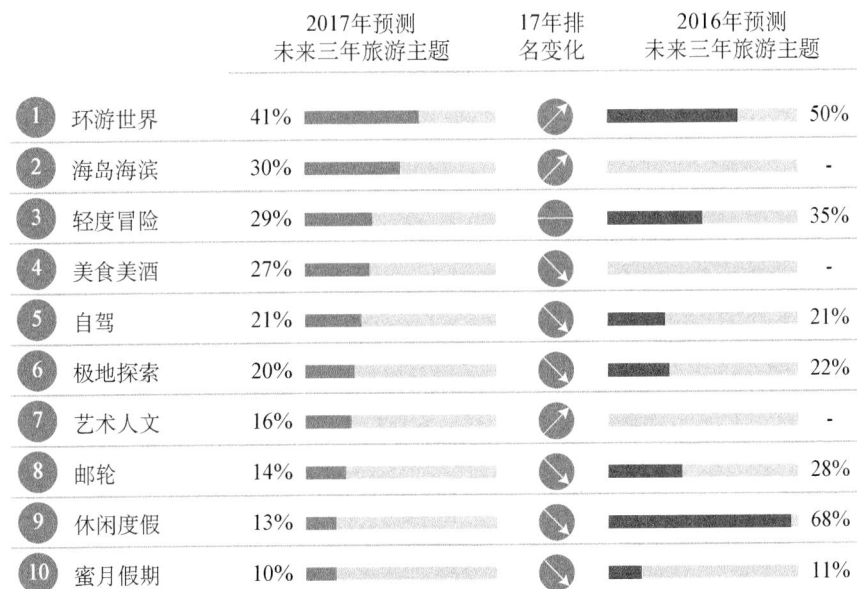

		2017年预测 未来三年旅游主题		17年排 名变化	2016年预测 未来三年旅游主题	
1	环游世界	41%		↗		50%
2	海岛海滨	30%		↗		-
3	轻度冒险	29%		—		35%
4	美食美酒	27%		↗		-
5	自驾	21%		↘		21%
6	极地探索	20%		↘		22%
7	艺术人文	16%		↗		-
8	邮轮	14%		↘		28%
9	休闲度假	13%		↘		68%
10	蜜月假期	10%		↘		11%

图 17　80后年轻一代旅游者未来三年旅游主题

		2017年预测 未来旅游目的地	17年排 名变化	2015年预测 未来旅游目的地	
1	欧洲	49%			47%
2	美洲	38%			45%
3	非洲	37%			12%
4	南极北极	30%			36%
5	大洋洲&岛屿	29%			33%
6	中东	17%			18%
7	东南亚&南业	10%			13%
8	日韩	9%			10%

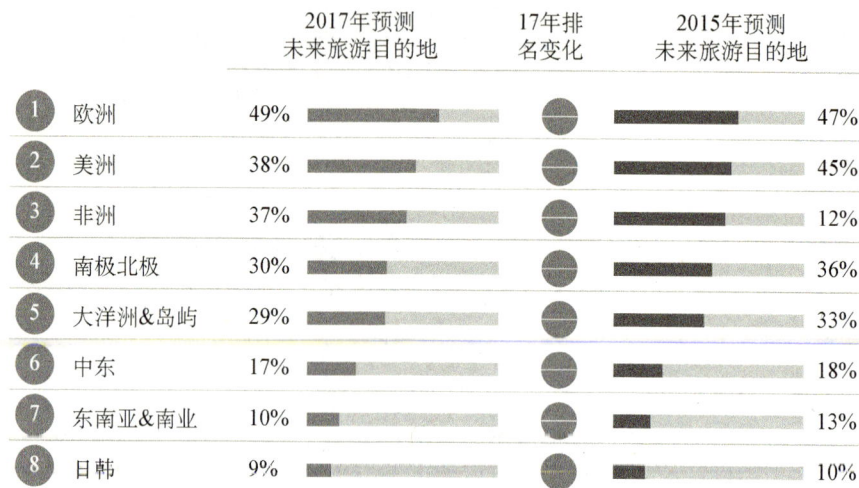

图 18　所有旅游者未来三年旅游目的地

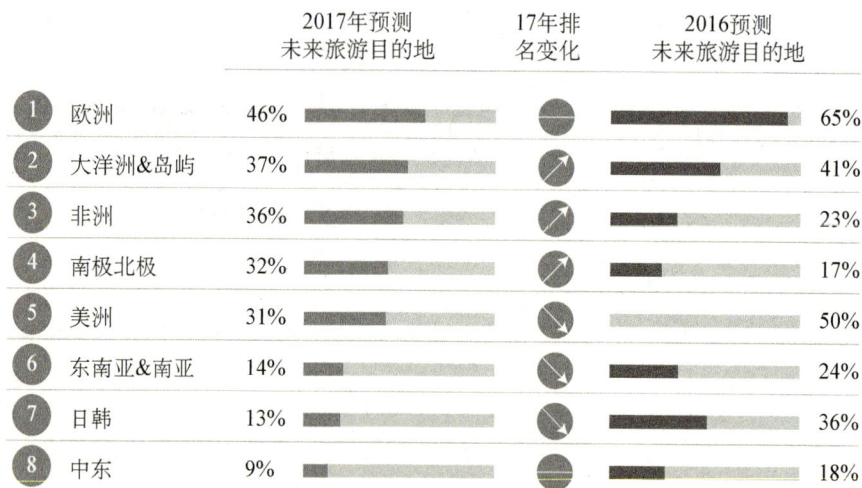

		2017年预测 未来旅游目的地	17年排 名变化	2016预测 未来旅游目的地	
1	欧洲	46%			65%
2	大洋洲&岛屿	37%			41%
3	非洲	36%			23%
4	南极北极	32%			17%
5	美洲	31%			50%
6	东南亚&南亚	14%			24%
7	日韩	13%			36%
8	中东	9%			18%

图 19　80后年轻一代旅游者未来三年旅游目的地

对于未来旅游计划的出行时间,59%的中国高端旅游者选择了不定时出行。十一(22%)、春节(17%)和暑假(18%)只占了少数人的出行计划。节假日出行越来越不受中国高端旅游者的欢迎。拥挤的人流无论对出行交通舒适度还是景点观光满意度都有较大的影响。

在2017年,年轻一代高端旅游者计划旅游的热情依旧不减,他们的平均期望未来一年旅游次数是3.2次。选择分布上,期望出游3—5次人群较多,为65%。

而对于国内高端旅游者来说,目的地国家是否免签并不是他们考虑的重点,认为完全不在乎,较小影响和没有影响的人占了77%。有足够知识阅历的高端旅游者可以轻松完成必须的签证步骤。

2. 未来三年中国高端旅游者出国旅游方式的展望

未来私人定制旅行的市场在中国高端旅游者中将越发广阔。40%的高端受访者表示未来旅游计划将使用私人定制服务,而传统的跟团游已经不再被中国高端旅游者接受,只有10%的受访者表示将以传统的跟团方式在未来出游。

中国高端旅游者们已经从盲目跟风的旅游方式逐渐成长,开始考虑自己的需求,无论是出行时间、目的地挑选、旅游主题、行程安排,甚至住宿选择都不再满足于固定化的传统旅行团模式。

高端旅游者开始越来越注重定制服务所带来的愉快体验,在一个适合的时间去一个独特的目的地和志同道合的旅游同伴进行一次轻松又刺激的探险成为中国高端旅游者一致的诉求。

3. 未来三年中国高端旅游者出国旅游消费的展望

此次调查的高端旅游者拥有较多的家庭财富,他们的年度家庭消费能力突出,平均家庭总消费为173万元,其中超过1/3的家庭消费支出在100~300万元,显示出强劲的消费能力和积极开放的消费态度。

16%的高端旅游者家庭支出在200~300万元间,19%的家庭支出在100~200万元间,另有50%的中国高端旅游者表示2016年家庭总消费支出少于100万元(见图20)。

50%	19%	16%	8%	7%
<100万	100~200万	200~300万	300~500万	>500万

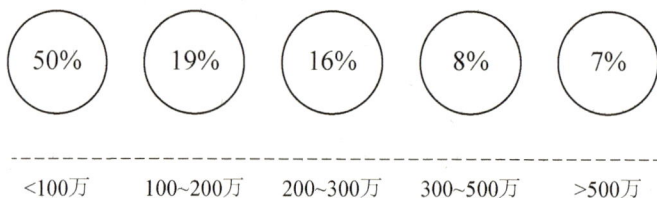

图 20　中国高端旅游者全家 2016 年总共消费支出金额

旅游已无疑成为高净值家庭年度支出中必不可少的一项,虽然旅游的花费总额低于传统的教育开支和家庭日常开支,但超过 80% 的高净值人群将旅游支出规划在家庭年消费构成中,足以显示出旅游在高净值家庭中的重要性,其日常化的趋势明显。

中国高端旅游者平均每年在旅行上的花费约为 38 万元,其中花费在 10~30 万元的家庭最多(42%),也有为数不少的家庭(36%)花费在 31~50 万元在旅游产品上。

在超高端用户人数上,约有 8% 的高端旅游者会花费超过 100 万元在旅游上。总体而言中国高端旅游者对旅游的热情持续高涨,旅游预算依旧充足。

在旅游途中,中国高端旅游者会平均花费 22 万元进行购物,相比于 2015 年的平均花费 14 万元,高端旅游者的购买力增加了将近 57%。将近一半的高端旅游者(48%)会购买价值 5~20 万元的商品回家。有 5% 的超高端旅游者会花费超过 50 万元在购头商品上。

近年来,各大旅游国家均体会到了中国高端旅游者强大的消费能力,从此次调研结果上看,即使相比于 2015 年平均旅游花费略有下降(下降约 4 万元),高端旅游者在旅行时的消费热情依然没有任何下降(见图 21 和图 22)。

化妆品(45%)、土特产(43%)、箱包(39%)、服装配饰(37%)、珠宝首饰(34%)继续成为中国高端旅游者最喜欢的商品。国内高昂的关税和频频爆出的商品售假问题让海外旅游购物的热度高烧不退。

除了土特产以外的四个最受欢迎的商品又清一色为女性主导的购物

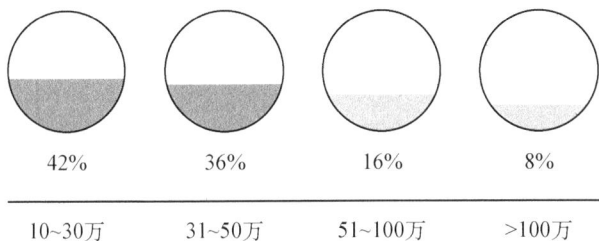

42%	36%	16%	8%
10~30万	31~50万	51~100万	>100万

图 21 中国高端旅游者全家去年旅游消费

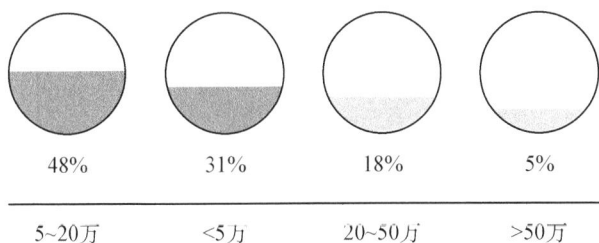

48%	31%	18%	5%
5~20万	<5万	20~50万	>50万

图 22 中国高端旅游者去年旅游中购物金额

需求,显示出中国女性在旅游时对商品的旺盛购买欲望和实力。而这一点又被为谁购买的数据所佐证。

76％的中国高端旅游者表示会为了自己购买商品,只有不到一半的时候是考虑送礼(47％),而代购几乎不成为出行时的目的(4％)(见图23)。

4. 未来三年中国高端旅游者出国旅游对入住酒店的选择

中国高端旅游者们出行次数多,对旅行综合体验要求又与日俱增,游玩一天后入住一家满意的酒店自然成了高端旅游者们出行时的关键一环。

丽思卡尔顿成为2016年中国高端旅游者最青睐的酒店,悦榕庄、四季酒店、文华东方、费尔蒙和半岛酒店分列2～6名。

豪华酒店的会员青睐程度能非常好地体现出高端旅游者对酒店各方面综合的满意程度。相比于两年前,丽思卡尔顿酒店的受青睐程度增加了19％,从希尔顿手上夺过了最青睐豪华酒店会员的交椅。万豪酒店的名次则相较以前有所下降,位列第六。年轻旅游者在酒店会员的选择上

化妆品	45%
当地土特产	43%
箱包	39%
服装配饰	37%
珠宝首饰	34%
手表	21%
烟酒	15%
电子设备	13%
其他	7%
家电	3%

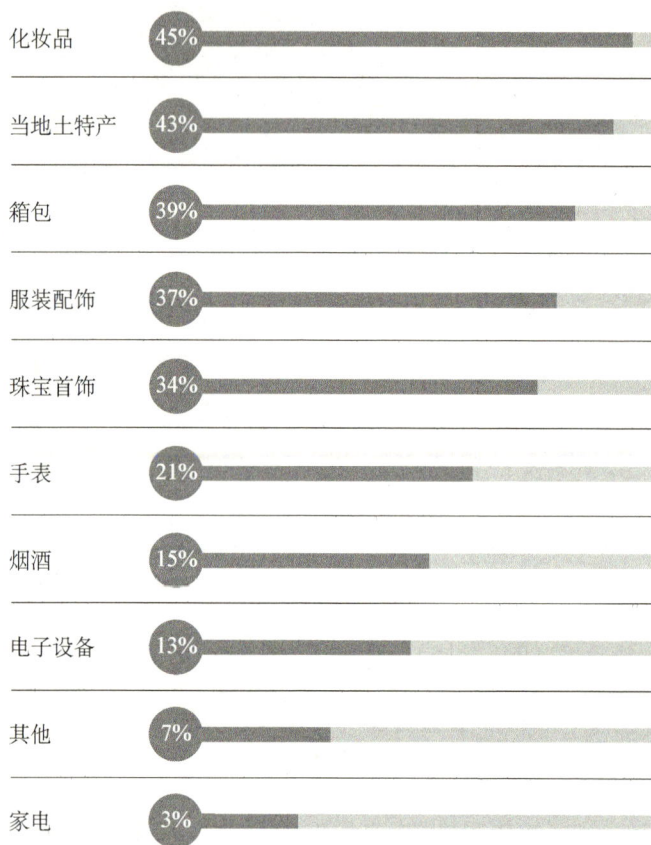

图 23　中国高端旅游者旅游时购买什么

和过去一年相比没有太大变化。

　　丽思卡尔顿作为豪华酒店界的巨头,以优质的服务、奢华的住宿体验和良好的口碑,在成为高端旅游者最受青睐的豪华酒店的同时,也成为高端旅游者最青睐的酒店会员(见图 24)。

　　度假型酒店以 81％的选择率高居高端旅游者最青睐的豪华酒店形式第一位。商务型(18％)、民宿型(9％)和公寓型(6％)酒店也受到一小部分高端旅游者的喜好,但选择率远远低于度假型。

　　在一天疲惫的旅行后,中国高端旅游者依然更青睐度假型酒店轻松的氛围,奢华的内部装饰和各种高端服务项目。

　　和对私人定制旅游产品的热衷一致,中国高端旅游者越来越看重旅

	所有旅游者	80后年经一代旅游者
丽思卡尔顿礼赏	33%	31%
希尔顿荣誉客会 Hilton	21%	18%
喜达屋SPG俱乐部 starwood	14%	22%
洲际优悦会 INTER·CONTINENTAL	13%	16%
香格里拉贯宾金环会 Shangri-La hotel	11%	7%
万豪礼赏 Marriott	4.8%	2%
四季尊享 Four & Seasons	4%	4%
凯悦金护照 HYATT	3%	5%

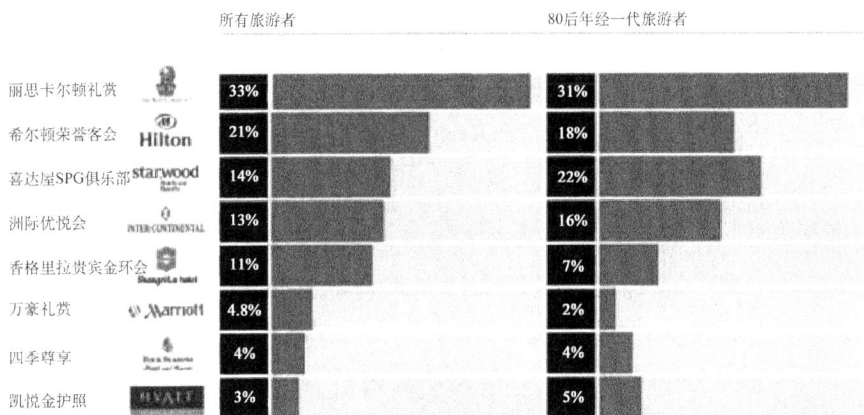

图 24　最青睐的豪华酒店会员

行时服务的质量。酒店能否提供人性化的服务成为近一半(49%)高端旅游者选择酒店时考虑的因素。

排名二到六位的因素均为酒店硬件配置,主要分为对住宿房间的要求:房间视野好(48%),房间打扫干净(44%),床具舒适(34%);以及对酒店本身的要求:地理位置好(44%)和喜欢酒店风格(36%)。而口碑(17%)、性价比(15%)和会员福利(10%)不在绝大部分高端旅游者选择豪华酒店时的考虑因素之中。

综合来看,中国高端旅游者喜欢的豪华酒店能为他们提供人性化的服务、处在便捷优质的地理位置、房间干净、视野良好并且有舒适的床具。中国高端旅游者不再盲目地追随固有的口碑或者被小利小惠所吸引,而是更相信自己对自我需求的选择。

中国高端旅游者的需求已经从硬实力(口碑、酒店风格等)更多地转向了软实力(服务能力、景观视野等),这种转变也印证了中国高端旅游者对旅游需求的成长。

中国高端旅游者在酒店住宿花费上,平均每晚预算为近 3 800 元,其中 3 001~5 000 元的最多为 28%,其次是 1 001~2 000 元为 26%。

中国年轻一代高端旅游者的住宿预算也相较 2016 年有了提升,达到了平均 3 325 元每晚,涨幅为 7%。32%的高端旅游者每晚的住宿预算超过 5 000 元,住宿标准非常高端奢华。

餐饮作为旅游中人们缓解饥饿并稍作休憩的环节一直是中国高端旅游者非常重视的一个方面。从对最印象深刻的旅行中不满的统计可以看到,对餐食的不满一直是高端旅游者投诉的重灾区。

能提供美味餐饮的豪华酒店自然可以吸引到更多的顾客,从上一个分析专题中也可以看到,22%的高端旅游者认为美味的餐饮是他们选择特定酒店的因素。

当地菜以 56%的选择率成为中国高端旅游者最青睐的酒店餐厅菜系。日料和粤菜以 32%和 31%紧随其后。其他著名的菜系如法国菜,意大利菜和川菜都进入了前十。

中国高端旅游者不想浪费旅游时顺便品尝当地特色美食的机会,非常明显地希望入住的豪华酒店可以有当地菜系的餐厅。民以食为天,饮食作为当地文化的重要组成部分,能足不出户就体验到,自然能让高端旅游者满意度大增。

日料和粤菜都以清淡、精致、新鲜作为主要卖点,在一天忙碌的游玩后,能品尝到口味淡雅的生鱼片或者广式靓汤,可以快速舒缓一天兴奋的神经。而辛辣、刺激、重口味的火锅和韩国菜系均未进入前十的名单,不被高端旅游者所喜好(见图 25)。

中国高端旅游者对酒店内私人餐厅的需求越来越大,认为酒店内设有私人餐厅比较重要和非常重要的高端旅游者加起来已经超过了认为私人餐厅一般重要的数量。

私人餐厅的出现提供了众多中国高端人士希望得到解决的用餐问题,为高端旅游者提供了安静舒适的用餐环境,私密隐蔽的聊天场所,精致的装修格调,一对一的私人用餐服务,高端细腻的菜品,以及预约订座服务等。

中国高端旅游者越来越看重自己旅游中享受到的服务体验,而这种对服务的关注当然也延伸到了用餐时间这个重要的旅游环节,私人餐厅以后会越来越受到中国高端旅游者的青睐。

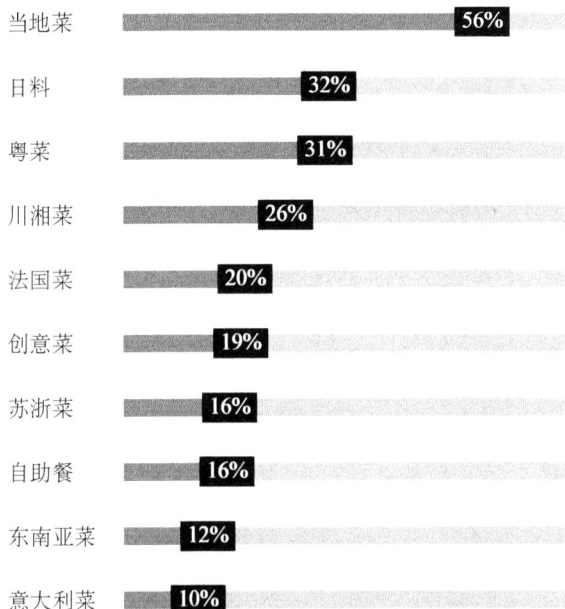

当地菜	56%
日料	32%
粤菜	31%
川湘菜	26%
法国菜	20%
创意菜	19%
苏浙菜	16%
自助餐	16%
东南亚菜	12%
意大利菜	10%

图 25　青睐的酒店餐厅菜系

中国高端旅游者对酒店内私人餐厅的主要需求是用于私人宴请及用餐,占到 68%,商务宴请(24%)和商务用餐(19%)也是重要的使用目的(见图 26)。

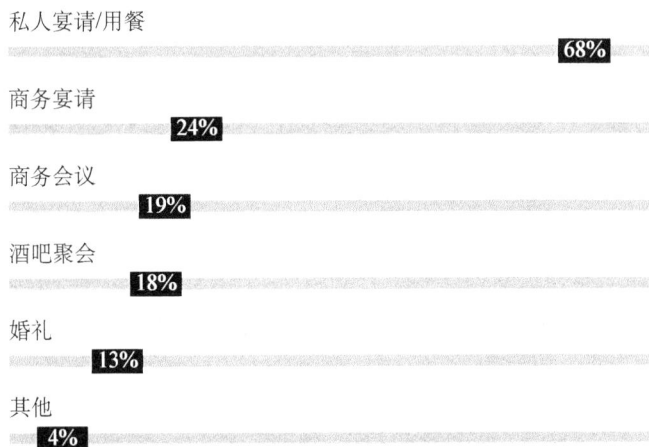

私人宴请/用餐	68%
商务宴请	24%
商务会议	19%
酒吧聚会	18%
婚礼	13%
其他	4%

图 26　青睐的酒店餐厅菜系

可以看出中国高端旅游者们已经不再把私人餐厅这一高档酒店服务大量用作商务用途。高端旅游者开始更多地关注自身服务需求，把最好的服务留给自己的私人用途。

无论是宴请朋友家人还是客人或者只是简单的个人家庭用餐，高端旅游者都不再满足于拥挤吵闹的酒店餐厅。私密的地点、单独的服务和精致的菜肴才是高端旅游者理想中符合自己身价地位的用餐环境。

私人短租房如爱彼迎（Airbnb）等共享类住宿方式作为近年来大热的话题被认为会对传统酒店行业造成巨大的冲击。而高端的私人短租房也被认为会抢夺一部分豪华酒店的客源。

然而从本次调研的数据来看，共享经济的热潮并没有触及到中国高端旅游者们对旅行住宿的选择。私人短租房如爱彼迎仅以25％的选择率大幅度落后于私人精品酒店（48％）和游轮游艇（45％）这两种更传统的非商务酒店类住宿方式。

同样的，31％的高端旅游者对以后会不会尝试私人短租房表示了中立态度，28％的人明确表示比较不可能，10％的人表示非常不可能。总共69％的受访者对私人短租房表达了中立或者拒绝的态度。

不同于普通旅游者，高端旅游者对旅程中受到的服务的关注已经多次在此次调研中显现出来。而服务正是私人短租房如爱彼迎等模式的致命弱点。

再好客的房主也只是一个未经过培训的普通人，而豪华酒店配置的是数十人的客服团队以及几十年累计的客服经验。类似的还有体验的一致性，豪华酒店可以通过集团化的方式保证客人在任何一家分店均能体验到几乎一致的硬件和软件配置。

私人短租房如爱彼迎等模式则无法做出类似的承诺。高端旅游者每年出行的次数也有限，对于旅行品质的高要求必然让这些旅游者选择豪华酒店而不是私人短租房。

相较于传统酒店，能深入体验当地生活（30％）是私人短租房如爱彼迎等共享类住宿方式给中国高端旅游者最主要的印象，有些旅游者也认为私人短租有家庭气氛(22%)并且价格优惠(12%)。房间布置有特色(9%),房源多(7%)和房东热情(3%)不太受到中国高端旅游者的关注。

总体而言,私人短租房如爱彼迎等共享类住宿方式并未受到中国高端旅游者的重视,从 26%的受访者拒绝提供意见就可以看出。私人短租房如爱彼迎等共享类住宿方式在 2016 年还未能对传统的豪华酒店造成实质性的挑战(见图 27)。

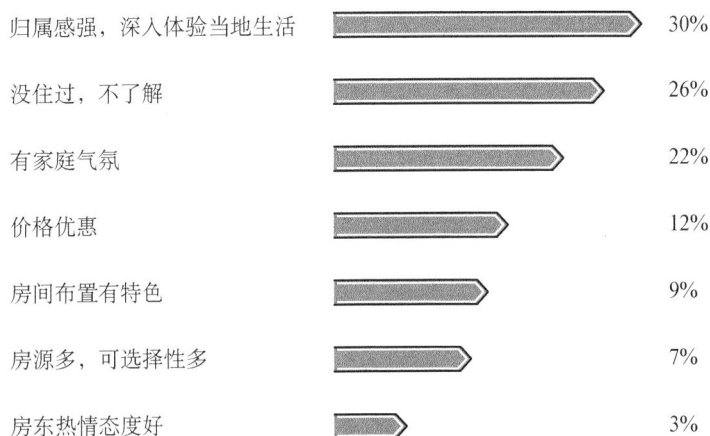

归属感强, 深入体验当地生活	30%
没住过, 不了解	26%
有家庭气氛	22%
价格优惠	12%
房间布置有特色	9%
房源多, 可选择性多	7%
房东热情态度好	3%

图 27　私人短租房,如爱彼迎的主要特点是

胡润百富

浦东新区篇

浦东新区服务贸易发展实录

作为上海发展服务贸易的重要承载地,上海浦东新区依托"四个国际中心"核心功能区,充分利用综合配套改革优势和自由贸易试验区建设、张江国家自主创新示范区建设的契机,大力促进国际服务贸易发展。

一、浦东新区服务贸易发展基本情况

根据国家外汇局上海分局的统计数据,2016 年浦东服务贸易总额为 775.3 亿美元,同比增长 14.71%,占全市的 39.42%。其中服务出口额为 257.2 亿美元,同比增长 7.7%,占全市的 48.79%,服务进口额为 518.1 亿美元,同比增长 18.5%,占全市的 35.99%。

浦东服务贸易发展体现出如下特点:

1. 服务贸易进出口保持积极增长态势

按照剔除银联国际的数据计算,新区服务贸易从 2010 年的 294.6 亿美元增加到 2015 年的 522.5 亿美元(预估),年均增长近 10%,占全市的 40%。

2. 重点服务贸易领域优势明显

运输、旅游和咨询是新区服务贸易进出口的三大引擎,三项进出口总规模占当期浦东新区服务贸易进出口总规模的 70% 左右。

3. 服务贸易结构不断优化

通信服务、建筑服务、保险服务、电影音像、咨询服务等进出口额增幅较大,体现了浦东新区服务贸易发展的转型方向。其中咨询和金融服务优势突出,其出口额占上海市比重均超过 85%。

4. 大企业占比较高

从已经获得的新区服务贸易进出口前 100 强的情况来看,2015 年浦东新区服务贸易进出口百强企业总量为 198 亿美元,占全部近三千家统计企业进出口额的 45%。

二、浦东新区服务外包发展情况

据商务部服务外包业务信息管理系统统计,2016 年浦东新区离岸服务外包合同金额和执行金额分别为 86 亿美元和 46 亿美元,同比分别增长 52% 和 5.6%,占全市比重增加到 70% 左右。其中商务流程外包(Business Pro-cess outsourcing,BPO)业务的增长对服务外包额的增长起到了很大的带动作用,成为新区去年服务外包发展的一大亮点。

三、新区在推进服务贸易方面的探索

1. 探索建立服务贸易统计体系

2011 年,新区初步建立了全市唯一一个区级服务贸易统计分析体系,发布了 2010 年度到 2016 年度服务贸易发展统计报告。同时,我们正在与外汇管理局上海分局合作,研究发布新区的服务贸易季度统计报告。同时,我们还与市商务委、市外汇局、新区统计局和 WTO 研究中心等单位合作,探索建立新区 FATS 统计体系和重点行业抽样调查统计体系。我们准备先以课题研究的形式制订统计方案,然后实施推进。

2. 开展服务贸易便利化工作

借助自贸区建设的契机,新区与上海市海关、上海市检验检疫局分别签署了战略合作协议,将在船舶检验检测、迪士尼项目、生物医药研发服务外包、入境维修等服务贸易领域开展贸易便利化的推进工作。在会展业方面,推动成立上海浦东国际展览品监管服务中心,开展创建国际展会监管服务示范区,探索试点展会期间相关人员办理口岸签证商务备案以及探索进行国际展会服务标准化示范试点。

3. 建设服务贸易示范基地和示范项目

借助市商务委的相关政策,浦东积极鼓励新区园区和企业等机构建设并申报上海市服务贸易示范项目。已有上海浦东软件园、上海张江生物医药基地以及药明康德、睿智化学、桑迪亚、上海服务外包交易促进中心等取得授牌。

4. 评比奖励服务贸易领先企业和创新企业

新区每年对服务贸易前十强企业和服务贸易创新企业进行奖励,已经连续进行了 5 届。银联国际、中远集装箱、支付宝、药明康德、新政软件等领先或创新企业都获得了奖励,对企业起到了很好的激励作用。

5. 打造服务贸易功能性平台

上海服务外包交易促进中心自 2014 年初正式建设运营以来,取得了良好的发展成绩,交易促进功能稳步加强。中心平台(含移动端)注册会员累计近 4 000 家;企业数据库累计 11.8 万家;项目数据库累计发布项目 10 万多个,线上及线下累计对接项目金额为 25.8 亿元人民币;信息数据库囊括服务外包政策法规和行业资讯 3 000 余条;服务数据库整合了技术、人才、金融和法律四大类增值服务。并且与国际外包专家协会、关岛商会、印度软件和服务业企业协会等建立了合作关系。今后,将进一步支持中心的海外业务扩展,促成更多的跨境交易,从而使之成为浦东服务贸易发展的重要平台。

四、利用自贸试验区契机,开拓新的服务贸易领域

1. 入境维修业务发展良好,企业积极要求扩大试点

在自贸试验区建设框架下,新区商务委牵头会同海关、出入境检验

检疫局等部门积极推进试行用加工贸易保税监管模式开展入境检测维修业务。新区已有贝尔、诺基亚通讯、柯达电子、昌硕科技、ABB工程、西门子医疗器械、锐珂医疗器材等7家企业纳入试点。目前新区政府正在会同海关、检验检疫部门商讨扩大试点企业范围以及试点领域事宜。

2. 技术贸易推进工作起步

在国家商务部和市商务委的支持下,2016年1月1日开始,企业技术进出口合同登记备案业务正式在浦东新区开始受理。截至2016年12月底,浦东成功办结技术进出口合同登记共计1 281份,占全市的47%。合同总金额为46.61亿美元,占全市的47%。浦东业务的开展成为全市工作的一个有力支撑。

五、浦东新区服务贸易发展瓶颈

1. 涉及部门较多,没有形成统一的协调管理机制。

不同于传统制造业,服务贸易的业务范围涉及运输、旅游、通讯服务、建筑服务、保险服务、金融服务、计算机和信息服务、专有权利使用费和特许费、咨询、广告、宣传、电影、音像以及其他商业服务等12大门类和150个行业。一些新兴服务贸易领域,如专业技术咨询服务贸易还具有显著的跨行业性质。由于业务范围的分散性和复合型特点,服务贸易管理主要还是按行业进行划分,行政主管和牵头部门较多,各部门管理视角和工作推进的重点不同,难以形成统一协调和集体规划的机制,从而影响政策实施的有效性。

2. 统计体系还需要进一步完善

新区依托与市外汇局的合作,目前已经开拓出服务贸易年度BOP统计,但统计的及时性还有所欠缺。BOP季度统计还在探索完善中。同时,新区FATS统计体系还有待进一步研究建立。

3. 政策工具较少,缺乏扎实的工作抓手

由于服务贸易涉及的行业较多,差别较大,除了服务外包以外,从国家到地方都缺乏有力的政策工具,这使得我们要进一步掌握细分行业和重点企业的情况有一定的困难。

六、新区"十三五"期间服务贸易发展设想

1. 构建推进服务贸易发展的总体工作体系

包括信息传送机制、政策体系、工作协调机制等。抓住服务贸易创新发展试点机遇,配合国家和市商务委推广技术先进型服务企业税收优惠政策,设立服务贸易创新发展引导基金,鼓励金融机构创新供应链融资等业务。

2. 继续完善服务贸易统计体系

希望能在市商务委、市外汇局等部门的支持下,进一步完善新区服务贸易 BOP 统计,初步建立服务贸易 FATS 统计及重点行业的专门统计。

3. 加强对重点行业推进力度

除了传统的运输、生物医药研发、信息和业务流程外包服务外,重点关注金融、保险、信息服务、旅游、文化重点服务贸易领域的推进。探索推进技术贸易发展的举措。

4. 制定新区的服务贸易发展财政扶持政策

十三五期间,我们拟对获得上海市服务贸易示范基地和示范项目认定的主体、对技术进出口服务平台以及服务外包企业提升竞争力给予支持,相关政策正在与市商务委、相关重点企业及新区财政部门沟通中。

上海市浦东新区商务委员会

阅文集团携中国原创网络文学扬帆海外

在浦东这块改革开放的热土上,有一家叫作阅文集团的文化创意企业在这里成长壮大,辛勤耕耘了十余个春秋。作为中华传统文化的传播者,阅文集团始终致力于以网络原创文学为载体向世界展现中华文化的魅力,令其呈现于世界舞台之上。

一、十年嬗变,阅文破茧

阅文集团成立于 2015 年 3 月,总部位于上海浦东,由腾讯文学与原盛大文学全新整合而成。虽然成立时间不长,但其历史却可以追溯至 2002 年创建的起点中文网。当时的中国原创网络文学正处于萌芽阶段,主要以小众论坛的形式吸引着一小批忠实的爱好者和创作者。因为互联网的便利性,吴文辉、商学松、林庭锋、侯庆辰、罗立等一群对文学有着共同爱好的网友相互结识,并出于爱好,在中国玄幻文学协会(CMFU)的基础上发起创立了起点中文网。与当时其他网站不同,起点中文网在创立之初就立足于专业网络文学,并在新版创立了读者、作家的二维互动体系,率先创立了互动书库模式。这个模式充分体现了互联网开放、检索、互动、分享等特色,被整个行业共同树立为标准模式并运行至今。

2003 年,起点中文网首先创立了业内 VIP 制度,此举奠定了网络文学的核心商业模式,并成为行业发展的基石。从此,网络文学行业开启了商业化的发展探索。在此后的运营阶段,起点中文网率先推出了作家福利制度和白金作家制度两大作家制度,形成和确立了起点中文网 10 年作家资源领先优势。这些制度极大地解决了作者的收入问题,实现了作者、读者、网站三方共赢。

在此基础上,起点中文网进一步挖掘网络文学的商业价值,前瞻性地提出了网络文学版权多元化运作方向,推出网络文学作家打造计划。在其努力下,网络文学的全版权产业链得以渐臻完善,文创产业的规模效益也得以获得提升。起点中文网一举成为业界领先网站,保持至今,并且推动网络文学实现了从小众阅读到核心数字内容品类的迈进,成为文化产业核心 IP 来源之一。可以说,起点中文网创立的网络文学商业模式是少数成功的本土互联网模式之一。

虽然起点中文网持续保持着高速成长,但在起点中文网内部,创始人团队的运营压力已经非常巨大,甚至抵押了房产以供服务器正常运营。因为在当时起点中文网依然是个人网站,团队成员均处于兼职状态,收入并不足以支撑网站运营。而在商业化初期,为了打消作家顾虑,其采取的是对作家 100%分成的优惠策略。这意味着 VIP 收费制度在短期内没有给平台构筑者带来回报。但最终,起点创始团队还是坚持了下来,并在2004 年与盛大网络达成了收购协议。为此,起点创始团队从全国各地集中到互联网产业比较领先的上海浦东,注册成立上海玄霆娱乐信息科技有限公司加入盛大网络继续运营。2008 年,为了实现规模化发展,盛大集团成立了原盛大文学,并先后收购红袖添香、小说阅读网、潇湘书院等原创网站,实现网络文学领域的领跑地位。

大约从 2010 年开始,移动互联网的发展越来越快,可以预见新的网络环境必将对阅读带来重大影响和变化。然而,新成立的原盛大文学管理层在内容和渠道战略上出现了明显分歧,部分管理层领导不认同起点创始团队网络文学+移动互联网自有渠道是核心的观点,坚持认为传统出版物更具备价值。随着移动互联网的发展势头愈盛,尤其是智能手机的出现,管理层的分歧也因此日益凸显。在两种观点无法调和妥协的情况下,起点创始团队决定离开盛大。

　　2013年,由起点创始团队创办的创世中文网成立。次年,以创世中文网等为基础,阅文集团的另一个前身腾讯文学在上海成立,重点投向以移动设备为主的多端融合,并开始了设想已久的网络文学产业化战略。事实证明,这一决策非常正确,具备长远的战略性意义。仅1年时间,腾讯文学的阅读和版权业务均实现了数倍的增长,刷新了网络文学自有订阅纪录,诞生了一大批日销售过万元的新锐作家,同时《择天记》《天域苍穹》等明星IP第一次实现了泛娱乐运作,开创了包括网络文学首次新书营销、书漫同步、书游同步等纪录,并通过互动营销打造了一大批优秀青年作家。腾讯文学取得了网络文学行业有史以来最快的发展,一跃成为业界代表品牌之一。

　　腾讯文学在高速成长的同时,也注意到了自身的发展短板。由于成立时间较短,其内容储备量级依然远远无法满足市场和"全民阅读"战略的需求,因此并购成熟企业成为在较短时间内实现突破的一个现实选择。原盛大文学作为当时行业中拥有内容、作家储备量最大的公司,其10多年积累的内容优势非常明显,这些内容的价值也还有巨大的开发空间。2014年下半年,腾讯文学团队基于对原盛大文学的高度熟悉,开始与之进行接洽及谈判。在领先优势基本消解,以及盛大集团整体转型投资的背景下,原盛大文学的并购进展顺利。

　　腾讯文学与原盛大文学整合而成的新公司采取集团运作模式,定名为"阅文集团"。通过两家领先企业优质资源的整合,阅文集团迅速占据了用户数、作家数、作品数、电子阅读销售额、IP改编市场等主要行业数据纬度的压倒性优势,一举成为业界旗舰品牌。在完成业务结构的初步整合后,阅文建立起一套"3+1"的集团业务结构——即三大核心业务群(原创文学业务群、图书发行业务群、音频听书业务群)加一个"QQ阅读"超级平台,并于2015年3月在上海浦东正式挂牌成立。至此,在起点创始团队始终秉承的中国网文梦的指引下,阅文集团经过10余年的萌芽、成长,终于逐渐发展成为如今引领行业的正版数字阅读平台和文学IP培育平台。

二、基于文化自信,建立两大战略

1. "全民阅读"战略,点燃读者巨大热情

早在成立的过程中,阅文就得到了来自文化产业界、媒体、学术界、作家和读者的广泛关注,吸引了国内外数百家媒体进行相关报道。一直对网络文学、数字出版全力支持的各级政府部门也多次对其工作规划和进度给予关心并提供了大量帮扶。在以习近平同志为核心的党中央高度重视全民阅读和文化强国的战略指导下,全民阅读已经上升到国家战略方针的高度,习近平总书记还在多个场合谈起中国传统文化,表达了自己对传统文化、传统思想价值体系的认同与尊崇,并指出要坚定文化自信。2017 年刚发布不久的《文化部"十三五"时期文化发展改革规划》也指出,到 2020 年,社会主义文化强国建设取得重要进展,国家文化软实力进一步提高。诸多的政策利好都为中国原创网络文学的发展创造了前所未有的良好政策氛围和产业资源,充分证明了网络文学和数字出版领域日益高涨的影响力和价值,也更加坚定了阅文集团进一步推进全民阅读和书香社会建设,推动中华文化"走出去",扩大中华文化的国际影响力的决心。

阅文集团的"全民阅读"战略,是以 2014 年腾讯文学"全阅读"为基础,响应李克强总理提出的"全民阅读"期望展开的内容整体战略。"全民阅读"首先是内容广度的拓展,充分利用当时海量的内容储备优势,同时大力引入出版图书的数字版等外部资源,实现主流阅读内容的全面覆盖——确保读者都有书可看。同时,"全民阅读"也是发行能力的提升,通过其强大的渠道分发能力和产品推广策略,在最大限度上实现对主流阅读群体的覆盖——确保书有更多人看。而在内容深度上,基于"精品阅读",选择优质读物,依托腾讯大数据平台,通过产品的定制化、个性化推送实现内容的精准到达,让每个人都能找到自己喜欢的书。

目前,阅文集团旗下拥有 QQ 阅读、起点中文网、创世中文网、云起书院、潇湘书院、红袖添香、中智博文、华文天下、天方听书网、懒人听书等业界知名品牌。在内容资源储备方面拥有约 1 000 万部作品储备,兼顾各种文学形式与作品篇幅,占据中国网络文学原创作品市场的半壁江山;作品覆盖 200 多种内容品类,全面囊括文学、社科、教育、时尚等主流内容题材;旗下作家约 400 万名,包括唐家三少、猫腻、叶非夜、我吃西红柿等业内"大神"作家。苏童、刘震云等 200 多位知名传统作家、社会名人的作品也在阅文集团发布。无论是内容储备、作品品质还是创作数量,阅文集团均拥有巨大的行业影响力和优势资源。经过十余年的发展,随着影响力、品质的大幅提升以及粉丝经济的成型,网络文学的巨大价值已经成为产业共识,网文改编作品不仅在传统的电视、院线渠道大获成功,更迅速成为新兴网络剧市场的核心创意来源。自 2015 年"IP 元年"开始,《琅琊榜》《寻龙诀》《盗墓笔记》《花千骨》等一系列出自网络文学的现象级作品大量涌现,点燃了产业下游对于网络文学优质内容的巨大热情。

2. 产业化运作,建立阅读的全产业链

早在起点中文网时期,阅文团队就高度重视网络文学的产业化运作,早期在试水了《小兵传奇》的 IP 开发之后,陆续开创了第一次游戏改编、第一次影视版权授权,在 2014 年还第一次展开了《择天记》等多部作品的全 IP 运作,目前已经拥有较为充分的 IP 产业化开发的人才和经验储备,率先形成了一整套先行的运作模式。

相较于过去单纯进行版权售卖的模式,阅文集团及时洞察到了 IP 产业的可挖掘性、高价值性,寻找定位并转向系统、全面的开发与运作模式,"深度介入"全产业链发展,以打造"中国版漫威"。这一模式主要由如下几个层次构成:

首先是 IP 的孵化,筛选具有内容质量、影响力深度、产业开发空间的优质 IP,进行重点孵化和打造。其次是 IP 的运作,不仅展开 IP 授权,更努力地参与 IP 的下游开发,通过与产业合作伙伴的合作,提升 IP 开发的一致性,实现 IP 价值共赢。最后是推广合作与粉丝文化建设,充分利用平台读者的影响力,与下游合作伙伴合力推广优质制作,并最终实现将产品变成粉丝文化的聚落,建立起内容品牌优势。

总体而言,依托自身海量全品类的优质内容,阅文集团努力打通上下游全产业链,同影视、动漫、游戏、有声读物、图书出版等各领域合作方开展对外授权与合作。据不完全统计,2016 年五大卫视黄金剧场播出剧目中,IP 改编作品 36 部,阅文集团旗下 QQ 阅读提供了超过 90% 的原著小说内容;2016 年国产连载动画剧集中,IP 改编作品 7 部,有 6 部来自阅文集团。

依托丰富的版权合作实践,阅文集团已与全产业领域的主流实力公司建立了往来,并且通过版权合作,成就了 IP 改编作品成绩的一个个高度:超过 10 亿票房的电影、多部总流水过亿的游戏、1 000 多万的单部作品周边销售、800 万册的实体图书和 700 万册的漫画销量等。

三、实践"一带一路"倡议,网络文学实现国际化突破

中国网络文学经过十余年的发展,在国内已经展现出空前辉煌的成绩。目前,以阅文集团为首的中国网络文学在国内已经由小众走向主流,逐渐被大众读者所接受,影响力也从国内衍生至国际。其实中国网文走出国门已有时日,如今在全球各地扎根扩散。早在十余年前,阅文集团旗下各网站便已前瞻谋划,将作品推向海外,从日、韩、泰、越到欧洲、美国、法国、俄罗斯、土耳其等地,阅文集团的数字及实体出版遍布 20 多个国家和地区,涉及十余种语言文字。有媒体评论,中国网络文学已与美国好莱坞电影、日本动漫、韩剧,并称为"世界四大文化奇观",网文亦肩负起提高国家软实力的重任。

有鉴于我国正处于大力推进文化软实力输出的重要阶段,只有将优秀的中国文化在海外亮剑,才能够在国际舞台上全方位地彰显我国的大国风范。作为一家具有社会责任心的原创文化企业,阅文集团希望借由

"IP 先行"模式,紧跟国家"一带一路"等重要倡议,拓展全产业链,实现国际化突破,进一步推进网络文学的对外输出,把优秀的中国文化通过网络文学传播出去,成为中国文化走出去的先锋。据统计,阅文集团旗下各网站自创立以来,累计已向境外输出图书版权近千部,出口国家和地区覆盖中国港澳台等繁体字地区、泰国越南等东南亚国家、日本韩国等东亚国家,甚至远至欧美。可以说,网文在海外文化市场的攻城拔寨,也赋予了"一带一路"倡议新的砝码,使其不再只展现技工贸、资本的"硬功夫",更有内容、文化等"软实力"的共振输出。得益于互联网技术的日益增强,中国网文自身的蓬勃发展,以及国内"全民阅读"进程的大力推进,中国数字内容产业背靠强力的作品能量,已蓄势待发。随着网文作品思想性与艺术性的飞速提升,阅文旗下大量优秀作品的文学价值日益凸显,受到主流文坛高度认可,将有望成为打破中外文学交流失衡窘境,发扬中国文学艺术精髓的重要突破口,诸多种种皆表明,网络文学扬帆出海的新一轮爆发机会已然到来。

始创于 1971 年的伦敦国际书展,作为全球书业最重要的春季盛会之一,已成为各国间文化多元碰撞、出版业切磋对话的重要桥梁。而随着中国文创产业的崛起,以及文化交流输出的意识加强,越来越多的新生代中国文学作品亮相世界级书展舞台,获得了全球出版业及读者的认可。在刚落幕的 2017 年伦敦国际书展中,中国网络文学凭借极富内涵的中华传统文化,还有极具特色的文学性、可读性,为海外读者带去了前所未有的阅读快感,充分展现了中国网文的独特魅力。本次参展伦敦书展,阅文集团作为唯一的中国网文平台参展方,展出的作品题材多元、形式多样,《鬼吹灯》《斗破苍穹》《盘龙》《全职高手》《我欲封天》《莽荒纪》《一念永恒》等人气作品被展出,涉及中文、泰文、越南文、日文、英文等多种语言译本,凭借高人气作品,一展中国网络文学蓬勃向上之姿。同时,现场展台 iPad 循环展示阅文集团旗下改编影视、动画作品宣传片及宣传海报等电子内容,吸引了大批观众驻足欣赏,以多媒体形式展示了以中国网络文学为核心的泛娱乐产业多元化、多样化的艺术风采。

参展国际重量级书展只是海外布局的起步,未来,阅文集团将继续秉承积极开放的心态,扩大合作形式与版图范围,包括尝试版权授权之外的市场新拓展,打造世界级 IP。从单一作品到文化生态,以阅文集团为主导,中国网络文学将不断扩大影响力,在全球文化产业布局中大展拳脚,充分展现中国文化创意产业的实力与魅力。

目前,在中国网络文学作品的出海方面阅文集团已经初步取得了可喜的成绩,推动了旗下大量优秀作品远销海外。截至目前,阅文集团向中国港台地区,日韩地区,泰国、越南等东南亚地区,美、英、法、俄、土耳其等欧美多国授权数字出版和实体图书出版,涉及十余种语言文字,遍布 20 余个国家和地区。

1. 中国港台地区

早在 2002 年,网文大神"宝剑锋"(本名林庭锋,现任阅文集团高级副总裁)的代表作《魔法骑士英雄传说》,以及"意者"(本名侯庆辰,现任阅文集团副总裁)的《不会魔法的魔法师》便已在中国港澳台地区实体出版。一大批早期网络文学作品凭借繁体书迅速打开中国港澳台市场。近年来,网络文学多点开花,各个门类的作品均已占领中国港澳台市场。阅文集团旗下的《斗破苍穹》《斗罗大陆》《鬼吹灯》《黄金瞳》等作品在中国台湾地区持续畅销,其中《鬼吹灯》进入中国台湾地区市场后,单本销量迅速破万,引发现象级讨论。网络文学作品频频登顶中国台湾地区各大畅销书排行榜。中国台湾图书馆最常被借阅排行榜 Top20 中,大陆的网络文学占据了三分之一,而中国台湾租书排行中的武侠类作品几乎全部是大陆的网络小说,多位网络作家还曾受邀前往中国台湾地区签售,受到当地粉丝追捧。

目前,网络文学基本在中国台湾地区实现了"一统江湖"。根据数据显示,除完全占据中国台湾地区男性租书店市场,并在女性言情市场拥有 70% 份额外,阅文集团在中国台湾出版界的男性网络文学作品中也占据了 80% 以上的出版份额,在女性网络文学作品中占据 50% 以上的出版份额。此外《琅琊榜》《步步惊心》等作品的热播,带动了原著作品在中国台湾地区的爆发性增长,《全职高手》的动漫、周边、同人等销售,对原著的出版销售起到了相当大的推动作用。

2. 东南亚地区

目前,阅文集团在东南亚地区的业务主要集中在泰国、越南两国,数字出版和实体出版均有涉及,尤其是泰国,已成为网络文学的传统海外输出国。《回到明朝当王爷》《锦衣夜行》《花开锦绣》《武动乾坤》《鬼吹灯》系列都已实现泰文实体出版。在线上市场,《锦衣夜行》《将夜》《回到明朝当王爷》等作品的电子版权,也已上架或正在洽谈中。此外,在合作方面,阅文集团与泰国 PaLang Publishing Co., Ltd. 联合开辟了玄幻出版系列,《武动乾坤》正在签约中。与泰国 Amarin 出版社也就合作意向达成一致,具体合作项目正在筛选中。据悉,该出版社在泰国出版业属于数一数二的领头企业,旗下囊括出版社、印刷厂、发行公司(覆盖 10 000 个销售点)、13 家杂志、有线电视台等,其中还拥有泰国收视率排名第 8 的电视台 AMARIN TV HD,其影响力可见一斑。

越南方面,据统计数据显示,从 2009 年至 2013 年的 5 年间,该国翻译出版的中国图书达到 841 种,其中翻译自中国网络文学的品种占据 73%。有常年追文的网友表示,在越南当地发布网络小说的网站上,放眼望去前 100 名全是中国网络小说,由于人气爆棚,往往国内刚更新章节,半个小时后便由当地网站全部翻译完毕,受欢迎的程度可见一斑。去年,阅文集团与河内白明股份公司达成合作,此为第一次正版授权越南网络信息传播权。已授权作品有《全职高手》《一念永恒》《君九龄》等十余部。

此外,很多网络文学作品在东南亚广受欢迎,像《步步惊心》《甄嬛传》等网络文学及作品在东南亚都有不少粉丝。

3. 日韩地区

阅文集团在日韩市场的输出,更多依赖出版巨头间的强强联手。

日本方面:阅文集团旗下明星 IP《全职高手》日文版交由日本知名出版社 Libre 出版社出版,电子版在 pixiv 网站连载,2016 年 12 月《全职高手》日文版登上 pixiv 的"受关注小说"榜。《全职高手》的同名手办也在全球火热销售。2016年初,作为首个中国网络文学IP改编动画,阅文集团知名IP《从前有座灵剑山》在日本东京MX电视台播出,创造首部登录日本电视台的中国青少年向连载动画的纪录,趁着国漫崛起的东风,迈出了意义重大的第一步。2016年4月11日,阅文集团优质IP改编的电视剧《琅琊榜》成功登录日本电视台,日本电视台不仅设立官网,提供海报、人物关系图和角色介绍,日本媒体更是盛赞《琅琊榜》是超过日剧《半泽直树》的中国宫廷剧。

韩国方面:自2015年以来,阅文集团与韩国知名的电子出版内容商韩国内容社建立了战略合作伙伴关系,目前已经上架作品有《吞噬星空》和《冠军教父》等,即将上架的作品有《曹贼》《裁决》等。此外,阅文作品在韩国五大阅读平台NAVER Books、KAKAOPAGE、RIDIBOOKS、JOARA、MUNPIA均有发布。其中,《吞噬星空》在KAKAOPAGE独家首发。《黄金渔场》在JOARA奇幻类排名前十。

2016年8月19日,改编自中国网络小说《步步惊心》的韩剧《步步惊心:丽》,在韩国播出时收视率一度达到1.72%,还被首尔国际电视节评选为"Best海外电视剧"首位。大结局当晚,一举夺得同时段收视冠军,引发追剧热潮。

4. 北美地区

在北美,自发翻译和分享中国网络小说的社区和网站已达上百家。其中,最早将《盘龙》翻译成英文的网络文学网站仅创办两年时间,流量排名已进入全美前1 000,总点击量超过5亿,日均访问人数稳定为50万以上,成为该领域最大社区。其读者来自全球100多个国家和地区,北美读者占到了总数的1/3。此外,在提供亚洲翻译连载的导航网站Novel Updates上,出自起点中文网的网文小说也已有数百部。据悉,连载于阅文集团旗下起点中文网的小说《我欲封天》,英文翻译名为"I shall seal the Heaven",其Google搜索量为45万——已超过《三体》,还有"章子怡"。同时,阅文集团知名IP《鬼吹灯》的英文/法文版纸质图书已授权美国的兰登书屋,即将出版,但网络文学向北美的输出更多的来自线上自发翻译。

5. 欧洲地区

目前,阅文集团已与土耳其 Turkish 出版社达成实体出版合作意向,正在沟通项目有:《我欲封天》《妖神记》《莽荒纪》《盘龙》。并与俄罗斯 LLC Novells 公司就《真武世界》俄文网络信息传播权达成战略合作,届时,翻译完成的作品将同步登陆与其存在合作关系的网络平台: www. novells. ru; www. ridero. ru; www. ozon. ru; www. amazon. com; www. litres. ru; www. google. play; www. bookmate. ru,并为俄国网民提供在线付费阅读服务。

综上所述,中国网络文学的输出并非单一作品的输出,而是整个中国文化生态的输出。网络文学是基于互联网心理产生的一种文化现象,网络文学的作者来自网民,对外输出具有即时性和互动性的特点。这种对外输出方式更接地气,有利于粉丝心态的产生和粉丝经济的形成。有了粉丝经济,网络文学的对外输出不再是单一作品的销售,而是 IP 衍生产业链的开发和整个文化生态的对外输出。网络文学的对外输出除了以长期连载的形式向海外读者传播中华文化之外,还有多媒体的开发和周边产业的运营,这些都将会对中华文化的传播起到持续性的效果。

未来,阅文集团将继续积极响应、配合中央及地方各级政府的各项文化走出去政策,承担起领袖企业应有的责任,无论是在内容的监控、作家的培养、渠道的拓展、反盗版的坚持、全民阅读的实现,阅文集团都将不忘初心,把握战略机遇,创新工作思路,开拓进取,勇挑重担。在国家对外战略的帮助扶持下,阅文集团将继续不遗余力地通过网络文学向世界展现中华文化之魅力,使中华文化呈现于世界舞台之上,以实际行动践行文化自信。

阅文集团

走出国门的"中国芯"

——TD-LTE 的研发及成果

　　展讯通信(上海)有限公司(以下简称"展讯")成立于 2001 年,公司总部位于上海张江园区,是国家认定的高新技术企业和国家级企业技术中心。公司现已拥有近 4 000 名员工,90%以上员工为研发人员。

　　展讯一直致力于移动通信技术领域的自主技术创新,专注于无线终端核心芯片、专用软件和参考设计平台的研制开发。公司目前已形成 2G/2.5G/3G/4G 移动通信技术基带芯片、射频芯片产品以及多媒体芯片系列,涵盖了功能手机、多媒体手机和智能手机等类型,并且创造了多项世界第一,整体技术水平达到世界领先。其中"GSM/GPRS 核心芯片系列"及"TD-SCDMA 关键工程技术研究及产业化应用"分别荣获 2006 年度及 2012 年度国家科技进步一等奖,"第四代移动通信系统(TD-LTE)关键技术与应用"项目荣获了 2016 年度国家科学技术进步奖特等奖。同时,展讯作为国家高新技术企业和国家级企业技术中心,曾 7 次荣获工业和信息化部"最佳市场表现奖""十年中国芯"领军设计企业奖、"最佳集成电路设计企业"、历年度"中国十大集成电路设计企业"、科技部"国家自主创新产品"等荣誉奖项和称号。展讯立足中国本土,面向全球市场,不断加强与国际一流芯片厂商的正面竞争,拓展市场份额,致力于成为世界级的手机芯片公司。目前,展讯现有客户包括三星、HTC、华为、联想、TCL、酷派、小米等超过 260 家国内外主流手机制造商和手机设计公司。采用展讯"中国芯"的手机已遍布欧洲、东南亚、南亚、非洲、南美等多个国家和地区。2016 年度,展讯总营收超过人民币 101 亿元,按出货量统计,展讯芯片出货量达 6 亿颗,稳居全球第 3 大手机基带芯片供应商。

TD-LTE 作为通信产业变革期的重要机遇,由中国主导并获得了广泛的国际支持,成为国际标准,其中包含大量的中国专利。

在中国芯片设计业发展初期,由于与国际水平上的差异,国内亟需一个完全自主研发的技术来跟上国际水平。展讯作为一个以为国家提供可信、可控的安全通信技术为己任的企业,在 TD-LTE 项目规划初期就积极参与其中。展讯自 2004 年底就积极组织力量,跟踪和参与 LTE 相关研发活动。展讯通过国家重大专项子课题"终端基带芯片研发"的实施,完成 TD-LTE 多模商用芯片的开发,并在探索的过程中,和运营商、系统企业、芯片企业、终端企业、仪表企业、标准组织和产业联盟等建立了良好的产业合作关系。面对 4GLTE 时代更广阔的国内外市场,展讯于 2014 年推出了 28 纳米工艺的 LTE 全模终端基带芯片,为终端厂商提供先进的基带芯片解决方案,为 TD-LTE/FDD-LTE 终端产业的良性发展和国际化战略的实施提供富有核心竞争力的、自主创新发展的、强有力的技术支持。2017 年 3 月初,展讯推出了 SC9861G-IA,作为一款高集成度的 LTE 芯片解决方案,SC9861G-IA 采用英特尔先进的 14 纳米制程工艺,内置 2.0 GHz 高性能的英特尔 Airmont 处理器架构,具备高效的移动运算性能及超低功耗管理,可为用户提供旗舰级的智能体验。

2016 年展讯 LTE 芯片销售量超过 1 亿套。其中展讯 SC9830/9832 被三星、华为、中兴、联想、酷派、Micromax、Lava、ADVAN 等国内外终端品牌,以及中国移动、印度 Reliance 等众多国际运营商采用,产品覆盖中国、印度、东南亚、欧洲、北非、南美等 20 多个国家和地区。同时,展讯中高端 LTE 芯片 SC9860 也将实现在信息安全及国产金融领域一系列的创新应用。

凭借在 TD-LTE 方面的杰出技术创新成就及产业协同带动作用,展讯与中国移动通信集团公司、工业和信息化部电信研究院等单位共同承担的"第四代移动通信系统关键技术与应用"项目荣获 2016 年度国家科学技术进步奖特等奖。TD–LTE 项目荣获特等奖一方面标志着我国通信产业的转折性发展,另一方面也是对在项目背后奋战的通信人的最大褒奖与肯定。展讯致力于让全世界更多的消费者享受到优质的通信服务,感受中国创新带来的生活改变,这也是我们奋斗的动力。今天,展讯的技术已与全球先进水平保持同步,在 TD–LTE 终端芯片上的成功实现了中国芯走出国门,打破垄断。

展讯通信在不同领域不断挑战的精神,技术上不断提高的韧性,也获得了国家政府的肯定,因而历年来也持续参与了中国长期科技重大专项的规划以及实施,获批数十项国家及地方科技专项任务,包括 2008 年度—2015 年度"新一代宽带无线移动通信网"国家科技重大专项,2009 年度、2015 年度"核高基"国家重大专项,2012 年度—2014 年度"极大规模集成电路制造装备及成套工艺"国家科技重大专项等,为中国新一代自主通信标准的研发和产业化的推进发挥了重要作用。

展讯将在未来的日子里在新技术领域不断地进行拓展,在经营目标上力争成为全球最大的移动芯片供应商,成为国内最大的信息技术科技核心芯片供应商,成为国内最大的移动支付技术提供商;技术目标上达到 5G,成为全球最早商用的厂商之一,成为人工智能的领先厂商,突破智能电视领域中国台湾企业的封锁;社会责任方面会一如既往地为国家提供可信、可控的物联网及安全通信技术,主动承担 TDS、北斗等中国自主知识产权的技术和商业化。

展讯通信(上海)有限公司

从研发外包服务走向精确检验和
精准医疗之路

上海伯豪生物技术有限公司(以下简称"上海伯豪")成立于 2008 年 12 月,8 年多来,上海伯豪经历了高通量基因组学技术的迅猛发展,经历了国内生物技术研发外包产业的迅速崛起;同样也经历了全球金融风暴对研发外包产业的冲击。这家成立 8 年的生物医药企业是否已建立起基于高通量基因组学技术的系统解决方案,是否依然坚持用心服务的道路。让我们一起走进上海伯豪,用心体验它 8 年来的发展和变化。

一、用心打造系统而全面的研发外包服务平台

中国的生物芯片产业起始于 20 世纪 90 年代末期。1997 年 7 月,香山科学会议第 80 次学术讨论会在北京香山举行。会议主题为"DNA 芯片的现状与未来"。这次会议的宗旨是了解 DNA 芯片这一新技术的国际发展状况及前景,讨论其关键技术以及我国的现状及对策。此次会议拉开了生物芯片技术在中国研发和应用的序幕。1999 年,国家科学技术部起草了《医药生物技术"十五"及 2015 年规划》。规划所列 15 个关键技术项目中,就有 8 个项目与生物芯片相关。同时,国家科技攻关计划、自然科学基金、火炬计划等科学技术和产业发展计划,均把生物技术和生物技术产业列为优先发展的对象,力争在功能基因组和生物芯片的研究开发中获得一批有重要商业价值的专利,以保障中国生物技术产业发展的空间。

　　在这样的大背景下，2001 年 8 月，上海生物芯片有限公司成立。2003 年 2 月，国家发展和改革委员会批准上海生物芯片有限公司负责建设和运行"生物芯片上海国家工程研究中心"。2008 年 12 月，上海生物芯片有限公司旗下专业从事生物技术研发外包，面向全球药物研发机构、生物技术企业、大学和科研院所，提供全面的生物技术研发外包的服务公司——上海伯豪生物技术有限公司应运而生。

　　正是依托于母公司（上海生物芯片有限公司暨生物芯片上海国家工程研究中心）的强大技术背景，上海伯豪的 CRO 技术服务平台享有得天独厚的生物芯片研发服务的资源优势：拥有 4 套 Affymetrix 基因芯片系统、2 套 Agilent 基因芯片系统以及 2 套基于点样技术的芯片制备系统，协同自主品牌的芯片平台，三大生物芯片平台同时运作，是中国最全面的芯片服务平台和芯片种类最多的服务公司。

　　2010 年之后，以 Roche 454、Illumina Solexa 和 ABI SOLiD 为代表的第二代测序技术诞生了，并迅速掀起了你追我赶的技术比拼高潮。为了在技术上与国际先进水平同步，公司又逐步建立了新一代测序平台。目前已拥有数套高通量测序设备及高性能服务器，日产数据量达到300Gb。同时，围绕生物芯片和高通量基因组测序等组学技术服务平台，上海伯豪还建立了样品处理、生物信息分析、实时定量 PCR、常规测序、低通量基因分型等一系列富有特色的技术服务平台，为客户提供上下游延伸实验服务。经过多年的用心打造，目前，上海伯豪已经建立起国内最为系统和全面的高通量基因组学技术服务平台，包括七大服务平台：生物样品分析平台、微阵列芯片平台、新一代测序平台、生物标志物平台、分子检测平台、基因编辑平台、生物信息平台。公司凭借高标准的技术平台和多样化的服务等竞争优势，向国内外企业和相关单位提供系统的生物学研究全面解决方案。对于位点数较少的、样本数较多的需求，基于基因芯片与 PCR 技术进行处理；对于高通量的位点、大量样本数的需求，则基于基因测序技术进行处理。

二、用心建立专业而稳定的精准检测服务体系

上海伯豪拥有较好的技术资源优势,同时经过若干年的建设,公司已经组建了一支专业化的技术团队,很多年轻人为了生命科学的梦想在此辛勤耕耘,团队中大部分骨干人员具有至少 5 年以上的专业化技术服务经验。"稳定的队伍是确保技术服务稳定性的重要一环,对我们的客户来说尤其重要!"现任上海伯豪生物技术有限公司总经理、上海生物芯片有限公司副总裁、生物芯片上海国家工程研究中心副主任的肖华胜博士如是说。

正是在这个专业化团队的努力下,上海伯豪于 2011 年 2 月通过了 ISO9001:2008 质量管理体系认证(2016 年又通过了 ISO9001:2015 质量管理体系认证),同时,结合跨国制药企业公认的 GLP 管理规范与公司自身的实际情况,公司建立了一套严格稳定的质量管理体系,包括 151 多个 SOP 文件、150 多个标准表单、一个管理数据库以及一个专用文档保存室。接受美国专业咨询公司的专业培训和辅导之后,已数次通过包括 Johnson & Johnson、Covance、Novartis 等公司质量保证部门的审计和评定,技术服务水平达到了国际制药企业技术服务的质量要求标准。严格的质量标准,在得到客户认可的同时,也得到了合作伙伴的高度评价,上海伯豪是 Affymetrix 公司在中国首家技术服务提供商和 Agilent 公司在中国唯一的技术服务提供商,上海伯豪的技术服务品质得到两大主流厂商的认同和推荐。

艰苦的付出终有回报,上海伯豪 8 年来已承接技术服务项目近万项,客户遍及国内外 3 000 余家单位。其中,排名前 25 的跨国大型制药企业中就有 18 家已经或正在享受上海伯豪带来的专业化、高品质的技术服务。而在国内市场,一支稳定的、训练有素的营销及技术支持团队,持续为国内生命科学领域专家提供高品质的售前、售中和售后技术服务,得到了客户的高度认可。针对技术服务的业务特点,上海伯豪从成立伊始就

开始重点加强对客户在实验设计和数据分析方面的技术支持力度,开发了基于网络的在线数据分析系统,目前该分析系统已经协助众多客户通过网络方便、快捷地完成其实验项目的生物信息分析。截至目前,上海伯豪的一批国内客户已陆续在各大知名期刊上发表了一系列重要文章,8年来客户利用上海伯豪的技术服务发表文章1 000余篇,影响因子总计达到4 000余分。

业务在发展和扩大,但用心建立专业而稳定的精准检测服务体系的初心却始终坚定。正如上海伯豪总经理肖华胜博士所说,"作为一个提供服务的公司,上海伯豪的目标很明确,技术水平是核心,服务是本质,也是品牌。目前技术水平和平台已经比较完善,主抓的就是服务。自上海伯豪挂牌成立起,就开始号召公司成员从上至下,要转变意识,从售前到售后,树立强烈的服务意识。我们希望成为'医术和态度都优良的医生',这样才能得到客户的认可和赢得更多市场。就像饭店吃饭,客人往往在意的不仅是饭菜质量,还注重服务质量。接下来我们会进行一系列客户反馈调查工作,如客户满意度调查、新客户增长率和客户忠诚度评估,以考量自身服务质量。对于合作伙伴,我们更多的是学习他们先进的管理经验,学习方法是第一位,其次是具体的知识和内容。我们会严格尊重客户知识产权保护的内容,当然会在后期依靠自己的技术优势和经验优势,自主开发一些产品。"

同时,上海伯豪还着力加大在临床检测方面的投入力度。上海伯豪控股公司——上海伯豪医学检验所于2012年3月应运而生,上海伯豪医学检验所是经上海市卫生局批准执业的医疗机构。服务内容涵盖疾病预测、早期筛查、诊断、个体化医疗、疗效评估、复发监控的全过程。上海伯豪医学检验所在集团公司基于强大和完整的分子生物学检测和生物信息分析平台的基础上,以中国医学实验室行业认可的ISO 15189:2007标准,以及国际最具影响力的CAP认可要求,专业打造一个全面而富有国际竞争力的综合性医学分子生物学检测中心,并结合国内外分子医学检测技术的现状和发展趋势,形成以PCR、测序、芯片和杂交四个技术平台和专家队伍为核心的完备分子医学检测能力。为提升我国的分子诊断技术水平、促进医疗资源结构优化、切实为个体化医学和精准医疗理念的实现提供支持,并培养一批高层次的分子医学研发人才,推进"产、学、研"结合和行业的技术进步。目前,上海伯豪检验所已经集中了国内外分子生物学、生物信息学和肿瘤医学领域的一批顶尖的专家学者和中青年科学家,结合分子医学和精准医疗的行业热点,科研和临床并重,从基因组学、肿瘤分子分型、重大疾病转录组、适配体基础研究和转化四个领域出发,明确公司重点发展方向,为个体化医疗、重大疾病早期筛查(警哨系列)、遗传疾病基因检测、疾病易感性评估(GWAS 全基因组关联研究)、无创产前基因检测五个方面,集中力量解决目前诊断行业最具复杂性和科学性的关键性技术问题,以及临床诊疗和科研需求,实现分子医学国际技术平台资源高效持续利用,充分体现公司软件测评系统在医药检测质量服务方面的应用。

三、用心开启"精准医疗、精准检测、精准服务"新格局

随着公司科技服务和临床检测布局的逐步拉开。上海伯豪于 2015 年完成了 B 轮融资。2015 年 7 月,上海伯豪与上海东富龙医疗科技产业发展有限公司签订投资框架协议。伯豪生物此次 B 轮融资,融资金额总计超过 1 亿元人民币。本次增资,也是上海东富龙科技股份有限公司布局精准医疗的重要举措之一,通过东富龙、伯豪生物,以及伯豪生物各股东方——上海生物芯片有限公司/生物芯片上海国家工程研究中心、上海欧奈尔创业投资中心、上海珙桐投资中心、上海华瑞生物技术有限公司的共同努力,直击精准医疗核心领域,共同开启"精准医疗、精准检测、精准服务"新格局。

随着精准布局的拉开,2016 年 4 月,上海市发展和改革委员会转发了国家发展和改革委员会《关于第一批基因检测技术应用示范中心建设

方案的复函》（发改办高技〔2016〕534号），正式批复建设国家基因检测技术应用示范中心。上海伯豪负责建设出资运行的"高发肿瘤及遗传性疾病基因检测示范中心"成为上海市首批国家基因检测技术应用示范中心。该中心由上海伯豪为牵头单位，上海伯豪医学检验所和慧算生物共同出资建设，参与合作单位还包括复旦大学附属肿瘤医院、上海交通大学附属上海市儿童医院、上海交通大学附属胸科医院、上海生物信息技术研究中心等4家上海地区的医院和研究机构。该中心以高发肿瘤及遗传性疾病基因检测为主要方向，按照发改委的要求，以提高出生缺陷疾病、遗传性疾病、肿瘤、心脑血管疾病、感染性疾病等重大疾病的防治水平为重点，大力发展基因检测技术，引领重大创新成果的产业化。开展一系列基因检测服务和产品开发。实现高发肿瘤和遗传病从肿瘤遗传因素分析到早期发现，再到个体化诊疗及复发和预后监测的全程基因检测解决方案，成为具有年处理量20万份/年规模，可达到辐射2亿人口，营业额达数亿元的大规模肿瘤及遗传病基因检测技术示范应用中心。同时，重点关注和发展基因检测新技术和医疗器械研发及产业化；配套高通量和大数据技术平台的建设。建立和优化高通量基因检测平台和大数据分析平台的体系，支持以高性价比产品覆盖我国主要遗传性疾病和高发肿瘤的检测。作为上海"高发肿瘤及遗传性疾病基因检测示范中心"牵头单位的上海伯豪本次承担发改委基因检测技术应用示范中心在上海地区的布局，将有助于上海伯豪直击精准医疗核心领域，协同各临床、科研和业界合作单位的力量，共同开启华东地区"精准医疗、精准检测、精准服务"新格局。

同年，上海伯豪还在加强临床产品的研发和报证工作。已完成研发的临床或检验检疫分子检测产品包括药物遗传学检测芯片、病原微生物检测芯片、细菌鉴定及细菌耐药基因检测芯片、疾病分子遗传学检测基因芯片等3大类20余个产品。在研产品聚焦肿瘤个性化用药、神经性耳聋/眼科疾病基因检测、遗传性疾病分子检测、基因检测相关试剂耗材等热点产品。上海伯豪希望在两到三年内，完成从"服务"到"服务＋产品"的转型，形成以研发外包业务、临床分子检测业务和分子检测产品研发、生产、销售业务为三大支柱的公司业务战略定位。

目前上海伯豪的"精准医疗、精准检测、精准服务"将主要业务分为三块：科技服务业务、临床检测业务和分子诊断产品的开发。科技服务业务面向科技服务市场，向生命科学研究、临床医学研究、新药开发、健康领域等提供研发外包服务。临床检测业务面向疾病与健康的应用市场，开展重大疾病的分子诊断与治疗的临床检测服务、重大疾病的预测预防等风险评估服务。而分子诊断产品将聚焦以 PCR、基因芯片和测序为主要技术手段，聚焦高发肿瘤和遗传性疾病的分子检测产品，进行产品开发和报证工作。2016 年上海伯豪在重庆建立了第二家临床检验所，并在东北地区布局了合作临床实验室；而在周浦的 GMP 车间也于 2016 年底竣工。这些都为上海伯豪从服务向产品＋服务的战略转型奠定了基础。

展望未来，上海伯豪将以世界一流的生物芯片、基因测序等分子生物学检测技术以及逐步建立的疾病基因库等资源，应用于生命科学研究、临床医学研究、新药开发等研发服务，临床分子检测服务，重点是肿瘤、遗传病等重大疾病的早期预测预防和风险评估，诊断与个体化用药的检测服务和大众人群的遗传与健康检测服务。

八年的用心经营，上海伯豪已逐步走出一条独具特色的产业化之路，这家活力四射的生物技术高新技术企业或许正代表着一种未来！

上海伯豪生物技术有限公司

搭建基因大数据管理平台
助力全球精准医学腾飞

古希腊神话中太阳神阿波罗象征着光明,在希腊雅典城的德尔斐阿波罗神庙的门楣石板上用古希腊文刻着一行字"认识自己!(Know Thyself!)"。传说这行字是雅典城建成时神留给人类的箴言。在经历了几千年的沧海桑田,石板上的字迹仍然依稀可见,令许多旅游者感到神秘而古老。看似简单的一行字,实际上却是人类迄今为止最难解释的一个话题。

人类基因组计划(Human Genome Project,HGP)于 1990 年正式启动。美国、英国、法国、德国、日本和中国科学家共同参与了预算高达 30 亿美元的跨国、跨学科的探索工程。人类基因组计划、曼哈顿原子弹计划和阿波罗计划并称为三大科学计划,被誉为生命科学的"登月计划"。2001 年,人类基因组草图的发表标志着人类基因组计划成功的里程碑。

然而,测定一个人的基因组的 30 亿个核苷酸序列,科学家花费了 10 年的时间及 30 多亿美元的高昂成本,如何快速测定基因组序列就成为亟待解决的难题。高通量测序技术的诞生为生命科学领域投射了一缕阳光。位于上海浦东新区自由贸易区的生物医药平台公司药明康德预见到了高通量测序技术应用的广阔前景和深远意义。2011 年 7 月,药明康德成立了基因组学中心。2015 年 1 月 11 日,药明康德以 6 500 万美元现金收购了拥有世界领先的基因测序分析工具平台 NextCODE Health 公司,与药明康德基因组学中心合并,正式成立明码生物科技(WuXi NextCODE)。机缘巧合的是,几天之后的 1 月 23 日,美国前总统奥巴马在 2015 年国情咨文演讲中宣布了一个生命科学领域新项目——精准医学计划（Precision Medicine Initiative），致力于癌症等疾病的研究，让所有人获得健康个性化信息。"精准医学"逐渐成为生命科学领域最热的关键词。

2017 年 1 月 5 日，明码生物科技宣布与新加坡国家心脏中心（Natinal Heart Center Singa pore，NHCS）合作，通过创建一个基于云平台的即时查询企业级数据存储系统，集成心血管疾病患者以及健康人群的大规模全基因组序列、医疗信息以及可穿戴设备数据。探索和研究新加坡以及东南亚人群中尚未被发现的心脏病遗传风险因素。为不同类型的遗传风险、携带者状态和药物反应提供个性化的精准健康指导建议。2017 年 1 月 9 日，明码生物科技宣布与生物制药企业艾伯维（AbbVie）、生命科学新锐企业爱尔兰基因组医学公司（GMI）开展为期 15 年的合作，对爱尔兰 45 000 名志愿者进行高通量基因测序，聚焦于影响爱尔兰数 10 万人以及全球数亿人健康的肿瘤、神经和免疫系统慢性疾病。

除了新加坡和爱尔兰的国家级精准医学项目，明码生物科技拥有的 NextCODE 生物信息分析系统，是世界上唯一一套经过冰岛 30 多万人全基因组数据验证并优化的基因组学信息分析系统；2015 年 6 月，明码生物科技经过两轮激烈竞标，从世界各大领先测序分析供应商中脱颖而出，成为英国 10 万基因组计划（Genomics England）选用的唯一一家应用在罕见病及肿瘤的临床数据分析系统，该合作被《自然》（Nature）长篇幅专题报道；2015 年 10 月，明码生物科技与卡塔尔锡德拉医学研究中心（Sidra）合作进行卡塔尔 30 万人基因组测序及临床数据分析。运用明码生物科技的 NextCODE 分析系统进行遗传病的检测，进一步推动卡塔尔、阿拉伯地区乃至全球范围的基因组学精准医学研究项目；2015 年 11 月，明码生物科技肩负起美国圣安东尼奥千人癌症全基因组项目的测序及基础数据分析工作，进一步推动圣安东尼奥的癌症基因组学研究进程，全面促进全球癌症的临床治疗。

明码生物科技还与多个国家和地区的临床机构、科研单位以及公司开展广泛合作,共建联合实验室,共同推进全球精准医学的进程。2014年 10 月,明码生物科技与美国 Foundation Medicine Inc. 公司宣布开展战略合作,为在华临床试验提供领先综合基因组分析服务,共同在中国为国内、国际药厂肿瘤靶向药物的临床试验提供筛选患者为主的检测服务;2015 年 2 月,明码生物科技与美国波士顿儿科医院合作打造世界级儿科遗传病综合诊断、科研、治疗及护理中心。明码生物科技提供 NextCODE 数据分析系统、前 Baylor 遗传实验室运营主任和权威罕见病医生对疑难杂症的技术支持;2015 年 4 月,明码生物科技与美国 DNAnexus 联合推出一体化精准医学平台,加速推进基因组学在全球范围的广泛应用;2015年 9 月,明码生物科技与复旦大学附属儿科医院合作建立儿科遗传病联合实验室,打造国家级儿科遗传病综合诊断、科研、治疗及护理中心;2015年 11 月,明码生物科技与基因信息解读公司 N-of-One 签署全球合作协议,双方将展开深度合作,提供基因突变对应药物指导的数据库,确认引发癌症的驱动突变,为患者提供更加个性化的治疗方案;2016 年 3 月,明码生物科技与 Simons 基金会世界最大自闭症数据库展开合作。其中包括 2 600 个自闭症家庭的数据以及散发自闭症患者数据在内的共计 1 万个外显子测序数据,涵盖临床表型。实现全球数据可控共享及云端实时查询与合作;2016 年 5 月,明码生物科技携手华为公司合作打造国内首个覆盖全国、标准统一和安全可靠的精准医学大数据云平台——明码云;2016 年 6 月,明码生物科技与微软 Azure 云合作,为用户推送基因组大数据分析工具;2017 年 2 月,明码生物科技与 Geneformics 公司合作基因数据技术,优化基因组测序数据的存储、归档和传输能力,改进技术解决方案,惠及全球合作伙伴。

明码生物科技如何在短短不到 6 年的时间内迅速成长为全球精准医学基因研发服务商(Contract Genomics Organization,CGO)呢? 毫无疑问,最有发言权回答这个问题的当属明码生物科技首席技术官(CTO)兼中国区负责人孙洪业博士。孙洪业于北京大学获得博士学位,并在哈佛大学及堪萨斯大学分别从事博士后研究工作。曾供职于应用生物系统公司 Applied Biosystems(今 Thermo Fisher 公司),拥有超过 10 年的 DNA 测序技术研究与开发经验。2011 年,孙洪业博士加入药明康德并创建基因组学中心,致力于应用基因组学方法解决药物发现、临床开发和个性化医疗的问题。

一、率先实现与国际质量标准接轨

药明康德基因组学中心的建成仅耗时一个多月时间,充分体现药明康德积累的多年经验、高效精准的运营、标准化的建设方案。基因中心运行伊始,孙洪业博士就发现药明康德的所有业务部门都有完善的质量体系、操作规范和国际监管部门的证书,他意识到基因中心作为一个承载生命奥秘探索重任的部门也必须有一个符合国际质量认证的标准体系。标准化不是一个口号,更多的是一种行动、一种文化,包括了数据质量的标准化、实验室管理的标准化、专业词汇的标准化等多个方面。在他的主导下,标准化坚定、快速、平稳地推进到了实验室的各个工作层面之中。

2013 年 10 月,基因检测实验室获得了美国《临床实验室改进修正案》(Clinical Laboratory Improvement Amendments,CLIA)认证,成为国内唯一一家获得该项认证的实验室,证明公司的服务水准和质量要求达到国际化水准,以开放式平台的形式将国际化的检测标准引入中国市场。CLIA 法规是美国医疗保险和医疗补助服务中心(Centers for Medicare and Medicaid Services,CMS)监管所有在美国进行的、与人体有关的临床实验室检验的法案(科研项目除外)。1988 年,美国国会设立了关于所有涉及患者的实验室检验的质量标准,确保全美国所有涉及患者的实验检测的准确性、可靠性和及时性。CLIA 定义"临床检验实验室"为任何以诊断、疾病预防、治疗及健康评估为目的进行的检测人源化样本的实验室。明码生物科技实验室采用一整套的 CLIA 实验室管理标准,对所有承接项目都提供采用 CLIA 标准的服务。所有的测序流程采取流水线操作和自动化平台,配以详细的标准化操作手册,保证实验顺利完成。所有上岗人员在进行样本检测之前,均需要接受严格的培训和考核,包括基本规范和实验操作技能。在实验的关键步骤实行双人核查制度,以避免操作错误。明码生物科技有非常严格的实验记录,试剂使用规范化、仪器保养规范化,以及质量和安全的管理。明码生物科技有独立的质量监督 QA 团队,定期对实验室的各项环节进行检查和随机抽查,以确保实验操作人员严格按照 SOP 进行操作,确保测序数据的准确性、可重复性和及时交付。

　　2016 年 2 月,明码生物科技获得了临床检测行业的美国病理学家协会(College of American Pathologists,CAP)颁发的资质,证明实验室的检验品质达到世界顶尖水准,获得国际上各相关机构认同。CAP 是美国一个非营利的临床实验室认可机构,依据美国临床检验标准化委员会(Clinieal and Laboratory Standards Institute,CLSI)的业务标准和操作指南,以及 1988 年的美国临床实验室改进修正案。CAP 认证是美国病理学家协会的一种国际论证。自 1962 年起在美国普遍采用执行,1994 年起被世界各国公认为最适合医疗检验室使用的国际级实验室标准,其所产生的影响超过了其他任何一个组织,因此被国际公认为是实验室质量保证的领导者和权威性的实验室管理和认证组织。明码生物科技对临床实验室各个学科的所有方面均制定了详细的检查单,通过严格要求来确保实验室符合质量标准,从而改进实验室的实际工作。根据 CAP 对于临床实验室步骤的标准化和改进,明码生物科技倡导高质量和经济有效的服务质量,显示出对于服务质量的承诺完全符合公司国内外临床客户及科研合作伙伴最为严格的标准及监管要求。

　　CLIA 及 CAP 管理体系使得明码生物科技实验室严格遵循《健康保险流通与责任法案》(HIPAA),可以为合作伙伴提供高质量的、可重复的和可追溯的测序数据。此外,明码生物科技也立足于本土,率先成为我国首批基因检测应用示范中心。2016 年 4 月,明码生物科技携手复旦大学附属儿科医院联合申报的《儿童遗传性疾病精准医疗基因诊断示范项目》

获得《国家发展改革委办公厅关于第一批基因检测技术应用示范中心建设方案的复函》（发改办高技［2016］534号）。明码生物科技、上海药明康德医学检验所有限公司以及复旦大学附属儿科医院将按照国际认证标准建设约4 000平方米的儿童遗传性疾病精准医疗基因诊断示范中心。明码生物科技的NextCODE分析系统将应用于儿童基因检测，建立儿童遗传性疾病基因检测及基因大数据平台，以现有的成熟技术为基础进一步拓展基因技术的应用领域及高通量全基因组测序技术的临床应用，开发新型基因检测产品。同时，引入商业化保险运营机制，为儿童提供遗传病基因检测、早期诊断干预，可有效降低儿童的死亡率及致残率，为精准医疗提供可靠诊疗依据，降低遗传病患儿家庭经济负担。

明码生物科技秉承药明康德集团的知识产权管理制度，数年如一日坚持贯彻和执行知识产权保护政策。知识产权管理体系内容涉及专利、商业秘密和商标等多个方面，需要采购、研发、生产、销售和人力资源等多个管理层面协同运作。知识产权保护是明码生物科技与全球客户之间相互信任的基础。知识产权保护是公司和客户共同的生命线，保护知识产权，坚决检举和打击知识产权违规行为。2016年3月，明码生物科技通过了国家《企业知识产权管理规范》（GB/T29490－2013）标准审核，获得由国家独立的第三方认证机构中知（北京）认证有限公司颁发的知识产权管理体系认证证书。知识产权管理体系认证的通过是对明码生物科技以及药明康德严谨规范的知识产权保护体系进一步认可，同时对公司未来知识产权保护和管理，激励科技创新，促进产业合作发展，为全球客户提供更高质量的服务具有重要意义。坚持以正直品格、世界级安全标准和零容忍的政策保护知识产权，坚决依法打击任何相关犯罪行为，并且采取切实有效的管理措施。所有测序原始数据均以ID标记，绝不体现任何客户样本信息。客户项目的所有数据，被储存在客户专用文件夹内。只有相关项目负责人有权查看。服务器房间限制进入，24小时全时监控。记录并保存服务器房间的每日访问记录，每月审核。

二、构建高通量基因测序数字化平台

2014 年 1 月,全球领先的测序公司美国 Illumina 宣布发布一套包含 10 台超高通量测序系统 Illumina HiSeq X Ten。HiSeq X Ten 首次将人类的全基因组测序成本从几万美元降至 1 000 美元,这对于行业具有里程碑式的意义。HiSeq X Ten 能够比以往更快地测序。每台 HiSeq X 仪器 3 天可产生 1.8 Tb 的数据,即每天 600GB。若同时运行 10 台仪器,人们每年可测序 18 000 多人的全基因组。

药明康德成为中国大陆首批拥有 Illumina HiSeq X Ten 测序系统的公司。随着这一世界领先测序系统的投入使用,明码生物科技的服务范围覆盖人类全基因组(Whole Genome Sequencing, WGS)、全外显子组(Whole Exome sequencing, WES)、转录组(RNA-Seq)、甲基化(Methylation Sequencing)、免疫共沉淀(ChIP-Seq)、扩增子测序以及目标区域深度测序等。

明码生物科技先进的高通量基因测序平台还配备有国际领先的仪器 150 余台,拥有目前市场上国内外知名的仪器品牌及最先进的型号。同时,明码生物科技为了提高实验室的效率,最大限度地减少人为误差,明码生物科技引进了从样本抽提及建库的自动化实验平台,为合作伙伴提供大项目的高通量建库能力,提高实验效率,缩短实验周期,确保测序质量一致性好、重复性好及减少人为误差。

一个人的全基因组测序原始数据约为 100 GB。因此,基因组数据的存储、传输和归档对于基因组测序行业而言是一个巨大的挑战。明码生物科技已搭建有一整套高性能计算集群(HPC),形成千兆与万兆不同应用层面的数据交换网络。为海量生物信息数据的存储、处理和后续分析提供了稳定、高效的硬件支撑。同时,明码生物科技联手全球基因组学 IT 架构及基因测序数据存储、传输及归档的行业先锋——Geneformics 公司为基因组学数据瘦身。依托 Geneformics 独有的数据无损压缩技术可将基因组原始数据压缩 90%。结合其存储和归档技术，即使在现场、远程或在线情况下，都能高效汇编、查询及转移大型基因组数据集。明码生物科技的平台整合 Geneformics 的核心技术后，查询及利用大型基因组数据集将会变得更加方便，从而使精准医学研究、诊断和治疗等医疗服务受益。

明码生物科技已建成集测序、自动化、服务器以及数据存储于一体的高通量基因测序平台。2016 年 6 月，明码生物科技积极响应市政府的号召，加盟了上海研发公共服务平台，充分发挥"共理共享，协作服务"的服务宗旨，充分发挥科技资源的服务能力。

三、打造本地到云端的基因大数据管理平台

2017 年年初的 JP Morgen 大会上，美国 Illumina 公司宣布全新的 NovaSeq 测序仪的问世，这意味着个人基因组 100 美元时代即将到来，也从另一个侧面反映了今后数字化的过程将不再成为太多阻碍人类印制生命"天书"的壁垒。随之而来的另一个问题就是，用何种方法来读懂这本"天书"呢？

从明码生物科技的英文名 WuXi NextCODE 上不难发现，明码生物科技正是由药明康德基因组学中心与由 deCODE 公司拆分而来的业界领先的生物信息公司 NextCODE Health 组建而成。NextCODE 公司从安进公司获得由 deCODE 公司开发的基因临床应用技术的独家授权。2015 年 1 月，药明康德宣布以 6 500 万美元现金收购 NextCODE Health 公司。NextCODE 信息分析系统可为临床医生及科研工作者随时随地分析基因序列数据，其卓越能力得到多项国家级研究项目的认可。NextCODE 信息系统与其他序列分析方案最大不同在于基因组有序关联数据库（Genomic Ordered Relational Database，GORdb）架构和数据库的独特设计。GOR 架构不产生多个数据单元，极大简化了在相似体征或

症状的群体病例间进行变异数据比对的工作,面对未来随着测序技术高速发展而产生的海量数据,NextCODE 信息分析系统将发挥越来越重要的作用。凭借 NextCODE 系统的 GORdb 架构及在此基础上开发的序列分析(Sequence Miner, SM)、临床序列分析(Clinical Sequence Analyzer, CSA)和肿瘤突变分析(Tumor Mutation Analyzer, TMA)等模块,明码生物科技构建了全球领先的基因组学及精准医学大数据分析平台,可在单个碱基分辨率的基础上实时存储、查看并分析生物信息大数据,为全球客户提供全面基因测序及生物信息服务,为诊断和治疗提供必要的测序数据分析解读等服务,从而更有效地帮助临床医生和研究人员更好地诊断和治疗疾病。

传统的数据分析需要调用本地大量的服务资源,数据交付也是通过移动硬盘邮寄方式交付,风险大、周期长、成本高。对于普通科研测序以及临床研究数据就已经是个大挑战,大规模队列研究的数据更是国家级精准医学项目中无法回避的现实问题。2016 年 5 月,明码生物科技联合华为企业发布了中国首个精准医学大数据云平台——明码云。明码云结合了明码生物科技在分析、挖掘、共享基因组学及精准医学大数据方面端到端的丰富技术经验、药明康德世界一流的医药研发能力,以及华为公司业界领先的云计算能力及其遍布全国的网络基础设施,为中国精准医学大数据建立了首个可信赖的本地化的云计算、云存储、云分享、云分析和数据交互的精准医学云平台。NextCODE 系统已在明码云平台全面上线。明码生物科技可以为使用者和合作者提供系统使用的培训、合作分析及与临床遗传咨询师对接等整体解决方案。明码云平台是由建立在本地机房的数据生产组件和建立在公有云上的数据服务组件构成。其中,数据生产组件使用本地的服务器集群对实验室产生的基因原始数据进行自动化的分析和处理;位于公有云上的交互云平台则以弹性的云计算技术实现数据高级处理、转换和分析挖掘的自服务功能,面向医疗健康服务,实现资源最大化节约,数据安全管理以及对外接口等功能。明码云平台可以提供服务的自由选择,使用者可以根据实际业务的需求选择不同的服务模式和资源申请方式。具有标准化、开放性、完备性、健壮性、灵活性、可监控/可跟踪性、安全性、运营性和可维护性等要求,同时遵循松耦合、模块化、可重用、可配置的原则,以 B/S 架构设计并保持可扩展性,为最终使用者提供可度量的标准服务。

四、为提高全民健康水平而做出的努力

高通量基因测序技术的成熟以及应用的扩大,明码生物科技一直在思考如何能利用多年积累的平台和服务优势,在严格保护用户隐私信息的前提下,为更多健康人群、临床病患提供更多高品质的应用产品。

我国是人口大国,出生缺陷发生率约为 5.6%,每年新增出生缺陷人数约 90 万例。2016 年 12 月,明码生物科技凭借其在遗传病研究领域 20 余年的丰富经验,倾力打造出"福码"(FamilyCODE)这一款产品,力争全面提升我国出生缺陷防控水平,提高人口素质和儿童健康水平。"福码"可一次性筛查 135 种亚洲人群高发、早发、严重的隐性遗传病,涉及代谢、神经、肌肉、血液、内分泌、泌尿等多个人体系统。"福码"采用美国 FDA 认证的唾液采集器,只需 0.75 mL 唾液即可用于后续检测,便于使用者在家中无创、快速收集样本。实验在中国首家通过美国《临床实验室改进修正案》(CLIA)和美国病理学家协会(CAP)双重认证的基因检测实验室完成,严格遵循 HIPAA 条款,质量符合国际最高标准。对于高风险人群,明码生物科技的遗传咨询团队可为客户提供专业的遗传咨询服务,帮助进行科学备孕。此外,明码生物科技在 2015 年还打造了"明码健康"(HealthCODE)和"瑞码"(RareCODE)。

"明码健康"是一款基于全基因组测序的健康体检产品,全面涵盖遗传性癌症、心脑血管病等重大复杂性疾病的近 500 种疾病风险,涉及 24 种高风险遗传综合征、30 种常见疾病遗传风险,以及 402 种携带者状态,为客户提供全面而周到的高端健康体检服务。2017 年 3 月,在美国医学

遗传学与基因组学学会(the American College of Medical Genetics, ACMG)学术年会上,明码生物科技宣布了"明码健康"产品针对中国早期消费者进行的一项全基因组健康筛查的初步检测结果,体现出关爱个人健康及推进精准医学在全球范围内应用的巨大潜力。

"瑞码"是一款遗传病临床辅助诊断产品,为临床上难以确诊的罕见遗传病患者提供端对端解决方案,目前已经在复旦大学附属儿科医院等多家医院全面启用。"瑞码"通过对全外显子组进行测序,使用NextCODE系统中的CSA分析工具,由临床遗传学家鉴别与患者的临床指征相关的基因变异,提供全面、快速的基因检测分析,帮助病患家庭重新找到治疗的希望。

五、结语

筑基因大数据管理平台之巢,引全球精准医学项目之凤。明码生物科技秉承"人人应用基因,人人从中受益"的愿景,旨在打造一个集基因测序数字化、数据管理、数据分析应用于一体的、综合性的基因组大数据管理平台。也许在不远的将来,凭借全球更多国家精准医学项目契机以及合作攻关,人类生命基因奥秘的神秘黑洞将被光明照亮。届时,阿波罗神庙"认识自己!"的箴言定将绽放出更加绚烂的光芒。

明码(上海)生物科技有限公司　傅赟彬

飞翱：多元化的新型外包呼叫中心

飞翱集团（以下简称"飞翱"）创立于 1997 年，是亚太地区业务流程外包方案领域的先驱，目前已超过 4 500 人的规模，专门为世界 500 强及国内外知名企业提供多元化的商务流程外包服务（Businee Pro-cess Outsourcing，BPO）。以上海为集团总部，分别在昆山、广州、重庆、西安、中国香港及中国台北设有多个运营中心，提供 24 小时不间断的客户服务，覆盖整个亚太地区。凭借与全球合作伙伴的紧密合作，把服务延伸到全世界各个主要国家和地区。公司服务多个国家的客户，以多国语言支持当地和区域性的服务。

一、积极探索不停步，廿载发展步步高

从飞翱发展的 20 年历程来看，它已经从一个最初的传统电话客服外包企业，发展到目前的多元化客户服务联络中心、互联网 + 的推手和大数据的使用者。主要经历了如下几个阶段。

（1）创业（V0 阶段）：二十年前，飞翱只能为客户提供一般问题的解决方案，主要是承接客户能做的，但不想做的。客户费用的高低直接反应服务的价值有多少。

（2）学习（V1.0 阶段）：飞翱致力于解决不同行业的问题，从不同的行业交叉学习。用积累的行业经验和学习到的行业新知识，获得新的客户群，从而拓展更多不同行业的客户。

（3）优化（V2.0阶段）：飞翱当时已经是国内外包客服企业的先行者。但从整个客服市场来看，不管是企业自建客服还是外包客服企业，都在发展过程中积累了相当多的经验。仅提供一般客服服务是很难有更大服务水平提升的，所以飞翱引进了精细化管理（六西格玛、5S、ISO9001及ISO27001等），同时为了提高工作效率，飞翱率先采用了e-Learning电子教学平台——彩虹大学。所有员工都可以从彩虹大学最快获取最新的培训资料，第一时间了解客户的新产品或业务需求的改变，及时解决消费者的问题。迄今为止，300多门课程已经在彩虹大学正式上线，近万人参与专业知识培训。无论是基层客服人员，还是高级管理人员，都可以从中获得相关所需培训知识。这些措施让客户真正明白优质服务是有价值的，也是飞翱能与很多客户保持长期合作的重要原因之一。

（4）扩展（V3.0阶段）：随着时代的发展，信息技术的变化是日新月异的。客户服务已经不仅是通过电话、传真、邮件等传统渠道去解决。因此，飞翱采用先进的技术，率先开展了新媒体的外包模式，其中，包括在线聊天、微博营销、微信及WhatsApp等。同时，为了提高客户的服务质量，产生增值效应，飞翱不断创新，为客户提供高科技的服务，如大数据分析、语言文字互换、电子商务整体外包、逸安物业及资产管理平台EMIS，以及专为在Google搜索提供优化关键字运用的服务。这些服务及产品不仅可以帮助客户达到更优的服务质量，也可以为客户提高销售，提升消费者体验。此时，客户与飞翱之间已经是更紧密的合作关系，达到双赢的局面。

目前，飞翱已经进入到扩展V3.0阶段。而从外包服务行业来看，飞翱已经达到了业内的最先进水平。但是，飞翱人并不满足于现状，创新一直是飞翱发展之根本，从2017年开始，飞翱也正式进入了V4.0的阶段。

（5）创新（V4.0阶段）：这个阶段将是对传统外包服务产业的一次革命性的颠覆。它包括了飞翱与客户合作互动模式，从简单的甲乙双方的关系，升华为业务合作伙伴关系，加强了与客户在策略方面的参与。飞翱将会与更多不同的技术伙伴合作,打造新的外包服务生态圈,以使整个行业有更多的参与者,市场能更健康的发展。其中包括加强研发微信、微博及各种社会化媒体的应用,从而使得客户能够以更多媒体渠道与消费者加强沟通,提高消费者的满意度。此外,飞翱还会与伙伴开发客服机器人,尽可能对常规问题,在最短的时间内进行自动回复。此举可以降低客户用人成本,减少客户沟通时间,提高工作效率。当然,飞翱还是会根据整个外包市场的大环境,始终以最先进的技术,不断地研发适合不同客户需求的专业系统平台,帮助客户更好地进行市场营销,提升消费者体验。

二、自主创新为动力,客服质量是根本

随着市场及现代化科技的不停发展,飞翱在过去 20 年中,不断开发新的业务产品及进入不同市场领域。在互联网的年代,更扩大了相关的市场活动能力,让更多的行业能享受到移动互联网所带来的效率及客户体验。至今为止,已经自主研发了 13 个有国家著作权的产品,并在 2015年获得国家认证的高新技术企业称号(证书编号: GR201531001091)。至今,飞翱的服务可以分为六大服务范畴:

(1) 客户互动服务。飞翱的呼叫中心除了支持传统的电话客服之外,还可以提供在线聊天、微博营销、邮件处理、微信及 WhatsApp 等服务。飞翱以不断创新为企业目标,不断研发各类软件来提高客服质量,提升客户满意度。目前,飞翱与合作伙伴已开发完成客服机器人,可以在最短的时间内,解决消费者的常规问题。节省客户的服务时间,从而帮助客户达到效益最大化。

(2) 企业业务流程管理服务。EMIS 是飞翱为企业客户管理量身定制的专业监控服务。EMIS 主要是一个采用客户关系管理和大数据概念的移动解决方案,为客户分析收集回来的数据,加强客户服务和创造新体验。可为客户提供资产管理、监控消费者投诉流程,配合飞翱的 7×24 小

时客户热线或通过微信接收消费者的要求。是目前市场上唯一结合呼叫中心、大数据的资产管理平台。EMIS 以规范统一的作业流程和标准,同时采用先进的移动互联网工具和集中化的后台服务团队,实现简单高效的执行。EMIS 管理平台使管理透明化,自上而下达到供应商执行层工作流程,系统数据实时采集,多维度报表帮助管控企业管理质量和消费者满意度。

(3) 人工智能整合服务。飞翱在累积了 20 余年客服行业经验后,研发出在线智能客服系统以及在线客服数据分析系统。同时此产品拥有强大的客服管理功能及报表功能,该系统支持多渠道介入,包括:网站、微信、APP,并且可以整合 CIC 电话系统,做到对各种渠道来源的客户都快速准确定位,提高服务效率。客服数据分析系统主要通过在线服务海量数据,通过预设的类型以及制订每个类型关键字匹配的逻辑规则,将每个记录打上标签后进行分类统计,使客户管理层能清晰明了地看到消费者(或潜在消费者)关注的重点。对帮助客户制定战略发展提供数据的支撑。飞翱通过长期积累的客户服务经验,为不同类型的客户定制关注的类型,及撰写逻辑匹配关系条件,运用强大的 Solar 全文搜索引擎,大大提高了运算效率。

(4) 数据及业务情报分析服务。飞翱通过不同的外包服务,在各种渠道为客户收集、处理和分析海量数据。同时,报告更可以在研发新产品或扩展服务方面带来深入见解,并提升消费者对品牌的参与度。飞翱从所有与消费者的接触点为顾客收集数据。其中包括电话、电邮、微信、网上聊天平台、短信以及其他众多的应用软件。收集数据后,运用飞翱的技术、专业和经验,提炼出隐藏的资料,将数据变为具有价值和真知灼见的报告,展示不同因素或参数所反映的某一种行为或模式,以此来预估消费者的行为,并能针对性地做出更快的反应和反馈,获取更佳业绩。在该领域,飞翱投入了大量的资源,开发具有人工智能的分析工具,并将会在成熟阶段申请全国专利及著作权。飞翱的数据及业务分析服务,帮助客户运筹帷幄,提升企业价值。

　　(5)培训及咨询服务。在培训员工和运营呼叫中心方面,飞翱积累了丰富的经验和专业的技术。能有效地培训员工的客服技巧和现场管理技巧,以提供优质的客户服务。飞翱组建了呼叫中心行业内最完善的电子教学平台——彩虹大学,并已将多年运营经验转化为人才培训的电子课件,能为客户提供有效的呼叫中心人才培训服务。除此之外,飞翱会为客户检验现有的培训材料,确保内容能反映最新知识和技术。飞翱更会运用不同方法协助客户改善培训效果,提升员工专业知识。

　　(6)数字营销及后勤服务。现在的消费者行为,倾向于在购买决定前,在网上做产品搜索及口碑的查询。为此,飞翱便开发了新的数码媒体推广服务,帮助企业将其产品更有效地展示在互联网世界。飞翱的数码媒体推广方案采用飞翱的数据分析服务,掌握消费者行为,并利用这些数据的分析结果选取合适的数码媒体,带领客户将其产品呈现在他们目标消费者的数码世界内。同时,飞翱也是全球最大搜索引擎 Google 的菁英合作伙伴,这都有助于优化社交媒体及搜索引擎关键字的运用,为客户带来最大推广效益。另外,飞翱是一家具有多年电商客服经验的企业,为中小企业客户提供网店一站式服务,包括网页设计、网店运营、产品咨询、投诉处理、退换货品等。

　　世界在变,客户在变,市场也在变。飞翱在 20 年的发展中,积累了非常丰富的跨行业外包服务经验。并且拥有庞大的数据库,完善的培训体制及专业的客服人才库。飞翱作为亚太地区领先的 BPO 行业专家,以呼叫中心外包服务为企业根本,从众多渠道为客户收集庞大的数据,不断地关注先进技术发展新趋势,为客户审时度势,在沟通策略及渠道方面提供恰当及时的建议,配合客户的需求,提供量身设计的整体服务方案及系统。飞翱的专业服务,可以帮助客户提高服务品质、提升工作效率、增强消费者的满意度,与客户建立双赢的合作关系。此外,飞翱始终秉承"创新"理念,在一定程度上,为提高 BPO 行业的整体水平起到了积极的作用。

飞翱(上海)商务咨询有限公司

专注科技服务 推动建设创新药物研发新高地

　　上海睿智化学研究有限公司(以下简称"睿智化学")是中国目前行业领先、规模最大、富有综合实力的医药研发合同外包服务机构(Contract Research Organizaton, CRO)——尚华医药研发服务集团(以下简称"尚华医药")的全资子公司,2003年在上海浦东张江高科技园区生物医药产业基地注册成立。

　　睿智化学目前拥有包括160多位海外归国人才,400多位博士在内的近2 000名科学家团队,其专业领域横跨化学、生物制药、生物学、药理学、药物代谢动力学、工艺研发和分析。他们每天都在和600多家包括全球排名前20的跨国药企在内的合作伙伴共同开展生物医药创新研发和生产等工作。

　　2015年伊始,尚华医药旧金山实验室正式开始运营,波士顿实验室也已于2016年落成,其目标是今后3年内在全球主要生物医药科创中心都要布局设点运营,不但是成为展示我们中国医药企业研发服务能力和综合实力的重要窗口,也是集聚全球顶尖人才技术的基地,更是接触了解投资参与世界领先技术和创新成果的平台。

　　在过去的5年中,尚华医药和睿智化学帮助了一大批新兴的国外生物技术公司从零开始成长为今天市值超过10亿、20亿美金的新一代全球某些细分疾病领域,或特定靶点,或生物技术方面的领军企业。2015年3月出版的《自然生物科技》杂志评选出的最有潜力的11家生物医药新兴企业中,6家已和睿智化学建立了战略合作关系。这些合作也促成了睿智化学与他们股东的国际最知名的生物医药早期项目投资基金,形成紧密的战略合作伙伴关系。同时在国内,尚华医药已经和南通启东、连云港、大连、成都、石家庄等城市的产业园区开展了相关领域的业务合作。据此,尚华医药和睿智化学能够第一时间参与投资和接触全球生物医药领域最有影响力的初创企业的机会,开辟了抢占下一波生物医药创新高地的途径。

现任上海睿智化学研究有限公司董事长的惠欣先生于 1995 年毕业于美国杜兰大学,获得化学硕士学位。1999 年获得美国纽约大学商学院工商管理硕士学位。曾先后担任美国惠氏公司研究员、美国PHYTOMEDICA 公司投资经理、软库金汇大中华控股有限公司投资银行部中国区副总裁,具备资深的企业战略、财务管理和资本运作经验。2002 年,惠欣白手起家,与 5 名员工从张江一间十几平方米的实验室开始,一手创办了尚华医药研发服务集团,集团旗下包括有睿智化学、开拓者化学、开拓者生物医药、凯惠药业、凯惠科技等多家业内享有较高知名度的子公司。他带领的尚华医药走过了一条不平凡的创业之路,公司曾在 2010 年 10 月登陆美国纽交所主板,却又在 2013 年 3 月宣布完成私有化交易。发展至今,尚华医药的员工规模有 2 000 人,集团化业务架构日趋成熟。

2014 年以来,惠欣先生对旗下企业的业务和组织架构进行了重新定位,有侧重地聚焦于三人业务板块:研发外包服务(CRO)、科技产业业务和投资发展业务。

研发外包服务是集团的传统业务,尤其是集团旗下最大的子公司——睿智化学,通过近两年的转型,客户集中度大大降低。公司以前的一些大客户占业务比重高达 10%~20%,一旦有个风吹草动就会影响整个公司的业务。目前,公司单一大客户最多只占到总业务量的 5%左右,客户结构得到大大优化。研发外包服务是公司过去的主业,能够最快、最经济地汇聚人才、技术设备、现代化实验室来打造平台。在这个基础上,集团让创新创业变得更加方便、门槛更低,真正能实现生物医药行业的

"大众创业，万众创新"。

第二个业务板块是科技产业业务。集团遵循"开放、共享、对等、全球化"理念来集聚顶尖人才团队，积极参与全球早期创新产业化、市场化进程。建立和推动发展若干生物医药领域的协同科创平台。举个例子来说，"让专业的人做专业的事"是尚华医药的理念。集团积极和国内外知名风险投资和顶尖科研院所机构合作，吸引创新技术人才团队来创业创新，平台依托研发外包服务平台，提供所需的各种服务。当条件成熟时，则全力支持这些项目从这个平台上"毕业"，成为独立运作的生物医药初创企业。另外，集团还筹集了 1 亿元人民币的投资基金，专注于早期生物医药创新项目的投资。很多人会以为生物医药行业的投资周期长、风险高、投入大，惠欣先生以独特而专业的眼光专注于创新项目开始 3 年～5 年的天使投资和 A 轮投资，而在候选药物或者治疗手段进入临床试验阶段就退出，风险可控，回报也很好。

集团架构的三大板块之间有很强的协同效应。集团现在每走一步，或者每做一个投资决策，都非常有体系上的针对性。惠欣先生选择一些能够进行差异化竞争的重点发展领域快速切入，迅速实现全覆盖。而这些细分领域紧随前沿生物科技的发展，相信今后在若干年内会有无数个大大小小的生物医药公司都需要尚华医药的专业服务甚至解决方案。

上海睿智化学研究有限公司总经理汤炜博士是加拿大英属哥伦比亚大学博士，在默克工作 15 年，由研究员晋升至总监职位并担任特级资深研究员，在默克工作期间，汤博士负责从靶标验证到候选物发现再到临床试验的项目研究。2012 年 1 月，他加入了睿智化学研究有限公司。汤博士发表了 50 多篇文章包括研究综述和专题著作，32 篇报告并受邀在16 个重要会议上做报告。自 2017 年 1 月起，汤炜博士全面负责睿智化学科研业务管理和日常运营工作。在他的带领下，目前，尚华医药旗下已有多个单抗药物在研，包括 PD-1、PDL-1、PCSK-9、C5aR、Blys、IL-13和 VEGF 等多个最新靶点，相关研发技术领域均处于国际领先地位。其中 PDL-1 和 PCSK-9 两个靶点单抗药物研究获得上海市科委"科技创新行动计划"专项资助。

在服务外包方面值得一提的是,2015 年 9 月 2 日,国内某知名制药公司与美国 Incyte 公司在美国达成协议,将具有自主知识产权的、用于肿瘤免疫治疗的单克隆抗体项目有偿许可给美国 Incyte 公司。此次许可转让将为国内公司带来 7.95 亿美金的收益。而该项目自 2012 年开始一直是由睿智化学负责研发,知识产权归国内公司所有。此项目对于国内生物同行来说有着里程碑式的意义。同时,睿智化学也在积极探索并引进国外顶尖生物技术平台落地,以提升企业的技术服务能力,公司分别在 2012 年和 2014 年两次通过签署协议引入荷兰 Harbour Antibodies 公司所属全人源抗体转基因鼠(H2L2)和只产生重链抗体的转基因小鼠(HcAb)搭建"全人源抗体药物研发创新服务平台",该项目得到上海市经信委的认可并获得"2015 年上海市产业转型升级发展专项资金项目(引进技术的吸收与创新专项)"重点资助。由于该项目的顺利进展,Harbour Antibodies 公司已决定正式入驻上海,更好更快地推进其生物产业。

此外,睿智化学长期以来主动承担政府科研项目并积极投身于搭建公共研发服务平台,迄今已搭建:药物转化工程技术研究中心、一体化药物研究平台、分析及质量研究平台、CMC 中试平台、基于模式动物的中药筛选平台、治疗性抗体研发平台、通用名化学药质量研究公共服务平台、全人源抗体药物研发创新服务平台、细胞生物学筛选平台等,可满足各领域的公共研发服务。

为顺应政府政策导向,睿智化学下一步要打造基于创新技术平台满足市场热点需求的高端研发外包业务和大健康创新产业(主要依靠病人社群大数据结合传统产业的平台)。单纯的服务外包行业经营已经越来越困难,国内的自主创新非常缺乏体系优势,引进国际创新是服务外包行业创业者、创新者的追求,只有这样才能带动国内的新药创新水平,提高我国新药创新的能力。

上海睿智化学研究有限公司　蒋林峰

金融科技服务转型与创新

——记上海华钦信息科技股份有限公司

上海华钦信息科技股份有限公司(以下简称"华钦科技")从 2005 年成立以来,始终专注于金融领域的 IT 技术服务。从最初专为大型金融机构在华研发中心提供项目交付服务,到逐步形成自主金融产品体系,华钦科技在实践中不断探索,创新性地将金融服务与科技行业进行融合,最终成功转型为一家金融科技公司。

一、开创金融 IT 项目交付服务新模式

华钦科技 2005 年在上海成立初期,主营业务是为大型金融机构提供 IT 服务,寻找优秀的 IT 人才,在当时是属于新兴的金融 IT 项目交付服务。金融行业,尤其是银行业,对 IT 技术依赖度较高,需要寻找优秀的 IT 服务合作伙伴,将自身从长期、固定的 IT 研发、测试、支持成本上释放出来,以使自己的商业模式快速应对不断变化的金融环境。

但在中国,金融 IT 服务市场发展较晚,到了 2000 年,大型外资金融企业开始进入中国市场,对金融 IT 人才的渴求才刚刚萌发,国内金融 IT 项目交付服务的理念才初具雏形。在这一服务模式的发展初期,国内金融 IT 服务商普遍不具备高技术含量的项目承接能力,大多数 IT 服务处于价值链低端,附加值较小,客户对于服务的满意度偏低,金融领域软硬件实施服务高度依赖国外厂商,大部分被国外巨头企业所垄断。拿大型

外资金融机构当时最为紧缺的一项技术——大型机技术来说，当时国内掌握大型机技术的人才寥寥无几，只有少数几家应用大型机的企业拥有相应的技术人员，而且也大多是自行培养。在对人才渴求的驱使下，一场场"抢人大战"在金融 IT 服务市场无奈上演，而供需极度不平衡的结果是大大抬高了人员成本，而即使是企业甘愿出高价，也没有办法满足用人需求。

当时作为一家外资银行最大的 IT 服务合作伙伴，华钦科技负责为其在上海新建立的中国研发中心提供大型机技术人员招聘。在招聘效果极差的状况下，华钦科技敏锐地意识到，仅靠常规的"挖人"并不能为客户真正解决人才难题，反而会扰乱整个市场的健康发展。经过深入的分析考察，华钦科技发掘到了问题的根源——国内掌握大型机技术的人才之所以少，是因为这门技术没有形成大规模关注，而其中最主要的原因是这门技术入门难，没有地方学。为了彻底改观大型机人才在金融 IT 服务市场上的紧缺状况，华钦科技做出了一个坚定的决定——既然市场上人才不够，不妨自己来培养。华钦科技要率先采取所有同行不愿尝试的岗前培训，把一批批从未接触过大型机技术的毕业生培养成为业界优秀人才，打破"大型机入门难"的魔咒。

而在当时的国内 IT 服务市场，并没有任何一家企业有过大型机人才培养的经验，要"吃这口螃蟹"，面临的是一个个前所未有的挑战：怎么教？去哪里请老师？教出来的学生能否胜任工作？……没有任何现成的样本可以模仿，但华钦科技顶住了种种压力，克服了种种困难，坚定不移地朝自己认定的方向走下去。2005 年，华钦科技开创了面向金融方向的大型机技术岗前培训。起初，将培训内容集中于大型机技术的讲解和项目实践上，之后经过长期的探索和尝试，逐渐形成一套行之有效的成熟解决方案，扛起了中国大型机人才培养的大旗。华钦科技大型机技术岗前培训能够成功的精髓在于准确地把握了企业的实际用人需求，实现为企业定制人才。华钦科技对大型机技术人才的定制化培养体现在各个环节，从课程体系、教学内容、培训系统，到人才筛选、跟踪评估，都从项目的实际需求精确转化而来。因此,经过华钦科技培养的大型机人才,都能直接上岗胜任工作,这也是华钦科技培养大型机人才的强项所在。

随着公司的业务、技术能力不断提升,培训实践经验不断成熟,华钦科技不仅将业务培训内容从银行核心业务拓展到信用卡业务、信用卡产品模块业务流,将技术培训内容从大型机技术拓展到开放平台 Java、Net、Unix 等知识领域,同时,结合实际工作的要求,加入了金融 IT 英文实训、职业发展观等软技能培训,在提升员工整体素养的同时,也更加有效地提升了项目交付质量。

在十多年的 IT 人才定制培养中,大学合作是不可或缺的一个重要方式。刚开始,华钦科技只面向社会招收符合基本条件的应聘者参与岗前培训,后来随着业务量的不断增加,公司大胆地走向高校,积极开启校企合作的探索道路。一方面,目前高校大学生通过在校的学习,通常无法获得银行软件项目所要求的基本技术能力和业务技能,阻碍了他们进入金融 IT 领域从事软件项目工作的可能性;另一方面,金融 IT 行业也需要大量新生力量的加入,以完善专业人才梯队建设和人才储备。华钦科技从早期为复旦大学、同济大学、北京航空航天大学、大连理工大学等高校提供培训支持,到如今有越来越多的高校与华钦科技建立战略合作关系,通过课程嵌入、学分置换、实习指导、共建学院等方式进行校企合作培养人才。

自从华钦科技成功运行了大学生实训模式以来,企业的人才获取进入批量化,大大提升了服务交付的响应速度,更加有效地完成了公司技术团队的搭建,也为华钦科技的服务创新打下了坚实的基础。从 2009 年开始,华钦科技以独创的"团队托管"服务模式拿下了美国最具规模的银行信用卡软件项目,在人员组建上和管理上降低了成本、提升了效率,同时也增强了华钦科技在信用卡领域的业务和技术能力,由此与客户的合作关系不断深化,从简单、被动转向战略性、风险共担、主动的合作关系,深入到核心流程内部的业务合作不仅使华钦科技的项目规模上了台阶,更极大地强化了企业的核心竞争力,打造出信用卡领域中独树一帜的服务优势。

多年来,华钦科技借助在技术平台上的培训模式,帮助国内高校大大提升了毕业生的就业能力,如与大连理工大学等高校建立校企人才供需战略合作伙伴关系,通过实现技术优势互补,切实提高了人才培养的针对性和实效性。华钦科技帮助高校解决大学生就业难题的同时也为银行IT产业培养了更多、更专业的软件研发人才,独具创新的培训模式更是得到了国家商务部、上海市商务委的认可,让华钦科技成为第一批"上海服务外包人才实训基地"之一。

在与大学合作过程中,其中一个重要的里程碑事件是,以华钦科技为名的"华钦学院"于2016年在上海杉达学院挂牌成立,这一深层次合作的模式充分发挥了校企双方联动的优势,实现专业建设与产业需求相对接、课程内容与职业标准相对接、教学过程与生产过程相对接,力图在共同培养贴合社会需求的应用型金融IT人才这一创新领域不断深耕。

正是因为在金融IT项目交付服务的模式上开拓创新,并始终坚守在自己专精的领域不断提升,如今,华钦科技已成为国内大型机人才服务领域的佼佼者,但凡外资银行或IT企业有大型机人才需求,一定会想到华钦科技。在华钦科技10多年来培养过的学员中,不乏如今履职外资银行的高级副总裁、信息科技部门高管,以及被中国人民银行特聘的金融信息技术专家,更有不少创立了自己的金融公司。甚至可以说,现在国内大型机领域的高级专业人员,至少有一半出自华钦科技的培养,华钦科技也由此被誉为"中国大型机人才黄埔军校"。华钦科技用实际行动证明了,可以通过培训为市场"生产"人才,而不只做人才的"搬运工",这样的创新模式对金融IT服务行业来说也是一个启发。

二、以技术创新打造核心竞争力

在从金融IT项目交付服务起步的业务发展过程中,华钦科技深知如果没有自己的核心技术,始终无法拥有核心竞争力,无法在激烈的商业竞争中取胜。因此,华钦科技很早就投入了研发力量,利用自己所积累的金融领域业务经验,结合先进的信息技术,开展自主产品研发。例如,在为银行进行技术服务支持的过程中,华钦科技发现,目前国内的大型国有银行和股份制商业银行普遍购买国外成熟的信用卡系统解决方案,如Visionplus、CardLink、Essentis、Cardpro 等,由于成本高、实施难度大、后期维护复杂,不太适合国内中小型银行的信用卡业务需求。于是,华钦科技以积累多年的信用卡业务经验,针对国内中小银行信用卡业务特色,于2013 年开始研发为国产化应用的华钦信用卡系统。这款产品不仅覆盖信用卡系统全生命周期管理,还可根据客户需要自由选择业务功能模块,具备功能丰富、扩展灵活、部署便捷、成本低廉等有别于市场同类产品的独特优势,已于2015 年完成研发并推向市场,成为华钦科技自主研发产品的重要里程碑。

此外,为了提高技术人员岗前实训效果,华钦科技集十多年银行业务和技术经验开发了一套名为"虚拟银行实训系统"的集成软硬件平台,结合了大型机、在线网络、移动端、后台、中间件和前台的技术,满足一个完整的银行 IT 人才培训在技术、项目和业务分析能力等方面的全部需求,并提供个人和团队在分析业务需求和实施技术解决方案的实际能力锻炼,能够很好地填补高校教育和企业实际需求之间的差距,是目前国内唯一能完全真实进行银行业务培训、银行 IT 软件项目开发、测试和实施培训的系统,除了华钦科技内部应用之外,也获得了外界的广泛关注和认可。目前,已有上海和大连的多所高校开始使用华钦科技该产品进行金融 IT 相关课程的实际教学和实训项目,提高在校生从事银行业务和银行IT 软件项目的相关能力,帮助他们提前接触实际工作,更加顺畅地完成从学生到职场人的转变。目前,华钦科技通过技术创新,已经研发完成了账户管理系统、风险控制平台、催收平台、积分平台、收单系统、决策引擎、支付平台以及手机银行等多款银行金融类自主知识产权产品,以及大数据平台、电子商务平台、互联网营销平台、移动办公系统、通用任务管理系统等跨行业类应用产品。随着产品的研发、项目的开发交付,华钦科技也注重积累保护自身的研发成果,至今在国家版权局登记的金融领域计算机软件著作权已达 49 项,更进一步证明了华钦科技自主开发的实力和在专业领域的领导力,实现了从纯项目交付服务到软件系统开发商的转型。

三、构建创新管理体系

除了满足客户的实际业务需要之外,华钦科技也发挥专长,为自己量身定制了一系列管理软件,如华钦 ERP 管理软件,可通过工作流自动化管理方式有效提高管理水平;华钦通用任务管理系统软件,可帮助项目研发和实施团队更加有效地进行项目管理;华钦 eHR 管理软件,将人力资源流程全面电子化;华钦教学管理 TMP 系统,实现对人员培训教学全过程的信息化管理等。这些软件都是由华钦科技内部技术人员自主设计研发,并已经运用于公司日常的运营管理,大大降低了公司运营成本,有效提升公司的运营效率。

在管理方法上,华钦科技坚持采用先进的科学管理理念,聘请专业人力资源团队搭建员工关怀体系,提供多样化沟通渠道,打造细致入微的人性化关怀体验,加强员工的企业归属感,大大提高了员工的工作积极性。同时,华钦科技拥有成熟的员工高阶深造培养机制,与复旦大学合作进行在职硕士研究生联合培养,每年为优秀员工提供全额学费资助。在实际项目中,华钦科技还不间断为员工提供出国学习和国外项目实施的机会,给员工搭建良好的求学深造平台,在提升员工自身能力的同时,还为员工未来的职业发展道路提供丰富的选择,保证公司的凝聚力和向心力。

随着公司质量管理体系建设不断完善,华钦科技在软件需求调研、设计开发、项目管理及高质量产品和服务等方面的综合实力得到了业界的认可,通过标志着软件企业能力成熟度已达到最高等级的 CMMI 5 认证、ISO9001：2008(金融业软件开发和设计)软件工程国际管理标准认定,以及"高新技术企业"认定、"双软企业"认定、"浦东新区企业研发机构"认证、"上海市科技小巨人(培育)企业"认证、"上海服务外包人才实训基地"认定。华钦科技将继续在金融 IT 软件服务行业领域积极进取,加大投入,持续创新,不断提升自身的市场竞争力。

四、理念创新推动业务转型

金融是现代经济的核心,金融领域改革也是近期中国改革不断强调的重点。当前,中国金融行业正在步入激动人心的金融科技时代,以大数据、云计算、移动互联、区块链、认知系统等为代表的信息技术推动着金融科技革命,其引发的技术创新将对金融行业变革产生深远影响。正如2016 年中国银监会推出的"中国银行业科技十三五规划"进一步明确了科技引领创新的重要地位,指出:"加大创新性研发投入,全方位开展科技创新,原则上,年度信息化投入中用于创新性探索研究和应用的投入比例不低于科技总投入的 5%"。IDC 预计,未来中国金融业将会达到 25% 投入创新业务相关的领域。作为最早将国际先进金融 IT 理念引进国内的软件企业之一,华钦科技始终把金融 IT 技术驱动业务创新视作自己的使命。由于深入专注金融领域 IT 技术多年,2014 年,复旦大学金融 IT 人才标准研究中心成立后,华钦科技当选首批标准指导委员会单位,已积极参与到改善国内金融 IT 行业人才现状的行动中,通过探索建立衡量金融IT 人才的标准机制,助力中国金融产业整体实力升级。

为了准确把握金融 IT 市场发展方向与需求,扩大产品和服务在金融行业的影响力,提高产品和服务的科技含量和附加值,华钦科技对金融业信息技术的发展动向保持着敏感性和前瞻性,很早就针对可能引领热潮的金融科技(FinTech)新技术,专门成立课题研讨小组,开展深入研究。经过长期的探索和实践,华钦科技有不少创新技术已在金融行业落地实施和应用,如在兴业银行成功实施的大数据决策引擎、为江南农村商业银行进行的基于区块链技术的通用积分平台开发、为成都农商银行实施的人脸识别技术与银行 APP 对接等。另外，华钦科技还与新兴民营银行，如福建华通银行达成合作关系，运用时下领先的开发技术为其银行核心基础架构开发提供支持，在同行业中已走在了金融科技领域的前列。

华钦科技在金融领域的创新理念给自身业务发展带来了多样化的可能，运用先进信息技术对传统金融服务所提供的产品和服务进行革新，使得华钦科技与金融行业用户建立起新型稳固的关系，并逐步转型成为一家由科技驱动的金融科技服务提供商，参与到中国金融行业正迎来的历史性变革中。

五、结语

华钦科技致力于成为中国最大的金融 IT 服务、咨询和金融科技公司。面对国内外市场的巨大空间，华钦科技默默耕耘，努力积累金融领域业务知识，钻研大数据、云计算、移动互联、区块链、人工智能等业界领先技术，不断提高自身能力，在金融科技领域成绩斐然，以金融 IT 产品服务和金融科技理念作为企业发展的"双引擎"，与客户形成长期稳固的战略合作关系。从 2005 年起，与华钦科技开展合作的客户包括中国农业银行、中国交通银行、兴业银行、花旗银行、渣打银行、汇丰银行、中国银行（中国香港）、美国银行、摩根士丹利、美国富达基金、友邦保险、国家金融信息中心、安邦保险、东方证券等多家国内外金融机构。在交付及研发中心分布方面，为了确保向国内外金融机构提供高效的服务，华钦科技至今已设立以上海为总部，大连、北京、天津、成都、深圳、中国香港 6 个国内分支机构以及新加坡、澳大利亚 2 个海外分支机构。从业务范围来看，从金融 IT 服务、团队托管到产品研发、业务咨询等各方面，华钦科技的创新举措为金融 IT 企业做出了表率，把利润增长策略定位在"创新业务模式、持续科技研发、加强市场开拓"方针上,通过持续创新增强整体实力,以过硬的核心竞争力确保利润持续高增长,始终把"从用户出发、为员工着想"作为保证创新的源动力。

上海华钦信息科技股份有限公司

成为 IT 咨询及解决方案领军企业的机遇及挑战

——记博彦科技（上海）有限公司

博彦科技（上海）有限公司（以下简称"博彦上海"），成立于 2005 年 3 月，是国内首家以解决方案为主营业务、在中国境内上市的博彦科技（股票代码：002649）集团的独立核算子公司及华东地区区域性总部。近年来，博彦科技在全球已有 32 个交付中心，拥有超过 8 000 名员工，他们的团队为 12 个垂直行业进行定制化方案和服务。博彦上海依托浦东张江得天独厚的地理位置及政策关怀，集团公司加大对其的投资力度，并进行重新规划及定位，即成立集团科创中心。

博彦上海是国内领先的软件技术服务供应商和最大的软件出口企业之一，具备全球范围内的交付能力，为全球各类客户提供 IT 咨询、应用程序开发和维护、BPO 和 KPO 等服务，为世界 500 强的客户提供优质专业的软件服务和解决方案。基于市场高速发展和日益繁荣的大背景，公司提出了未来三年的发展目标，其核心在于一方面通过扩大产能，获得规模效益，另一方面是通过改变服务业务的组合结构，提高服务附加值和增加高附加值服务的比重来增强盈利能力和市场竞争力。

博彦上海自成立以来，先后获得商务部、IBS、恩可埃等政府或专业咨询机构认可，是中国软件服务企业十大领军企业之一。同时被认定为双软企业、上海市首批"技术先进型服务外包企业"、上海市高新技术企业、上海市规划布局内重点软件企业、国家高新区百快企业、上海市名牌企业等，成为上海的"超千人""数亿元"规模的骨干软件企业。在 2016 年获得中国版权保护中心颁布的 CPCC 十大著作权人专家提名奖,在上海只有两家企业,博彦上海为其中之一。博彦上海利用上海的商业和人才优势,公司采取先立足再发展的战略思想,稳扎稳打,迅速发展为上海地区 IT 咨询及外包服务的领军企业。在服务方面,公司重视技术能力、客户管理、交付管理、人员管理、项目管理等诸多能力建设,逐渐形成了一套完善成熟的服务管理体系,目前已获得上海市软件企业资质认证,成功通过 CMMI、ISO9001、ISO27001 等国际标准认证,与多家客户,如微软、惠普、IBM、GOOGLE、华为、平安保险、上交所、华夏基金、上海汽车、百安居等,建立并保持了长期商业合作关系。同时,以提升服务的附加值、增强公司的技术能力和运营利润为目标,公司在技术创新和自主知识产权研发方面的投入不断加大,为企业的进一步发展打下了良好的基础。另一方面,自 2010 年起,公司响应国家自主创新的号召,战略性地提出了从 IT 外包服务向以"产品、解决方案和服务"为一体的综合性 IT 服务提供商转型,这一战略的核心在于以客户业务为导向,通过服务创新、自主产品和解决方案的研发,建立了专门的研发机构和队伍,拥有一流的软硬件研发和测试设备,在张江中区置业成立博彦集团全球科创中心,总面积达 3 927.4 平方米,并增资至 2.5 亿元人民币。

一、优质产品、超越期待

博彦上海长期为国内外泛金融企业提供产品、解决方案以及专业人力外包服务,国内排名前 20 的银行、基金、证券、保险等机构都是博彦的客户资源,积累了大量金融业务、专业技术人员以及客户资源,在自主产品研发方面,具体情况为:

(1)在云计算领域,公司利用为微软、惠普和 IBM 等跨国 IT 企业提供 IT 服务或合作的机会,把握技术发展趋势,以开发云计算环境下的研发、测试服务平台为目标,调研了各类用户需求,在技术上获得较好的积累,目前已经申请了"开发测试云"和"一种开发测试云的硬件系统"两项专利。目前正在进行云计算框架的服务交付管理平台。

（2）在大数据领域,大数据应用的商业价值逐步体现。IT技术和社会经济各领域的不断融合,大数据产业链和生态圈正在不断地扩展和延伸,信息数据量的爆发式增长,大数据计算技术解决了海量数据的收集、存储、计算、分析的问题。银行、保险、电商和电信等金融行业已开始以数据分析结果为依据开展业务决策。公司开发与大数据相关智能应用平台,辅助企业利用数据分析进行决策支持。同时,公司与大数据原厂商全面展开了合作,针对金融业精准营销、风险管理、智能运维等方面进行大量前期业务咨询、技术储备、人力资源积累工作。

（3）在区块链领域,结合最新技术,去中心可追溯化,为开发以太坊区块链技术提供了一个智能管理平台,流程严格规范、信息透明,为公众提供可信任的平台。目前已研发成功的区块链技术,公司先行在博彦公益工程内部试用中,同时也可免费提供给公益机构使用。

（4）在企业管理软件领域,根据服务外包企业的特点,公司开发了多种软件产品,获得了4项软件产品著作权。包括：博彦OA办公自动化软件、博彦知识管理软件和博彦资源管理软件、博彦资源实时检索软件。

（5）在移动应用领域,以开发一套集成式的、基于云和实际移动终端平台的移动应用软件测试平台为目标,公司在移动应用领域加大了投入,组建了相应的技术研发队伍,申请了专利"一种面向移动应用的硬件发布、基础软件发布与应用软件自动化测试运营平台"。

（6）在电子商务领域,公司针对当前缺少具有创新性、技术先进、可共享性强、集成性高这样的综合性大型的智能化商务平台现状,准备研发一个集综合性、系统性、集成性、智能化于一体的基础平台,目前完成了产品需求调研和总体框架设计,进入了产品研发与实现的阶段。

博彦上海不断寻求创新突破,建立自身的研发竞争力,自主研发的"基于云计算的研发服务平台开发及产业化""智能商务平台建设及系统集成服务"和"ArenaPSA——专业服务自动化解决方案"等项目分别获得了上海市发改委、商务委及经信委的立项支持。

二、核心优势、得天独厚

经过多年的积累与沉淀,博彦上海在服务外包方面拥有得天独厚的优势:

(1) 显著的国际化服务优势。博彦科技自创立之初即为微软、惠普这样的国际IT巨人提供外包服务。经过多年的锤炼,凭借欧美外包服务之优势,博彦上海借鉴印度子公司的软件工程管理理念与管理体系,不断吸纳新加坡业务的成熟经验,并把国际化经验全面、系统地移植和导入到国内的外包服务业务中,在国际市场上已逐步形成一个立体的营销体系,具备了强有力的国际化实施与交付能力,国际化优势显著。

(2) 坚实的客户和品牌优势。在多年的发展历程中,博彦上海已经与国际客户形成了相互信任、相互依存、共同成长的伙伴关系,积累了丰富的高科技、金融、电信等行业的服务外包经验,在与领先的跨国企业如微软、惠普、思科的长期合作中,树立了良好的企业品牌及行业口碑,建立了长久的合作关系,在客户中赢得了良好的信誉。

(3) 稳定的国际化管理优势。博彦上海的核心管理团队有多国化、业内资深、长期稳定的特点。众多优秀的管理人才汇聚博彦上海,大多具有10年以上IT从业、研发与软件服务经历,对行业发展趋势具有敏锐的洞察力和把握能力,具有不断进取的开拓精神和强烈的责任心、使命感。同时,博彦上海注重员工的诚信与协作精神,形成了一套完整的人才队伍建设体系。

(4) 领先的运营管理优势。博彦上海始终秉承质量第一、客户至上的方针,以质量管理作为核心,严格要求产品及服务质量,获得客户一致认可。博彦上海在上海拥有独立的交付中心,可使博彦上海能够灵活的组合离岸、近岸和现场服务等交付模式,方便为客户提供满意的服务。同时,交付中心的规模化运作也极大地提升了公司管理运营成本的管控能力。

博彦上海致力于为全球 500 强企业提供软件服务,并在 2015 年取得了长足的进步。基于不同区域市场的特点,公司将采用符合公司整体发展战略,又兼具区域市场特点的区域市场策略来区别发展。同时,博彦上海在 IT 服务业稳健增长的基础上,关注行业趋势,深耕产业发展,在积极稳健调整业务结构,不断向产业链和价值链高端延伸的同时,采取外延式扩张和内生性增长并举的方式,实现关键领域的迅速突破。一方面,公司将调整传统业务的结构,转型和升级一部分仍然具有潜力可挖的业务,使之具有更高的附加价值。另一方面,建立试验特区,在业务管理、人才队伍建设、客户和市场支持、资金等层面为新业务提供有针对性的政策,助力其在大数据、企业服务、金融、互联网等领域尝试新突破。对软件服务行业趋势的密切关注,客户综合需求的深入把握,与关键客户的深层次、多维度合作,使公司在垂直行业及细分领域的技术水平和服务能力不断提升,并已逐步从客户单纯的"服务外包提供商"转变成为"战略合作伙伴"。

三、搭建各类平台、服务高效显著

博彦上海以云技术、大数据为依托,并在此基础上根据不同领域的客户需求搭建各个类型的平台体系,目前已研发完成或初具雏形的有:

(1)智慧社区——合协社区物业云工作平台。这是基于互联网与云技术的物业企业工作平台。为物业企业提供项目基础信息管理、车辆管理、设施设备、收费、支出、财务、发票管理、清算、报修、库存、投诉、社区信息发布、各项收费的网上支付等各方面工作的管理功能。互联网与云技术的使用实现了物业企业在服务器、设备维护、软件升级维护、数据备份等信息化建设上的零投入;优化物业管理工作流程,实现无纸化办公,降低物业企业服务成本;实时自动生成各种报表,减少大量人工统计汇总工作量,大大降低管理成本。本平台以 SaaS 云服务方式为物业公司、街道居委提供信息化管理服务,使用海量视频高速分析等核心技术实现社区内的智能应用,依托平台和物业公司在小区的服务优势,整合社会资源,为业主提供物业公司目前不能提供的综合服务,通过云端平台数据优势为政府提供大数据分析和决策等服务。

(2) 智能电商平台。国外的一些先进的解决方案供应商,例如 IBM、惠普等承包了 80% 以上的大型电子商务网站的应用和集成,而他们所提供的平台就是其核心竞争力。建立一套具有竞争力的电子商务及商业智能平台成为国内服务商的一个重要课题。鉴于此,博彦上海建立了一个兼具综合性、系统性、集成性等特性的智能化电商平台。此平台集成了电子商务的各种运营支撑基础服务,能够适应各类电商应用需求。同时提供了供应链整合、数据分析、商业智能等多种更深层次的创新功能,是一套为电子商务企业客户实现商业价值的完整解决方案。该平台涵盖信息流、资金流、商务流与物流四个基本流中的各个功能模块,如门户网站、供求商机信息服务、交易管理、报表管理、资讯管理、客服管理、库存配送等。此智能电商平台的成功搭建,可 24 小时内实现网上交易,减少中间环节,节约交易成本,提高服务质量。特别为中小企业提供了一个新的发展机会,可以用最短的时间、最低的成本与世界各地的供应商或顾客建立合作关系。

(3) 手机在线票务支付平台。该平台为手机用户提供了最安全的手机支付解决方案,其主要客户是中国移动集团成员。该客户是中国领先的手机支付服务公司,拥有 4.5 亿移动通信用户,活跃用户超过 1 亿。该平台提供了一个通过移动电话实现票务在线支付的手机支付平台,包含了手机票务服务、线上票务网站、手机用户的 WAP 网站、后台服务系统等。该平台还将整合并连接到业务系统、终端控制系统和 STK 短信。客户利用该平台获得了更高的用户满意度和商业回报。

(4) 业务系统运维管理服务平台。该平台客户是世界上规模最大的通信运营商,其业务经营范围涉及移动语音基本业务、IP 电话、移动数据业务和多媒体业务,并具有计算机互联网国际联网单位经营权。该平台使用范围覆盖十多个部门、21 个分支机构和 100 多家合作厂商,4 000 多万名用户。关联业务系统 42 个,相关设备 3 998 台,服务管理系统流程 73 个。种类繁多,设备间相互关联,运营难度大。博彦科技根据客户需求为其搭建了一个可持续改善的运维管理体系平台,满足了企业 IT 应用需求,IT 架构能稳定支持企业发展。这样一个"流程规范对标覆盖全、可配置化技术上线快、流程运营管控质量高"的高效运维管理平台,为其持续完善一体化运维体系进行了创新探索。通过运营优化使交易平均响应时间由 5.4 秒减少至 1.5 秒,交易成功率由此前的 78.3% 提升至 99.7%。

(5) 投资组合管理平台。该平台专门为金融公司提供投资组合管理、预测、合规、贷款交易管理和风险分析功能。它是一个非常复杂的系统,资产管理者借助此平台管理杠杆贷款组合、高利息、新兴市场、投资、ABS 担保。它是在其原有系统的基础上开发的,以帮助管理者追踪和评估投资组合的总回报率。整个平台从架构、功能性以及技术等多方面进行了重建。博彦上海采用了在不同时区 24 小时联合开发的模式,开发周期缩短了 30%。

(6) 智慧健康医疗云服务平台。该平台是面向全国的"医疗云服务平台",整合了医疗资源体系、患者资源体系与第三方支付资源体系于一体,提高了各类资源的利用效率与价值贡献,最终为患者提供最短的就医路径、最惠的诊疗价格、最优的服务质量,从而实现了国内医疗资源的共享化、效率化、市场化,为实现 10 亿基层百姓"家庭医生"计划奠定了基础。

(7) 人民币利率互换净额清算平台。该平台是为应对国际金融危机、加快金融市场改革和创新发展,同时提高银行间市场的运行效率、加快银行间市场的业务创新、完善银行间市场的监管而开发的。其功能覆盖银行间利率互换交易 CCP 模式合约处理和管理、基于 CCP 模式的 IRS

清算处理、基于 Historical VaR 的风险计量和估值,包括估值模式开发、基于 CCP 模式的保证金计量和管理、交易清算资金和保证金的结算管理,包括保证金追缴处理、清算所特殊业务处理、会计记账事件处理等功能。这是国内第一个基于 CCP 管理理念的集中清算系统,也是国内第一个自主开发的、拥有国际水准的衍生产品直通式处理系统。

(8) 金融行业诚信管理平台。针对目前众多商业银行很难对金融界从业人员潜在的不诚信行为进行约束和控制的难题,研发金融行业诚信管理平台,对银行员工及外包服务项目人员的稳定性、项目的准时投产、信息安全和知识产权提供了一种有效的监管体系。通过该平台可以获得和分享从业人员诚信信息,对于从业人员诚信行为起到了很好的引导和监管作用,其应用效果在珠三角地区已经显现,并且正在向其他地区扩展。

四、加大管理力度,强化知识产权保护

博彦上海自成立以来,高度重视自主研发和知识产权保护工作。目前共有申请软件著作权登记证书 34 项。近两年登记软件作品 14 项。从博彦上海对于知识产权的管理来看,集团公司起着统一管理的作用。针对法律维权,集团聘请专业法律从业者,对专利、著作权、商标等一系列知识产权进行维护及管理。制订一系列严格的规章制度,定期对知识产权进行梳理,对于申请、存档、制作知识产权清单等都有明确的规定及严格的要求。当有新的知识产权交到法务留存时,法务必须按照规定进行归档记录,并将收到的原件进行扫描、上传、共享或妥善备份。为了更好地管理和保护知识产权,法务必须制作知识产权清单,并根据清单进行知识产权的维护。

面对经济全球化的大形势,博彦上海坚信加强知识产权保护,加大知识产权的执法力度对于鼓励创新、维护公平的竞争环境十分重要。对于

博彦上海来说,对知识产权的科学管理很大程度上奠定了知识产权维权的基础。博彦上海对知识产权管理到位,而且十分清楚自己的知识产权的数量、内容、法律状态以及与他人权利的界限,可以从容地应对可能出现的产权纠纷。另一方面是知识产权管理可以积累维权的可靠证据。通过知识产权管理,将知识产权取得和实施等过程中的重要资料分类管理,并进行完整保存,这样可以为维权提供可靠的证据支持。博彦上海通过加强技术人员和技术成果的管理,明确技术人员的权利义务,以及技术成果的权利归属,从而最大限度地避免因资产流转和人员流动而引发的知识产权纠纷。另外,知识产权管理在衡量、降低维权成本、选择维权途径、确定维权方案等方面也发挥着重要作用。另一方面,知识产权管理是公司经营管理活动中的重要环节,通过知识产权管理能够提高知识产权的经济效益。知识产权盈利的主要手段是知识产权的实施、转让和许可,在这些工作过程中,必须加强包括计划管理、产权管理、许可管理等知识产权的全面管理。博彦上海深刻认识和充分利用知识产权制度,采取有效的对策和措施,迅速地提高我们掌握和运用知识产权的能力和水平,创造和取得更多的自主知识产权,促进自主创新成果的权利化、资本化和市场化,形成尊重和保护知识产权的社会氛围。

博彦科技(上海)有限公司

做持续发展的 IT 服务提供商

——上海新致软件股份有限公司纪实

上海新致软件股份有限公司(以下简称"新致"),立司二十三载,不忘初心,砥砺前行。以全品类的服务能力、超四千人的服务规模、国际化的服务等级保障、可靠的服务质量,享誉海内外。公司之发展是上海市浦东新区服务贸易产业实现大发展的一个缩影。在充满挑战与机遇的服务贸易发展之未来,新致人更有自信成为新一代服务贸易创新潮流的领头羊。

一、新致的历史

1. 与浦东一起成长

1990 年 4 月,中国政府宣布开发开放上海浦东。提出以浦东开发开放为龙头,进一步开放长江沿岸城市,尽快把上海建成国际经济、金融、贸易中心之一,带动长江三角洲和整个长江流域地区经济的新飞跃。浦东的开发开放为上海发展提供了历史性的机遇,上海经济之腾飞,始于彼时。

1994 年 4 月,也就是浦东开放后的第四年,新致就诞生在这个中国最重要的经济中心和改革开放的前沿阵地上。

在今天,计算机软件和金融一样,都已经是人们耳熟能详的行业,正在极其深刻和普遍地影响着人们的生产生活。但在 23 年前的 1994 年,计算机,尤其是计算机软件,对大多数中国人和中国企业来说,仍旧是一个极为新鲜的事物。互联网更是无从谈起。

新致的创始人郭玮先生及其创始人团队，以非凡的智慧和卓越的眼光，敏锐地察觉到服务业，尤其是计算机软件为代表的信息产业，将会成为社会生活中极其重要的一个方面。从而毅然决然地选择了计算机软件作为毕生追求的事业，并且立司之时起，就确立了"立足上海、布局中国、服务全球"的宏大理想。

2. 持续发展的综合 IT 服务提供商

自立司之日起，新致了然于胸的企业定位是：持续发展的 IT 解决方案与服务供应商。23 年的实践中，这一定位从未改变。事实证明，这个定位契合了信息产业作为服务贸易行业重要分支的基本产业性质。

新致能够成为上海浦东服务贸易行业影响力大的一家名企，得益于初心之明义，也得益于在长期的商业实践中，多次排除干扰后对初心的坚守。

二、新致的当下

作为一家服务贸易大分类的从业企业，新致在信息服务外包领域中，凭借多年来为国际化客户提供开发、维护、测试服务的经验和知识，建立并完善了在岸、近岸、离岸的多层次混合型服务模式，在全球范围内向客户提供覆盖应用开发与维护项目全生命周期的服务。而众多海外合作伙伴和客户选择新致的理由，正是来自于新致二十多年来在国外众多行业的项目经验、综合的信息技术能力、高效的离岸交付能力，以及软件制造过程的精细化管理能力。

1. 严苛自律、享誉国内外

多年来，新致荣获的行业内外声誉，数不胜数。这些荣誉和认证充分体现了作为一家旨在服务全球的 IT 服务提供商，新致在过程管理水平上，对国际领先的体系标准要求的不懈追求，也正因为这种不懈的严苛自律,成就了新致划定跨国服务提供版图的可能,如今的新致东京,已经成为国内对日软件外包在岸交付和服务的知名供应商。

在国家和上海市服务贸易产业政策的支持下,新致保持了高速发展,公司是国家发改委、商务部等五部委联合认定为"国家规划布局内重点软件企业",也是首批科技部"中国软件出口工程企业",是"上海市软件企业""上海市高新技术企业",公司研发中心于 2006 年通过"上海市技术中心认定"。2014 年被市科委认定为"上海市科技小巨人企业""上海市服务外包重点企业"及"上海市软件和信息技术服务出口重点企业"。2010年获得中国软件服务业"AAA"级信用企业。2012 年度获得中国服务外包成长 100 强企业称号和"商务部重点联系服务外包企业"。2005 年获得外经贸委颁发的"上海市科技兴贸奖",2006 和 2007 年获得"上海市软件外包人才实习培训基地",公司连续 12 年被授予"上海市明星软件企业"荣誉称号。"新致和 Newtouch"获得上海市名牌称号。公司质量体系通过 ISO27001 认证和 CMMI5 评估。

新致通过自主创新取得了一大批成果,其中:申请了 3 项发明专利,144 个软件获得了软件著作权登记和产品登记,公司自主开发的"企业数字管理系统"等 30 多个软件产品获得"上海市优秀软件产品"称号,这些产品在国内外占有一定的市场份额及知名度,深受用户欢迎。

2. 影响力广泛

经过二十三年的发展,新致已经由一个数十人的微型软件公司,成为一家规模超 5 000 人,分支机构超 16 个,业务领域横跨 10 大领域,服务对象遍布欧洲、北美、日本及中国国内的大型 IT 供应商。

新致服务的行业非常广泛,银行、证券、保险、电信、公共事业、制造、医疗、交通、物流、食品等十多个领域中超过 20 000 家客户接受了或正接受着新致提供的优质服务。这些客户中不乏世界 500 强的大中型客户,遍布日本、欧洲、北美和中国国内。

新致在十几年的对外服务贸易中,实现了显著的社会效益,也获得了丰厚的经济效益。即使是在对日信息外包业务遭遇困境的 2016 年,新致在对日市场上的收益仍然高达近 10 亿日元。

在对欧美的外包业务合作中,超过 10 年的标致雪铁龙集团,在全世界只有两个联合开发中心,一个在阿根廷,另一个就在中国上海,与新致联合建立。而合作历史超过 15 年的对日市场上,以 NEC 为代表的大型 IT 用户,也与新致成立了专属的离岸开发中心,在上海浦东开展对日外包的服务商中,新致离岸开发中心的规模和效益颇具代表性。不仅是在上海总部,新致位于大连的分支机构,也承接了服务规模相当的对外贸易客户,诸如: ADK 富士系统株式会社、日本亿蓝德(集团子公司)(后被新致收购)、NEXTEP 解决方案服务株式会社、大 A 株式会社、TIS 株式会社(TIS-日本 NT)、JIB 株式会社(JIB)、NEC 集团旗下的 NEC 工程株式会社日本电气通信系统株式会社(NCOS)等。

3. 全品类服务能力

新致能够服务于如此众多的领域和客户群体,得益于被新致人称之为"天龙八部"的、丰富而弹性十足的全品类服务能力,有了这些适应性十足的"内功",新致几乎可以满足所有海内外客户不同特点的服务需求。这些服务模式是:项目开发、人员派遣、离岸开发中心、业务流程外包、IT 业务咨询、IT 教育培训、系统集成、技术支持等。

(1) 新致的项目开发模式。新致的项目开发能力体现在三个方面:软件制造过程的精细化管理能力,规模化、分布式的开发与交付体系,长期有效的业务积累、信息积累和技术积累。

得益于这三个方面的能力保障,新致能够以项目形式承接项目开发周期中部分或全部的工作,包括:需求分析、需求管理、软件概要设计、软件详细设计、编码、编制测试计划、单元测试、集成测试、系统测试、验收测试、编写维护用户文档、产品交付。

(2) 新致的人员派遣模式。新致的人员派遣能力,主要来自两个方面:新致与客户及合作伙伴共享人才资源,共同应对 IT 投资的调整、转变和变革。

得益于以上两点,新致能够为客户提供充足的人力资源外包服务,为客户提供经验丰富的 IT 技术专家,能派遣高、中、初级技术工程师参与客户项目,提供客户现场服务。目前,新致以人力外包为主要服务方式的业务范围涉及金融、通讯、物流、政府和公众等多个领域。

(3) 新致的离岸开发中心模式。新致的离岸开发中心始于 2004 年,其成熟之处在于:交付模式、技术升级和合作关系的创新,持续推动服务外包产业发展的自学习能力配置。

新致在长期面向国外大型客户和成熟客户的服务过程中,提升其在专业领域中的综合服务能力,接包方式和服务模式在不断演进。新致已建成四个离岸研发中心,通过双方共同运营,共同培养人才,逐渐拥有先进技术,形成共同经营、利益共享、风险共担的全方位组织合作模式。

(4) 业务流程外包模式。新致的业务流程外包,也经过了长时间的考验,其主要特点体现在两点:为客户提供信息技术外包(Information Technology Outsourcing,ITO)和商务流程外包(Business Process outstanding,BPO)捆绑的一体化整合服务。

新致始终致力于在最短的时间内为客户提供高效率、高质量、低成本的业务流程服务外包解决方案,涉及业务范围包括:应用系统支持、技术人员培训、影像处理、数据处理、文件归档服务、BPO 咨询。

(5) IT 业务咨询模式。得益于长期以来的行业 IT 建设和应用经验,新致能够在以下三个方面提供咨询服务:协助客户规划 IT 投资,迎接未来竞争对手成本下降和服务竞争力上升所带来的挑战,新致公司为客户提供一体化咨询服务。

新致的战略和业务规划能力、行业经验和技术专长,能够帮助客户发现、识别和研究业务问题,为客户提供整体的解决方案。新致的咨询服务领域有:IT 规划、企业资源计划 ERP、客户关系管理 CRM、供应链和物流管理 SCM、知识和协同管理、商业智能 BI、SOA 架构、RFID 技术应用、信息安全等。

(6) IT 教育培训模式。新致在发展的后端,强烈地意识到人力资源建设对于自身发展和客户发展的重要性。在构建 IT 产业发展所需要的人才链和生态系统上，新致的发力大大优于同行业的从业者。

新致作为国家规划布局内的重点软件是"上海服务外包人才实训基地"。新致提供全面的 IT 教育与培训解决方案，为企业和客户培养了大量各种层次的 IT 人才，与合作伙伴乃至整个信息产业的发展共享 IT 人才资源，助力 IT 产业的可持续发展。

（7）系统集成模式。新致是一家拥有十余年大型系统集成经验的 IT 企业，可以提供整合支持，以释放委托企业基础设施的潜力。

新致密切关注软硬件技术的最新发展动态，紧随网络和通信技术的发展趋势，致力于科技成果的应用，遵循现代管理理论，通过对多产品/多供应商硬件和软件环境提供整合的支持，为客户提供各种基础架构设计、实施等服务，释放企业基础设施的潜力。

（8）技术支持模式。新致深知，IT 系统的建设和应用，并不是项目型特征唯一论。新致倾向于提供长期和专业的 IT 技术支持，使得客户可以专注核心业务，无需再为 IT 事务分心。持续提高"客户"和"客户的客户"的满意度，便是新致在实践中，为此所做的努力。

用多年的丰富经验和技术实力来满足客户的多样化需求，以解决方案业务为中心，提供从高端到低端的连贯性技术支持服务。凭借多年系统开发所积累的项目经验和行业知识为资本，针对客户所面临的课题，提供咨询、选型、开发、实施、测试、维护支持，为持续提高"客户"和"客户的客户"的业绩，共同努力。

三、新致的未来

1. "云算天下"的模式创新

2016 年 2 月 4 日，国务院总理李克强主持召开国务院常务会议，决定在上海等 10 个省市和 5 个国家级新区开展服务贸易创新发展试点，并于 2 月 22 日下发《国务院关于同意开展服务贸易创新发展试点的批复》

（国函〔2016〕40 号），要求试点省市（区域）按照《服务贸易创新发展试点方案》，重点在管理体制、促进机制、政策体系和监管模式方面先行先试，形成可复制、可推广的经验。

2017 年 3 月 2 日，商务部等 13 部门印发《服务贸易发展"十三五"规划》，规划解读中明确提出："……培植创新动力。推动服务贸易交易模式创新，打造新型服务贸易促进和交易平台。加快服务贸易发展业态创新，积极培育新的增长点。"

上海市商务委在 2016 年牵头制定的《上海市服务贸易创新发展试点实施方案》（以下简称"《上海试点方案》"）中也明确述及"创新服务贸易发展模式"。

新致认为，在"十三五"的关键执行期当中，服务贸易业态的模式创新是重中之重。在新致的"十三五"规划中，"云算天下"的新致企业战略，正式成为新致发展的核心动力源。对立足服务贸易提供商的定位，同时又着眼未来的新致人来说，"云算天下"的企业战略，恰恰是对服务贸易模式创新思想的最好诠释。

2. 新致云产品，涵盖云领域

（1）概念。企业触网，数据技术（DT）触云成了一种大势所趋。而新致云是云计算时代背景下，新致数十年磨一剑的云计算之作，是新致"云算天下"企业战略在产品层面的实际反映。旨在帮助众多行业用户在云计算技术的支撑下，获取伸缩性、扩展性和性价比更高的服务。新致云产品体系分为三个部分：开发云、行业云和服务云。

（2）新致开发云。新致行业云客户是企业客户，如今能够为企业客户提供银行云、保险云、医疗云、电商云、企业管理云等在内的多行业。领域的云计算服务，与传统互联网云计算厂商不同，打造以最终客户落地为目标的全栈式一体化解决方案。基于客户业务场景提供传统 IT 咨询、实施、运维外包服务，除此之外更进一步为企业上云提供了包含云计算架构咨询、规划、实施、迁移、运维在内的服务项目，帮助企业客户解决云计算时代所面临的困境，为客户创造更多价值，真正用好云计算。提供免费的云开发环境,通过团队协作工具协助 D 端客户交付过程互联网化,提供免费、开源的互联网框架,提供具有行业特征的最佳实践,提供多种辅助生产力工具。

（3）新致行业云。提供企业级基础设施服务（Infrastructure as a Service,IaaS）,提供具有行业特征的平台服务（Platform as a Service,PaaS）,提供新一代的咨询、实施、运维全栈式的 IT 服务,打造行业云应用生态圈,打造行业云应用市场。新致行业云提供的具体服务为行业 SaaS 应用（包括保险、银行、医疗、电商、政企）、应用开发及迁移（基于云架构的新应用开发及已有应用的迁移）、上云咨询（行业客户上云的评估、规划、设计）、运维服务（为已上线系统提供系统运维服务）、行业专有 IaaS（更安全,更可靠,更快）。

（4）新致服务云。新致服务云提供以业务驱动为核心的全栈云服务,帮助客户快速上云。新致服务云为个体开发者、开发组织及企业客户提供包括众包（连接企业客户和开发者）、众筹（连接赞助者与提案者）、投融资（连接穿业者与投资者）等增值服务。

（5）新致云大事记。基于长期的行业 IT 应用实践的支撑,以及立司以来的技术积累,新致云在新致软件历时一年研发之后,就宣告推向市场。于 2015 年 7 月 18 日发布了第一个正式版本除常规云服务外,新致云也积极通过自身二十余年的行业经验为企业客户打造最佳云端实践。作为云生态系统集成者,新致云始终致力于为软件行业构建多元化的合作平台,搭建软件行业与各领域之间的桥梁,实现软件公司与其他行业共同发展的共赢局面。以下是新致云的大事记。

2015 年,常春藤、东数投资新致

2015 年 7 月,新致云成立,与此同时,新致云公有云服务上线,资源实现秒级响应

2015 年 8 月,新致云为客户搭建第一个企业私有云系统

2015 年 9 月,新致云私有云解决方案进入中国银行业

2015 年 12 月,新致云第一个基于公有云的互联网金融系统落地

2016 年 2 月,新致云为国内排名前十的保险公司搭建大型互联网保险平台,支持每日秒杀业务

2016 年 3 月,获得 PreA 数千万美金的投资

2016 年 5 月,新致医疗云推出云数据安全解决方案,签约青浦区社区卫生服务中心

2016 年 6 月,新致云上线至今企业及组织用户数已超过 10 万

新致云目前与达内科技、中国国际电子商务网、狮王、人大金仓、中国科学院信息工程研究所、中国联通、阳光保险集团、方正、太平洋保险、中国太平、建信人寿、中国平安、大地财产保险、中银保险、上海第一妇婴保健院、上海胸科医院、上海中医药大学附属岳阳中西医结合医院、上海肺科医院、上海仁济医院、上海市第七人民医院、上海市浦东新区浦南医院、上海青浦区中心医院等建立合作伙伴关系。

经过 23 年的不懈努力,新致已经成为一家享誉海内外的大型综合 IT 服务提供商。其声誉、影响力和服务能力均堪称典范,其发展为浦东、上海乃至中国服务贸易的发展,做出了不可忽视的贡献。这正是得益于"立足上海、布局中国、服务全球"的企业理想。在机遇与挑战并存的"十三五"扛鼎之年,服务贸易的发展,从整体上来说,毋庸置疑地面临着贸易保护主义抬头的国际形势之挑战,以此为背景,新致人与时俱进地提出了"云算天下"的企业发展战略,我们有理由相信,有着优秀传统基因的新致,能够推陈出新,持续发展,在不久的将来,成为国际知名 IT 服务商。为浦东、上海乃至中国的服务贸易发展,做出更加重要的贡献。

上海新致软件股份有限公司

上海浦东软件园企业大学的
创新探索与实践

当前正值我国加快建设现代化应用型职业教育体系,全面提高技能实用性、复合型,具有"工匠精神"的专业技术人才。随着信息技术的迅猛发展,互联网+的多行业跨界融合实践,应用型高校双师型(讲师+工程师)奇缺,教学内容严重脱节,浦软企业大学探索信息化实践人才培养,促进就业、稳定就业、双创拓展,值得抛砖引玉,共同探讨。

一、企业大学发展大有作为

1955 年,美国在经济转型发展中,创建了全球第一所企业大学,即通用电气(GE)克劳顿学院。自美国第一所企业大学创办后,企业大学在美国及其他发达国家异军突出。据不完全统计,在全球财富 500 强的企业中,有超过 80% 的企业创办了自己的企业大学。1998 年,我国青岛首创中国第一所企业大学——海信学院。据不完全统计,从海信学院创建至今,我国已建立了 8 000 多所具有一定规模的企业大学。例如:国药大学、携程大学、乐视网大学、中国银联支付学院、中粮集团忠良书院、东航培训中心、中国电信学院、上海浦东软件园浦软学院等。

企业大学的迅猛发展,以及其对经济技术和企业创新转型发展的促进作用,引起了国内外企业、我国人力资源和社会保障部等相关政府职能部门的高度关注,在国务院李克强总理号召全国开展"大众创业、万众创新",培养高技能一线技术型、应用型、复合型、信息化跨界工程师,是企业供给侧改革视野下的重要核心元素之一,本文拟通过首家国家级上海浦东软件园高科技园区人才培养与人才交流综合服务平台的创新探索的具体案例,探讨其在"人才强企"和企业人才队伍建设中的社会价值、地位和作用。俗话讲"有作为,(才)有地位",中国大型企业大学的引领性(大手牵小手:带动中小企业人才培养和互动)、开放性、开拓性教育培训产业链,积极搭建"政府搭台、企业唱戏,雪中送炭、培训先行,事业留人、感情留人、待遇留人、人才强企"综合服务平台,必将推进全社会重视人才培养的氛围,古人云:"一年之计,莫如树谷;十年之计,莫如树木;终身之计,莫如树人",人才强国大有作为!

二、聚焦阳光政策、搭建以质求胜、集成服务平台

上海浦东软件园是经原国家计委批准,由原机械电子工业部与上海市人民政府合作的共建项目,经过 20 多年的发展,已形成了郭守敬园、祖冲之园、三林世博园、川沙园和昆山软件园五个分园,总建筑面积约 143 万平方米。作为首家国家软件产业基地和软件出口基地,现拥有注册软件企业超 1 650 家,入驻企业 570 多家,园区企业软件产品与服务超过千种,形成了庞大完整的信息化上下游产业链,凸显浦东软件园三商发展战略(物理空间开发商＋服务集成商＋科技投资商)的创新转型实践,软件产业示范和集聚效应显著,园区软件从业人员约 3.8 万人,均为高学历(海归比例高)、高技能人才。

一个专业的团队,搭建社会资源集成服务大平台:浦软学院集成服务平台主要由校企互动平台、人才交流平台、技能成长平台、综合服务平台四个子平台支撑。

浦软学院成立以来,已先后投入了近千万元用于学院培训教室和

公共实训社区的建设。学院现占地约 3 000 平方米,其中电脑实训室 7 间(每三年更新一次),普通教室 3 间,实训室均配置开发软件系统和实训软件系统。今年学院将再次投入 200 万元用于实训教室的升级改造工程。

浦软学院高技能人才培养基地有别于其他国企集团的基地,培训的对象(没有行政隶属关系,是房东和房客关系)完全市场化运行,"教学内容"为王是浦软学院的优势,"及时更新的实际操作教学内容＋在职一线专业技术骨干师资"是浦软的品牌,从社会招生(散户班)报名到开班需要等候 6 个月,因为培训的教室有限,开班集中在周末。

浦软学院受上海市人力资源和社会保障局的委托,目前已开发企业内在职员工国家职业资格继续教育培训项目标准 14 个,其中 11 个为国家三级和二级高级项目,3 个为专项职业能力项目,上述学员培训学费全部纳入政府财政补贴目录,在浦软学院学习"零"学费已"名声"在外,成为上海市 IT 从业者获得"正能量"继续深造学习国内外先进技术的有效途径之一。

近五年来,浦软学院一步一个台阶,每年培训量和鉴定量以 30％～50％增幅稳步上升,市人社局网检数显示:2012 年培训 1 011 人、鉴定 589 人次;2013 年培训 1 363 人、鉴定 1 740 人次;2014 年培训 1 708 人、鉴定 1 942 人次;2015 年培训 1 974 人、鉴定 2 070 人次;2016 年培训 3 074 人、鉴定 3 520 人次,5 年累计共培训 9 130 人,鉴定 9 861 人次(实际培训量是网检数 1.3 倍以上)。

此外,浦软学院多次受政府六部委委托积极组织承办市、区计算机技能竞赛,2015 年承办"张江杯"上海职工计算机程序设计大赛·暨第五届全国职工大赛上海地区计算机程序设计员选拔赛,推荐三位选手代表上海市参加全国总决赛获得团体第四名,选拔赛第一名选手荣获上海市五一劳动奖章,并获得上海市技术能手荣誉称号。

三、互联网＋双创，务实探索企业大学
人才强企、人才强国创新改革之路

信息产业发展的核心竞争力就是人才的竞争。信息技术必将助推中国现代化教育梦的实现，为中国人力资源大国发展到人力资源强国，几代中国人民富国强国之梦的实现夯实基础。在上海市人力资源和社会保障局的大力支持和精心呵护下，浦软学院启动专业技术服务亮点工程"实训平台＋阳光政策＋多重优势＋N 个服务"，浦软学院坚持："崇尚规范、以质求胜、科学经营、无愧社会"的服务理念，以"一流企业做标准"为己任，以"星标准、心服务、新价值"的服务标准，不以盈利为主要目的，千方百计为人才培养创造良好的学习条件，千言万语为人才培养、职称评审、居住证转户籍争取政策待遇，千辛万苦为留住人才搭建最佳架构，无私奉献，乐于付出。例如浦软学院不仅是企业内高技能 IT 相关职业技能培训标准、考试鉴定的制定者，也是信息化专业技术工程师继续教育课程的开发者，双师型职业教师实践基地，中国（上海）自贸区、张江高科技多重政府阳光政策落地的探索者。应届大学毕业生（信息化知识更新快，应用型、双师型师资奇缺、教学内容严重脱节）、专业技术人员走进浦软基地免费享受职业规划＋技术培训（国内外著名企业技术总监为基地教学亲临指导）＋技术沙龙＋职称评审＋创业孵化＋创投基金＋人才公寓＋多重荣誉等专业化服务。

四、培训案例分享

1. 花旗金融信息服务（中国）有限公司

2013 年开始的浦软学院高技能人才培训项目，主要是计算机高级程序设计员（JAVA、.NET）培训项目，开始是一个小部门参加培训，反馈效果良好，培训结束后，推广到大部门，现在每年开设 3—4 个企业定向班。学院每年培训前都与公司技术人员先行沟通，精心设计教学计划，根据企业实际，采用"1＋X"的模式，如 JAVA 课程，后期加入一部分云计算、Android 等流行的新技术，使学员在掌握岗位实际开发技术的同时紧跟技术发展的趋势。花旗金融的工会也一起积极参与，鼓励推荐员工参加技能培训。2015 年花旗金融团队获得全国竞赛团体第四名，一人获得上海市五一劳动奖章荣誉。

2. 胜科金仕达数据系统（中国）有限公司

胜科金仕达数据系统（中国）有限公司（简称"SunGard 中国"），公司非常重视员工的技能培训和业务提升。浦软学院自 2010 年和 SunGard 中国建立培训合作关系以来，累计为该公司培训人数超 500 人，主要集中在一线员工的高技能人才培养项目上，包括计算机程序设计员（Java）、计算机软件测试员等，为该公司留住骨干技术人才做了相当多的工作，也为该公司在培养人才上大大节省了培训费用支出。历次培训均得到了SunGard 中国公司管理层的认可，学员反馈良好，受益匪浅。同时，公司也积极参与浦软学院承办的各类职业技能竞赛。自 2011 年开始连续三年获得团队一等奖，并有多人获得各类个人奖项。公司也非常感谢浦软学院为他们提供的培训和赛前强化集训服务，为他们公司的研发人员提高了软件开发和实施能力，确保 SunGard 中国的产品研发技术始终处于国内外领先水平，同时也创造了自身的职业辉煌。

上海张江信息技术专修学院院长　徐俊

树标杆　领设计　创未来

——欧特克践诺前行　助力中国经济发展

　　"任何一种建筑,最初都是实用的。它的美学意义是附加的。但是,随着岁月的流逝,在实用性和美学之外,它还会产生第三种意义,那就是成为一座城市的精神符号。"这是文化学者张柠对于建筑与城市之间关联性的解读。

　　在上海市浦东新区陆家嘴金融贸易区,巍然矗立着一座超高层地标式摩天大楼,历经 8 年建设,这座高达 632 米的"中国之巅"中国上海中心大厦突破了实用性和美学的传统价值,刷新了上海这座国际化都市的精神符号。

　　随着城市文化和服务功能逐渐被引入大厦的各个垂直社区,上海中心大厦也将为整个陆家嘴核心区域的功能提升带来了一个新的契机。上海中心大厦不仅有建筑的高度,更承载了文化的厚度,它将以一座"站着的外滩"的形象为上海浦东新区的经贸发展做出完美的注脚。

　　在这项超级工程的背后,谁都无法对 BIM(建筑信息模型)技术所起到的举足轻重的作用视而不见,正是由于将 BIM 引入了上海中心大厦的设计、施工、运营的全过程,上海中心大厦成为建筑行业精益化管理的创新工程典范之作。作为全球最大的 BIM 软件开发者,欧特克软件(中国)有限公司[Autodesk Software (China) Company Limited]、欧特克(中国)软件研发有限公司 [Autodesk (China) Software Research and Development Company Limited],负责向上海中心大厦提供相应的软件产品和技术咨询服务,并运用全球最先进的 BIM 理念和解决方案协助上海中心大厦实施建筑设计、施工以及运营过程中的信息化管理。

一、筑梦篇·设计领创未来中国

自 1982 年 AutoCAD 正式推向市场,在全球设计软件公司中,欧特克拥有最长产品线和最广行业覆盖范围,致力于提供设计、工程和娱乐软件解决方案。1994 年,欧特克正式进入中国,并通过数字设计的力量推动中国各行各业的发展,将自身的成长与中国的成长紧密连接在一起。

1. 扎根中国·落地上海

2003 年,欧特克中国应用开发中心(CADC)在上海成立,在中国本土开发世界领先的核心设计软件,并带动外包软件公司及其第三方软件公司迅速成长。

2008 年 1 月 8 日,欧特克全球最大的研发机构——欧特克中国研究院(ACRD)在上海正式成立。欧特克中国研究院目前拥有超过 700 名研发工程师,是欧特克全球最大的研发机构。欧特克中国研究院不仅能够对中国本土客户提供更贴近的支持和产品本地化研发工作,更承担了欧特克全球产品和领先技术的研发工作,真正做到了立足中国,放眼全球。

在上海浦东新区历任领导、新区商务委、陆家嘴管委会、陆家嘴软件园等各位领导的关怀和大力支持下,2015 年 1 月,欧特克中国研究院正式升级,成立了欧特克(中国)软件研发有限公司,落户于浦东新区陆家嘴软件园。近年来,中国正逐步成为欧特克业务发展的重镇,扎根于上海的欧特克(中国)软件研发有限公司是欧特克在全球范围内最大的研发机构,而欧特克在中国大陆市场的累积投资总额,超出"金砖四国"中其他三个国家总投资额的 2 倍之多。

2. 三大行业全面推进

在工程建设行业,以欧特克为主导的 BIM 技术的应用推广贯彻于中国本土的许多大型工程项目中。从敦煌莫高窟的游客中心到中国移动国际信息港二期 A 标段项目,从 2008 年北京奥运村项目、上海中心大厦项目到 2012 年上海世博会场馆的建设,在计算机辅助设计(CAD)和建筑信息模型(BIM)领域,欧特克与相关行业协会协作推动了中国数字化设计标准的建立。在国内多项著名建筑,乃至几乎所有上海地标建筑的建设过程中都留下了欧特克先进的数字化烙印。

在制造业,欧特克面向未来智造推出了一系列完整的产品组合,包括 Fusion 360、Inventor、FeatureCAM、PowerMill、PartMaker(现已纳入 FeatureCAM)、PowerShape、PowerInspect、Netfabb 和 Within 等众多业界技术领先产品,广泛涵盖了计算机辅助设计、计算机辅助制造(Computer Aided Manufouturing, CAM)、仿真、增材制造、复合材料、机器人制造等诸多功能模块。在 2015 年 7 月,欧特克推出衍生式设计软件 Autodesk Within,代表着下一代 CAD 应用方向的衍生式设计,将融合人工智能、虚拟现实、3D 打印、机器学习等新兴技术,大幅提升产品设计和制造效率。

在传媒娱乐业,欧特克以完整的解决方案帮助用户简化创新和协作的工作流程,实现对云和移动技术的进一步尝试。以 Maya、3ds Max 等为代表的三维设计软件成为传媒娱乐行业的标准工具,不仅可以提供完美的 3D 建模、动画、特效和高效的渲染功能,还推动了中国传统动漫向数字化制作的发展。欧特克基于传媒娱乐行业的解决方案将欧特克娱乐创作软件推向影视工业的重要位置,并在众多大片中大显身手,如《阿凡达》《少年派的奇幻漂流》《功夫熊猫 3》等,欧特克还与本地企业建立了良好的合作关系,例如上海美术电影制片厂、东方梦工厂等。

早在 1982 年,欧特克借由旗舰产品 AutoCAD,将手工制图带入了计算机时代,并率先在制造、建筑、基础设施、传媒娱乐等行业探索生产效率和经济效益的实用性创新。如今,欧特克已经成长为一家多样性的软件公司,可以为创建、管理和共享数字资产提供有针对性的解决方案。在移动互联与云端协作的新时代背景下,欧特克通过先进的智慧型数字化工具与未来设计理念,为"中国制造 2025""大众创新、万众创业"等国家战略的落地实施提供良好助力。

二、励剑篇 · 智造上海城市地标

2002 年,欧特克率先提出 BIM 这一具有时代意义的方法论,自此以后,围绕 BIM 展开的技术变革风潮迅速在全球范围内蔓延开来。经过 10 余年的浸润,在中国,从技术理念层面的研讨到深入工程建筑行业实践的方方面面,从大规模设计的概念性建筑到普遍存在的中小型实用建筑,BIM 引领了中国工程建设行业的二次革命。与中国其他地区相比,上海市政府在推动 BIM 的应用方面一直发挥着带头作用。现如今,上海本地的设计施工企业有很多已有超过十年的 BIM 应用经验。而上海市政府部门也一直在努力,并与上海城乡建设和管理委员会共同推进 BIM 应用在设计施工环节的全生命周期。

毋庸置疑,政府内部的合作将有助于明确如何利用 BIM 来简化施工图提交和审批手续,包括使用基于规则的模型来开展合规评估,以及通过 BIM 技术来存储和访问已提交的建筑项目。而放眼整个全球市场,能够将 BIM 技术发挥得淋漓尽致,并围绕 BIM 为建筑设计者和施工者提供全方位的、系统的解决方案提供商,欧特克公司无疑是个中翘楚。

1. 全生命周期精益化创新

上海是全国最早应用 BIM 技术的城市,早在 2008 年,在国内建筑行业对 BIM 缺乏认知之时,上海中心大厦在方案探讨阶段便决定将 BIM 引入设计、施工、运营的全过程,并首次在项目承发包过程的合同条款中加入技术要求来约束承包商必须在项目中应用 BIM 技术。正是这种运作,上海中心大厦项目最终形成了"以建设单位为主导,参建单位共同参与的基于 BIM 技术的精益化管理"的创新管理模式。早在设计之初,上海中心大厦就确定了采用可持续发展的设计理念,目前,上海中心已成为中国首座同时获得中国国家住房和城乡建设部的"三星级绿色建筑设计标识证书"与美国绿色建筑委员会颁发的 LEED 金级预认证的超高层建筑。

作为上海中心大厦的 BIM 技术方案提供商,欧特克公司利用 BIM 解决方案,将设计、加工、建造、项目管理等所有建筑信息整合在统一的数据库中,实现了从设计到施工,乃至运营阶段的协调工作,为整栋建筑的设计建造提供了建筑物的信息资料,构建了精细化的项目管理模式平台和完整 BIM 数据库,实现了覆盖建筑全生命周期的工程信息管理。结合上海中心企业发展战略,欧特克持续改进、优化各阶段的项目管理模式,建立了具有中国特色的 BIM 运用机制和相关标准体系。

根据相关统计,在大中型工程项目中,信息沟通问题导致的工程变更和错误约占工程总成本的 $3\% \sim 5\%$,而此类费用其实是可以通过 BIM 信息化手段来解决的。据测算,在采用 BIM 信息化技术手段后,上海中心项目的费用节省保守估计都超过了 7 400 万元。考虑到上海中心项目的复杂程度及体量大小,与普通工程的管理模式相比,在由于施工返工造成的浪费方面,至少节约超过 1 亿元。

2. 高效能数据管理

在上海中心大厦的建设过程中,BIM 技术的运用覆盖施工组织管理的各个环节,包括深化设计、施工组织、进度管理、成本控制、质量监控等。基于此,欧特克作为 BIM 技术方案提供商,为上海中心大厦量体裁衣,定制化打造了一套上海中心数据管理系统整体解决方案。

在前期调研中,欧特克发现上海中心的数据来源相对分散,主要来自三个方面:同济设计院、上海建工以及内部沟通和管理的文件、报告和通知。同济设计院的数据主要是详细的设计数据,包括 DWG 图纸、PDF 以及部分 Office 文档等。同济设计院每周都会把最新的设计数据递交给上海中心,用于检查和存档。而上海中心和同济设计院之间没有共享的服务器,数据主要是通过快递的方式送达上海中心,这种方式在时间和效率上都是很低效的。上海建工的数据主要是 BIM 模型,数据的传递方式跟同济设计院一样。上海中心得到的数据往往都有一定的延时,所以对项目的进展和数据准确性造成了一定的影响。同时,欧特克还发现上海中心的内部也有很多沟通的数据分散在各个部门,对部门之间和部门内部的数据使用造成了一定的障碍。比如,项目设计会审时,不能及时地在会议之前了解会审内容,而项目监理的报告也不能及时地传达和集中管理。另外,上海中心内部有一个办公自动化系统,对项目发展流程管理有帮助,但在文件管理功能上还不够完善,不能与外部人员进行数据共享,这也给上海中心项目的发展带来了不可忽视的影响。

如何高效地管理这些数据,使这些数据资产为上海中心项目的顺利发展助力是欧特克提供的上海中心数据管理整体解决方案。根据项目需求,欧特克为上海中心建立了以 Autodesk Vault Professional 为平台的数据管理系统,实现数据的集中存储和管理。同时,欧特克为上海中心内部建立了一个统一的数据管理平台,方便各个部门内部和部门之间进行数据检索和数据共享。另外,欧特克为上海中心建设相关方也建立了一个统一管理的平台,实现设计、生产和管理之间的无缝连接。

3. 数字化设计新范式

作为上海的地标式建筑,上海中心大厦高 632 米,仅次于全球最高建筑迪拜哈利法塔(828 米)。从功能上看,上海中心大厦具有国际标准的24 小时甲级办公环境、超五星级酒店和配套设施以及集观光、购物、娱乐、餐饮、休闲功能于一体的商业文化城和特色的会议设施。上海中心大厦在中国建筑史上的经典意义在于,它在优化城市规划、完善城市空间、提升上海金融中心综合配套功能、促进现代服务业集聚等方面发挥重要作用,并成为上海金融服务业的重要载体。

BIM 成就了上海中心,而上海中心也将 BIM 的前瞻式理念发挥得淋漓尽致。在上海中心建设发展有限公司总工程师葛清看来:"如果说在设计阶段,BIM 把想象中的概念变为了可视化的形态,那么在施工方面,则看到了 BIM 更加实际的作用,它将可视化的理念变成了现实。""没有两块相同的玻璃!"在幕墙工程上的应用方面,BIM 解决了上海中心项目中极具挑战性的课题。上海中心大厦最终采用了 Gensler 的"龙型"设计方案,外观呈螺旋式上升,建筑表面的开口由底部旋转贯穿至顶部,旋转的形态决定其结构与幕墙玻璃必须轻盈地悬挂在整个楼体的外侧,不直接同楼板发生关联,用直面的玻璃做成双曲面的空间形态。对于异型建筑来说,用通常的设计手段是无法准确定位这些异型点的。据葛清介绍,施工方曾建造了一座三层楼的 1∶1 模型,试验中发现,当设计、加工、施工等各环节误差累积后,一些幕墙板块只能靠工人用脚强行踩进去。而在运用 BIM 技术后,这些复杂构建的制图、数据转化和测量效率均获得了大幅提高,不仅 2 万多块玻璃幕墙板块没有一块需要返工,还实现了全场仅需 16 个工人即可开展的快速安装。

除建筑设计外,BIM 还为施工图设计提供了很多助益。在上海中心大厦,由于结构原因,有很多杆件穿插在设备层中间,通过二维设计基本上是没有办法解决这个设计难题的,而运用 BIM 通过三维设计则完成了整个设备层的设计工作,有效地避免了杆件之间的相互碰撞。据同济大学建筑设计研究院项目经营部副主任陈继良介绍,上海中心大厦是以 AutoCAD 为主进行出图,以 Autodesk Revit 软件为建模基本手段,并使用 Autodesk Navisworks 和 Autodesk Ecotect 进行碰撞检测和钢管混凝土模拟(CFT 模拟),使之互相衔接,从而实现了高效率出图、减少返工、节省材料。

上海中心大厦历经 8 年时间,最终成为中国建筑发展史上的经典范本,重构了上海的城市天际线,自此以后,基于 BIM 的应用案例在中国遍地开花。除上海中心项目外,在上海世博园区、中国博览会会展中心、上海迪士尼等项目中,欧特克为上海市建立起利用 BIM 提高建设管理效率的实践体系。而上海浦东机场利用 BIM 改进机场运营管理的实践探索,作为这一领域少有的创新尝试,对于浦东机场今后确立在建筑运营领域的核心技术优势起到了重要作用。

上海中心创造了 BIM 应用于建筑行业的奇迹,在中国铁路、中国公路建设领域,BIM 或将作为一个强制性的标准实施。继上海中心之后,全国诸多建设领域都试图打造自身所在行业 BIM 发展史上的"上海中心"。

三、镌功篇·开启 BIM 时代的下半场

BIM 其实是一种基于模型的智能流程，它能够创造、发掘和保存设计与施工建设数据，从而帮助从业者提升决策效率和生产力。从某种意义上讲，BIM 的产生是建筑行业发展史上的一场革命。BIM 不是简单地将数字信息进行集成，而是一种数字信息的应用，是一种可以用于设计、建造、管理的数字化方法。这种方法支持建筑工程的集成管理环境，可以使建筑工程在其整个进程中显著提高效率、大量减少风险。

1. 商业效益成就 BIM 绽放

在 2015 年 4 月，欧特克与 Dodge Data & Analytics 共同发布了《中国 BIM 应用价值研究报告》。报告显示，尽管相较于其他国家，BIM 技术在中国还处于起步阶段，但中国目前已跻身全球前五大 BIM 应用增长最快地区之列。据近期的市场规模统计，中国建筑业总产值远超 13 万亿元，这暗示了中国未来 BIM 应用方面的领导潜力。

在这份报告中，从多个指标参数显示，中国对于 BIM 的普遍接受程度正在不断攀升，而 BIM 所带来的商业效益是 BIM 能够在中国大放异彩的关键因素。而报告显示，BIM 所创造的内部效益主要体现在：

（1）提升企业作为行业领导者的形象。

（2）缩短客户审批周期。

（3）提供新服务、维持既有客户、拓展新客户。

（4）提升利润，减少法律纠纷或保险索赔。

BIM 在中国表现出了良好的行业应用前景，比如水电、铁路以及城市规划等领域。通过 BIM 的使用，中建八局在企业战略、人才培养、经济效益、市场营销等方面都获得了良好的收益。中国香港水务署利用 BIM

技术完成的项目,完美地诠释了中国香港目前 BIM 技术的最新应用。中国香港水务署为了改装两个海水抽水站,把 BIM 技术和施工运营建筑信息交换标准等数据结合在一起,同时运用众多信息和地方反馈的结果来创建整合 BIM 模型。运用专门为运维技术人员开发的产品,他们的团队不再需要到现场就可以进行远程察看,节省了大量的维修时间,极大地提高了维修的质量和效果。与此同时,中国香港水务署也正在探索如何将 BIM 应用到像净水厂这样的大型水务设施中。

在对于中国 BIM 市场的培育方面,多年来,欧特克不遗余力地承担起布道者的角色。实践出真知,随着行业应用案例覆盖的范围越来越广阔,经过十余年的不懈努力,如今 BIM 方法论已经作为中国建筑行业的"操作系统"而存在,并实现了工程量和辅助信息的透明化,以及互联网领域的协同工作与信息共享。

2. 互联 BIM 引领行业未来

在中国,大规模的设计企业和施工企业都在使用 BIM,而随着设计领域和施工领域之间的隔阂越来越模糊,欧特克的解决方案也开始致力于将设计团队和施工团队整合在一起,使他们的信息流更加一体化,更加无缝流通,从而促进团队协同工作能力的提升,充分发挥 BIM 的潜力和价值。

在欧特克的主导下,BIM 开启了下半场模式,即召唤"互联的 BIM"更好地促进利益相关方的信息共享。从行业层面上讲,一个单一项目的各个利益相关方要加强彼此的合作和整合。从技术层面上讲,要保证产品之间的互联互通,这两方面缺一不可。作为技术的供应商,欧特克通过 BIM 提供了这种高度整合、一体化的工作流程,根据客户需求把信息整合起来,不受时间、空间的制约。

随着 BIM360 相关云端产品的问世,BIM 技术逐渐呈现出与项目管理、现场管理、物业运维、云计算、大数据、地理信息系统(Geographic Information System,GIS)等先进技术相结合的态势,正在向多阶段、跨平台的方向发展。与此同时,国家政策层面的助力也不容小觑。2016 年

9月，住建部颁布印发的《2016—2020年建筑业信息化发展纲要》中指出，积极推进"互联网＋"和建筑行业的转型升级，着力增强BIM、大数据、智能化、移动通信、云计算、物联网等信息技术集成应用能力。这意味着在数据、技术、协同管理三大层面，BIM将更全面地发挥其互联互通的功效。

在2016年10月举办的"第四届全球政府BIM政府论坛"上，欧特克公司战略行业关系副总裁Phil Bernstein对于"互联BIM"做出了解读——在未来的工程项目中，海量的工程数据、可视化工程3D图形将在项目的全生命周期中实现共享、协同和应用，在大数据时代中提升信息透明化，提高精细化、低碳化管理水平，加快工业化进程，从而改变建筑行业的未来。

毫无疑问，在互联网时代，BIM将不仅扮演项目实施工具的角色，同时也是下一个项目的数据来源，为更多、更完美项目的出现奠定坚实的基础。数据的互联互通也将不断推进BIM的未来发展。

3. 政府支持释放技术红利

作为中国最早实施BIM的城市，上海市政府在推广应用BIM方面一直不遗余力，通过政策红利引导BIM在上海的建筑实践中诞生更多、更具全球价值的优秀建筑作品。2016年10月，上海市政府发布的《上海市城乡建设和管理"十三五"规划》中明确表示，"十三五"期间上海将大力推广BIM技术，打造BIM＋工程建设和城市管理的发展新模式，创建国内领先的BIM技术综合应用示范城市。同时，上海提出"立体城市"概念，将致力于从地面、地下立体空间加强城市综合管理，改善交通、居住条件，建设真正的"海绵城市"。

无论是"立体城市"还是"海绵城市"，都将离不开BIM的助力，而作为全球领先的BIM技术方法论的构建者和BIM软件提供商，欧特克中国团队也将为上海贡献更多力量。事实上，早在2014年上海市政府印发的《关于在本市推进建筑信息模型技术应用指导意见》通知中，明确设立目标为，到2017年年底，上海市投资额1亿元以上或单体建筑面积2万平方米以上的政府投资工程全部应用 BIM 技术,同等规模的社会投资工程普遍应用 BIM 技术。而世博园区、虹桥商务区、国际旅游度假区、临港地区、前滩地区、黄浦江两岸 6 大重点功能区域内的此类工程,将全面应用 BIM 技术。

作为上海中心大厦所在地的上海市浦东新区政府,更是竭尽全力地将 BIM 应用的先进经验贯彻落实下去。在 2016 年 9 月,上海市浦东新区建交委专门组织召开了新区政府投资项目 BIM 技术应用交流推进会,并明确提出了 3 项重要的工作要求:其一,要充分认识 BIM 技术应用的重要意义,在建设项目推进过程中使用 BIM 技术;其二,要进一步推广 BIM 技术应用范围,在浦东新区结合建筑业综合改革、自贸区与科创中心建设要求,加大 BIM 技术的推广力度;其三,贯彻落实 BIM 技术的政策扶持和行业引导,加大对应用 BIM 技术建设项目的支持力度,鼓励企业推动 BIM 技术的应用。

毫无疑问,自上海中心项目创造出 BIM 技术应用层面的成功案例之后,BIM 在上海不仅具备得天独厚的政策环境,而欧特克(中国)软件研发有限公司落户上海,也将全力以赴地推进 BIM 在上海创造出示范性效应。

4. 企业投入领航设计未来

BIM 已经进入了一个全新的发展阶段,技术的发展是一个动态过程,相应的技术标准也必须有一个迭代的过程。“我们过去在很长时间里一直积极参与政府有关部门对于行业发展的一些技术标准的制定,把我们这些技术的特点,包括我们对未来技术的发展方向,包括这些技术发展方向对整个行业、生产流程和生产力促进的关系,能够展现给相应的标准制定部门和机构。在这个过程当中,因为标准的制定是一个动态的过程,所以我们从很多年之前开始,就一直在积极地参与各种类型的标准的制定。不只是在国家层面,包括在省市一级,在各个不同的子行业,我们都做了大量的服务性工作。在这个过程当中形成一个有效的标准,去规划和规范 BIM 在全生命周期的应用,最终能够贡献 BIM 的全部价值,我觉得是非常重要的事情。"欧特克(中国)软件研发有限公司总经理赵凌志如是说。

除此以外,欧特克还致力于培养中国本土的研发力量和研发人才。位于上海的欧特克(中国)软件研发有限公司所拥有的研发人员除了为全球开发最好的软件和技术(如点云技术、视频建模等)之外,也为中国用户提供本土化技术支持。

近年来,欧特克与数所中国知名高校进行了深度合作。在上海,欧特克与上海交通大学、同济大学建立了联合实验室并提供实习生交流机会。在同济大学,欧特克参与设立了"新媒体"专业并开设了课程。同时,欧特克一年一度举办的欧特克 AU 中国"大师汇"(Autodesk University China)吸引了数以千计的中国行业专家、高校老师、客户群体的参与,其中的技术交流为中国的数字化设计提供了平台。欧特克通过组织"BIM设计大赛"、"欧特克卓越工程师评选"等全国性行业设计赛事,在教育方面长期性投入,促进行业交流,并为上海以及整个中国设计培养未来力量。

三十多年前,由美国加利福尼亚的一小群工程师创作的实现绘图自动化的新型软件——AutoCAD,在推出后的数十年中,被全球数千万的设计师使用,并被奉为圭臬。AutoCAD 为欧特克在建筑、基础设施、制造、传媒和娱乐等各个行业中的领先铺平了道路。

在中国,人们信奉"精诚所至,金石为开"。自 1994 年进入中国,如今低调内敛的欧特克在中国已经成为设计软件行业的隐形冠军。而从2003 年欧特克应用开发中心落户上海,到今天也已经成为欧特克全球最大的研发中心,众多的本地化产品和解决方案也在此不断推出。展望未来,欧特克不忘初心,砥砺前行,将不断以其先进的设计理念帮助更多行业去实现"创造美好未来"的愿景,从而为浦东、为上海、为中国的经济和社会发展贡献更大的力量。

欧特克中国应用开发中心

开启我国第三方医学实验室先河的人

——记金域检验董事长、首席执行官梁耀铭

梁耀铭,广州金域医学检验集团股份有限公司(以下简称"金域检验")董事长兼总经理。他带领的金域检验开启了我国第三方医学实验室先河,建立了中国最早的第三方医学实验室,成为中国第三方医学检验服务发展模式的开创者,是中国最早进入医学检测服务外包领域的企业,也是中国首家同时通过美国病理学家协会(College of American Pathologists,CAP)认证和 ISO15189 认证的医学实验室。如今身为国内规模最大的第三方医检龙头企业金域检验的掌门人,梁耀铭回忆起过去金域核心团队创业时,就像讲故事一般,侃侃而谈。在接受采访时,"坚信"是梁耀铭口中出现频率最高的一个词,在他看来,能够在国内第三方医检取得一定成绩,很大程度上也是因为他的"坚信"。

作为中国起步最早、发展速度最快、规模最大的第三方医检机构,金域检验是梁耀铭从一家一无所有的企业一点点打造出来的。梁耀铭说,做独立第三方医检机构,一定要凭质量赢得口碑,任何一个细节都不能掉以轻心。十余年的精心打磨,最后锻造出一个质量可靠、反应机制灵活、迅速的服务产业链。2001 年,梁耀铭作为广州医学院的重点培养骨干,先在新加坡国立大学完成了 EMBA 课程,虽然公司转型还走得跌跌撞撞,可是梁耀铭却仕途看好。2002 年他又被广州市委组织部派遣到中国人民大学和牛津大学高级公务员攻读公共行政管理学习班(MPA 核心课程)。这时他刚在新加坡发现了美国 QUEST 公司的案例教学,这个1996 年在纽交所上市的全球最大第三方医检机构,在美国拥有 31 个区

域性大型诊断中心,155 家快速反应实验室,2 100 个患者服务中心,而且在第三方医检市场的业务占有率超过 60％。梁耀铭认为中国第三方医学检验市场还是一片空白,有很大的发展空间。

一、二次创业,"追梦之旅"没有结束

定下发展方向后,梁耀铭和创业伙伴开始了第三方医学检验的探索,经历了艰难的创业历程,2003 年,广州金域医学检验中心有限公司成立了;2004 年,金域检验开始迎来了转型服务后第一个盈利的财政年度;2007 年,金域检验开始了第三方医学检验全国化连锁模式的尝试。

金域检验的第一次创业为国内开辟了第三方医检这个新兴行业,但对于"凡事都要做深做透"的梁耀铭来说,金域检验"二次创业"的构想已开始付诸实践。在金域检验的定义中,"二次创业"是"再出发",对于"以第三方医检为梦"的梁耀铭来说,他依然坚信,行业未来充满奇迹。

等到 2009 年新医改启动,此前用了 15 年修炼内功的金域检验开始厚积薄发,每年的营业收入以 50％的速度增长,2011 年为全国 900 多万的患者提供服务,血液标本量接近 800 万,细胞病理标本量超过 115 万例,组织病理超过 75 万例。而到了 2016 年,服务的医疗机构超过 1.9 万家,检测标本达 5 000 多万件,市场份额占中国第三方医检市场的 30％以上。未来 3 年内,预计检测项目会从现今的 2 300 项扩容到 3 500 项。

金域检验的市场服务从广州迅速延伸到全国各地。在之后的时间里,金域检验在全国(包括中国香港)拥有 33 家子公司,服务网络覆盖了全国 30 个省,并为全国 19 000 多家医疗机构提供医学检验服务,这让金域检验成为第三方医检的"领头羊",金域检验的成功也打破了国内医院检验长期被公立医院垄断的局面。

二、国际战略，打造第二总部

随着公司的成长，国际化的发展已成为趋势，金域集团已把上海这个国际性都市作为集团"二次创业"及未来"走出去"发展战略布局的重点。2013 年 1 期投资 1 个亿的上海金域"高新医学检验创新技术服务外包公共服务平台"项目正式开业，作为集团第二总部，已整合集团相关下属分公司同步进驻，包含教育培训、科技研发、营销管理、学术交流、人员培训、实验室管理、冷链物流服务等综合功能，形成总部经济体系。计划将在若干年内把上海金域第二总部打造成集团的品牌中心、项目中心、技术中心、国际化服务中心。

三、百亿企业，就在明天

2015 年，金域检验也响应广州市政府相关号召，搬进了生物岛，而在 2017 年上半年，金域检验的首次公开募股（Initial Public Offerings，IPO）也在紧锣密鼓地进行中，并引起业内极大的关注。但对于梁耀铭而言，第三方医检的"追梦之旅"远没有结束，他说，我国第三方医学检验行业尚处于发展初期，市场规模不足 200 亿元，仅占医学诊断总收入的 1%～2%。另外，中国第三方医学诊断市场可检验的项目与国外发达国家有较大差距。由此可见，第三方医学检验还有很大的市场与技术空白正在等待填补。

面对二次创业的规划蓝图，梁耀铭将其最核心部分归结为"检验＋"：即继续深化医学检验这一核心业务，把金域检验"单个企业"做成一个平台化的产业集群。简单来说，就是既能生产检验试剂，又能提供医学检验大数据服务，同时还可以出资扶植行业内中小微企业的发展，集群化的发展就是金域检验的未来。

四、要在全国打造一个标志性的生物医药聚群

记者：金域检验是从广州最具代表性的创业企业，您个人对广州有哪些别样情怀？

梁耀铭：首先是对广州医学院的情怀，如果没有广州医学院的培养，没有留校，没有钟南山院士的支持，没有校领导和检验系老师的支持，也就没有我的今天。广东是一个改革开放的前沿阵地，开创了很多新行业，最后都成了全国主流。在我看来，广州是一个很包容的地方，只有一个包容的地方才能开创出一个新的行业，去融合全国各地的人才，敢为人先。我们是这个行业的开创者，也是引领者，如果没有广州的包容性，很难走到今天，更别提开创一个新行业，特别是刚起步的时候。

记者：那作为一个企业领导者，您是如何融合各类人才的？

梁耀铭：还是包容。做科技企业的领导者一定要有够大的胸怀，才能吸引更多的人才，因为最后发展会需要很多学科，需要很多复合型人才。如果你没有足够大的胸怀，不够包容，那最后肯定会越走越窄。

记者：金域检验的员工为什么会互称"伙伴"而不是其他？

梁耀铭：因为我个人比较喜欢这种文化，伙伴比较平等。我个人很不喜欢别人叫我"老大"或"老板"。未来我和同事们会逐步过渡到共同的事业，有机会上市后，我肯定愿意与员工分享股权。我与他们只是社会分工不同，并没有什么上下级关系，一切都要用沟通的方式去体现。我曾经说过："员工好，金域才会好；金域好，员工会更好。"员工对工作环境、薪酬福利待遇、生活环境等各方面的感觉好了，才会用心工作。如果员工感觉不好，就不会上心，公司也就垮了。

记者：如果让您评价一下自己的话，您觉得自己是个怎样的人？

梁耀铭：这个真的很难评价。有人问我是做什么的，我问他，看我像做什么的？有人说像当官的、像教授，又像企业家。就是这样，我自己觉

得自己四不像,正因为这样,才会有金域检验的今天。如果只像商人,那可能金域检验就没有底蕴;如果我只是个学者,那可能就没有商业行为。没现代管理理念,金域检验也做不成那么大的规模。所以都像,都不像,我才能做出一个复合型、多样发展的企业来。

记者: 对于金域检验的未来,您有哪些期望?

梁耀铭: 我的愿望是在生物岛打造一个产业园,打造标志性的生物医药聚群,这是我最想做的事情。金域这个品牌,能够凝聚国内外的专家,在这个发展过程中,要先将诊断领域做好,其次就是大数据。如果基因研究这一领域做得出色,也可以设定为未来的一个发展方向。我们拥有全国的网络,服务已经占到全国 90% 的区域,有很大的样本量,跨地区、跨区域,这是我们的强项,也是我们金域的特色。

金域医学

附录：服务贸易丛书书目

《服务贸易，经济发展新动力——服务贸易百问》
目录

69. 上海发展体育服务贸易的方向和措施是什么？

70. 上海发展中医药服务贸易的方向和措施是什么？

71. 上海发展技术服务贸易的方向和措施是什么？

72. 上海服务贸易的政府主管部门、社会服务机构有哪些？

应用篇

73. 政府在推动服务业发展的过程中承担什么样的责任？

74. 政府服务外包具有什么意义？

75. 上海服务业进一步对外开放的内容是什么？

76. 企业申请服务贸易业务的程序是怎样的？

77. 企事业单位怎样引进海外人才？

78. 服务业企业"走出去"的意义是什么？

79. 上海鼓励哪些行业、企业"走出去"？

80. 服务业企业如何"走出去"？

81. 企业怎样争取上海服务贸易发展专项资金？

82. 企业怎样争取文化产业发展基金？

83. 企业怎样争取上海文化发展基金会的资助？

84. 企业怎样争取上海市促进服务外包发展专项资金？

85. 企业怎样争取上海发展现代服务业引导资金？

86. 服务业企业怎样争取国家资助？

87. 中小企业申请海外知识产权可以得到哪些资助？

88. 什么是人民币跨境结算？

89. 出口信用保险如何支持服务贸易发展？

90. 服务业开放给居民生活带来了哪些变化？

91. 如何申请海外留学？

92. 如何申请劳务输出？

93. 如何到海外旅游？

94. 什么是境内个人？什么是境外个人？

95. 现钞账户和现汇账户有哪些区别？

市场篇

新经济篇

《服务贸易，经济发展新动力——探寻服务业走出去之路》目录

揭开盛大游戏自主研发的创新"玄机"

攀登杂技艺术的世界高峰

《时空之旅》为何能走向时空？

国产动画走出去的一朵"奇葩"：《犹太女孩在上海》

幻维数码坚定不移"走出去"

音乐无国界　合作共繁荣

巧克力情缘——ABC 恋上金汇通

紫竹高新区用什么吸引国际巨头

毕马威与中国服务外包产业共发展

酒店业要素资源整合开辟新天地

提高资金效率的第三方支付

从搭桥人到同盟军

从服务外包到创新发展

以优质资源和专业能力服务客户

吸引十三国设计师　营收居全国同类第二

上海维音承接多家跨国公司业务　年营收近 2 亿元

外籍科学家带来人才倍增效应

积极打造外商投资企业的乐土家园

创新驱动　转型发展　积极实施"走出去"战略

转方式　调结构　实现"十二五"发展良好开局

《服务贸易,经济发展新动力——推进服务贸易发展的探索者》目录

以招聘为核心,创新人力资源服务的先行者
　　——记上海东浩人力资源有限公司党委书记、总经理李栋

勇立潮头唱大风
　　——记上海市对外服务有限公司总经理葛平

创新驱动　科学发展

　　——记上海国际招标有限公司现代咨询服务业铁三角领导队伍

实干兴所　创新强业

　　——记上海专利商标事务所有限公司总经理王宏祥

全力投入现代服务业　创业创新创优求突破

　　——记锦江国际电商中心领军人物、首席执行官包磊

服务贸易的十年耕耘路

　　——记毕马威中国服务外包业务主管合伙人梁慧宁

用专业精神写"第一"

　　——记上海东浩国际商务有限公司李静

追求卓越的法律人

　　——记金茂凯德律师事务所创始合伙人李志强

使命感是我人生的关键词

　　——记上海元达律师事务所律师黄仲兰

风雨人生法律路

　　——记上海元达律师事务所律师钱奕

诚信务实,展现行业领军人物优秀风采

　　——记众华会计师事务所(特殊普通合伙)首席合伙人孙勇

一个会展人的坚定与执着

　　——记上海现代国际展览有限公司总经理张定国

奋斗在文化服务贸易创新发展的前沿阵地上

　　——记国家对外文化贸易基地(上海)运营团队

坚定信念　改革创新

　　——记美影厂总经理钱建平

房永年素描

　　——记东上海国际文化影视集团房永年

任凭时光倥偬　笑揽风云在胸

　　——记五岸传播公司总经理何小兰

从"出海"到"出彩"

　　——记盛大游戏有限公司海外贸易带头人钱东海

开拓奋进的印刷人

　　——记上海中华商务联合印刷有限公司董事、总经理李贤良

华风南吹送花香　湄公河畔汉剧强

　　——记剧酷传播越南项目专项工作组

将心注入，追求极致的杰出创业青年

　　——记上海淘米网络科技有限公司 CEO 汪海兵

领先一步摘硕果

　　——访硕科图像（上海）有限公司总经理李树营

春秋满画屏　意气吐长虹

　　——记上海新文化传媒集团股份有限公司总裁杨震华

创意点亮未来

　　——记上海幻维数码创意科技有限公司徐泽星

弘扬民族品牌　缔造传统文化

　　——"东浩工艺"人的文化情怀

不懈努力，坚持文化企业的社会责任担当

　　——记上海外文图书公司总经理顾斌

推着中国杂技走向世界

　　——郑梅：演艺新时空的先行者

创意奇才，使"传统陶瓷"扎根"魅力上海"

　　——记玛戈隆特骨瓷（上海）有限公司赵春阳

独具慧眼的创业者

　　——记上海海隆软件股份有限公司董事长兼总经理包叔平

"不规则人生"的挑战者

　　——记易保网络技术有限公司总经理莫元武

扬帆破浪，中国软件行业的启明星

　　——记上海启明软件股份有限公司董事长兼总经理王德铭

引领信息技术服务提供商实现综合发展之路

　　——记上海微创软件股份有限公司总裁张河涛

成绩，全靠做出来

《服务贸易,经济发展新动力
——建设中国(上海)自由贸易试验区》
目录

《服务贸易,经济发展新动力——长三角服务贸易巡礼》目录

贯通数媒产业链，缔造网游"中国梦"
　　——记苏州蜗牛数字科技股份有限公司
人文金陵　圆梦爱德
　　——南京爱德印刷有限公司成长印迹
创始大丰耀家国　集成文体为元勋
　　——记大丰创始人丰国勋先生
以"一带一路"方针　为指引，推动中华文化走出去
　　——记上海格博会展服务有限公司
优化供应链全程服务，引领液化品物流管理
　　——记张家港孚宝仓储有限公司
掘动大数据金矿
　　——记宁波云朵网络股份有限公司董事长陆世栋
创新娱乐梦想家
　　——记浙江宣逸网络科技有限公司
打造园区最值得信赖和依靠的人事帮手
　　——上海临港漕河泾人才有限公司服务于园区企业情况介绍
商派：电商卖水的"强"逻辑
脚踏实地，内外双修，以人为本
　　——奥奈斯特公司的创业理念

《服务贸易的春天——京津沪渝服务贸易巡礼》
目录

补短板、促转型，积极推进上海服务贸易创新发展
2014 年北京服务贸易发展报告
五大专项：重庆服务贸易的战略驱动
重点突破、以点带面，全面促进天津服务贸易发展
　　——天津服务贸易发展情况报告（2014—2015 年）
北京服务外包走向"智慧服务"创新转型

重庆服务贸易(外包)协会提升行业粘合度

跨境电商的重庆之路

2015 年北京动漫游戏产业发展报告

以义为上，义利共生

——同仁堂商业集团发展与创新

"以德为首、创新发展"

——北京华韵尚德国际文化传播有限公司

钢铁意志谱写"铁建梦"

——记中铁十八局集团有限公司发展之路

深化改革、转型升级

——北方国际集团奋斗和发展之路

国际视野，天下为先

——记天津利和进出口集团有限公司多元化发展之路

用脚步丈量世界的人

——专访中国天辰工程有限公司

传播中国医药文化　提升中国品牌价值

——中医药"走出去"的先行者天士力

检验检测　民生安全守护者

——SGS 通标助力打造可信赖的"中国造食品"

互联网时代的信息安全管理标准新趋势

以人为本的医疗国际认证

金域医学检验中心

——中国第三方独立医学实验室行业领航者

传统企业的数字化升级

——沃施股份的互联网探索之路

不负使命　奋力前行

——国家对外文化贸易基地(上海)建设和发展纪实

恺英网络：坚持创新驱动，"三大战略"布局，迎接产业升级

试析新文化传媒集团对外文化贸易的战略思路

建设上海自贸区国际艺术品交易中心

以核心技术打造国际钢铁市场的标杆工程

　　——纪中冶赛迪集团

易极付跨境支付：从默默无闻到行业前四

北京市服务贸易竞争力评价及影响因素的实证研究

北京市科技服务业创新评价实证研究

北京现代服务业科技投入效率研究

中关村软件园技术企业分析（2015）

长江经济带服务业开放及其地区异质性比较研究

中国版权贸易的昨天、今天和明天

被改变的世界

　　——中国互联网30年回顾及展望

企业网盘助力"互联网＋"行业发展

附录1　北京市服务业扩大开放综合试点实施方案

附录2　上海市加快促进服务贸易发展行动计划（2016—2018）

附录3　2014年我国服务贸易进出口情况

附录4　2014年北京服务贸易出口情况

附录5　2014年上海服务贸易进出口情况

附录6　2014年天津服务贸易进出口情况

附录7　2014年重庆国际服务外包情况

《服务贸易的春天——上海文化服务贸易巡礼》
目录

2016年上海文化产业发展报告

2015年中国对外文化贸易发展

成都对外文化贸易的新起点新机遇

不忘初心　潜心耕耘

　　——记国家对外文化贸易基地（上海）

创新驱动,着力打造新型互联网媒体

创新发展自贸区文化艺术产业

连接中国与世界:第一财经全媒体创变未来

让世界了解上海

　　——记上海日报

线上线下强势整合　助文化贸易"走出去"

中国图书进出口上海公司集团化与新发展的思考

一个国际书展人的执着与追求

　　——记上海外文图书有限公司出口部经理杨棣

为国家文化"走出去"打好组合拳

　　——记上海世纪出版集团

十年传奇:原生态歌舞集《云南映象》

吴哥的微笑　中国的骄傲

推进新文化传媒对外文化贸易发展的新探索

为"海派影视文化走出去"打造枢纽工程和分发平台

立足娱乐＋,坚持精品化、国际化、融合化

　上海尚世影业有限公司——华语影视的拓展者

文化为纽,服务为桥

　　——宇人影业(上海)有限公司的国际贸易拓展理念

在影视领域开拓前行

吴文辉——中国网络文学推动者

以"一带一路"为指引,积极传播中华文化

为中外文化贸易消除语言障碍而不懈努力

多元并存　自成体系

　　——浓园文化产业发展之路

三七互娱　玩心创造世界

勇于开拓,积极探索,巩固在中国网络游戏产业中的地位

打造"中国最具影响力的游戏出海平台"

　　——炫踪网络的特色出海之路

移动互联时代新格局　恺英网络三大战略占领市场风口

动画梦的实现

鼓舞东方，与世共鼓舞

发挥内容创制优势、构建多元渠道平台，让中国动漫"走出去"

以手游为媒介　开拓文化出口新模式

打造高端平台，发展动漫外包

　　——记上海幻维数码创意科技有限公司

文化贸易下的视觉艺术领域国际标杆

企业与城市同发展共辉映

　　——江西丝黛实业有限公司的成长足迹

让天下没有难懂的文化

上海皆悦传媒，踏实走在路上

"一带一路"战略背景下湖南省文化贸易"走出去"对策研究

后记

　　2013 年，上海市国际服务贸易行业协会《服务贸易百问》正式出版发行，由此开始了以《服务贸易，经济发展新动力》为主书名的五卷本服务贸易丛书的编辑出版。该丛书的最后一本《长三角服务贸易巡礼》在 2015 年的中国（北京）服务贸易交易会上以丛书形式首发，获得热烈欢迎。在当年举行的京津沪渝服务贸易联盟工作会议上，有同志提出，既然出版了《长三角服务贸易巡礼》，为什么不出版《京津沪渝服务贸易巡礼》？ 于是，《服务贸易的春天——京津沪渝服务贸易巡礼》在次年（2016 年）5 月的京交会上面世。在这本书的基础上，协会考虑以《服务贸易的春天》为名，编辑出版一套新的服务贸易丛书，以服务贸易细分行业为主要的反映对象。当时考虑的行业有：文化服务、旅游服务、教育服务，还有一本专题反映浦东新区的服务贸易。我们希望通过《服务贸易，经济发展新动力》和《服务贸易的春天》两套丛书共计 10 种图书，可以从多个方面反映上海服务贸易发展，推动服务贸易品牌建设。2017 年 5 月，《上海文化贸易巡礼》如期出版发行，成为这一丛书的第二本图书。

　　《上海文化贸易巡礼》出版以后，我们即展开旅游服务、教育服务、浦东新区服务贸易三个专题文章的征稿和编辑工作。由于种种原因（编委会主要人员都已经离开协会），该三个专题的征稿没有全部完成。我们把已经征集的稿件编辑在一起，形成本书，成为《服务贸易的春天》丛书的第三本。编委会在此宣布，《服务贸易的春天》丛书的编辑出版工作就此告一段落！

　　6 年来，包括本书在内，我们编辑出版了两套丛书共计 8 种图书。在此,我们仅以此献给在服务贸易领域耕耘拓展的每一位服务贸易的工作者！因为你们的辛勤劳作,创造了我国、上海服务贸易迅猛发展的奇迹！因为你们的探索奋斗,为我国人民生活水平的迅速提高创造了条件！

同时,我们仅以此献给在服务贸易领域辛勤工作的政府各有关部门、各有关协会和其他社会组织的领导和同志们！由于你们的辛勤工作,服务贸易的支持政策日益完善,服务贸易的经营环境越发晴朗！你们的工作,对服务贸易的发展和推动贡献巨大！

在此,编委会对 5 年来支持、参加丛书编辑出版的各省市商务委、局,服务贸易协会、服务外包协会的鼎力支持表示深深的感谢！对所有参加丛书编辑出版的服务贸易同仁表示由衷的感谢！对所有提供文章的企业、对所有文章的写作者、彩页的制作者表示深深的感谢！对所有关心、支持和指导丛书编辑出版的同志们表示诚挚的感谢！

编委会

2018 年 4 月